COISAS DITAS

PIERRE BOURDIEU

COISAS DITAS

tradução:
Cássia R. da Silveira e Denise Moreno Pegorim
revisão técnica:
Paula Montero

editora brasiliense

Copyright © by Éditions de Minuit, 1987
Título original em francês: Choses Dites
Copyright © da tradução brasileira:
Editora Brasiliense S.A.

Nenhuma parte desta publicação pode ser gravada,
armazenada em sistemas eletrônicos, fotocopiada,
reproduzida por meios mecânicos ou outros quaisquer
sem autorização prévia do editor.

Primeira edição, 1990
3ª reimpressão, 2015

Copydesk: *Mineo Takama*
Revisão: *Carmen T. S. Costa e Shizuka Kuchiki*
Capa: *Isabel Carbalho*

Dados Internacionais de Catalogação na Publicação (CIP)
(Câmara Brasileira do Livro, SP, Brasil)

Bourdieu, Pierre, 1930-2002.
    Coisas ditas / Pierre Bourdieu ; tradução Cássia R. da
Silviera e Denise Moreno Pegorim ; revisão técnica Paula
Montero. - São Paulo : Brasiliense, 2004. Título original:
Choses dites

    ISBN 978-85-11-08069-4

    1. Bourdieu, Pierre, 1930 - 2002. 2. Cientistas sociais -
França - Biografia I. Título.

04-3329   CDD-923

Índices para catálogo sistemático:
1. Cientistas sociais : Biografia   923

editora brasiliense ltda.
Rua Antônio de Barros, 1839
Tatuapé - São Paulo - SP
CEP 03401-001
www.editorabrasiliense.com.br

Sumário

Prólogo 9

Primeira Parte:
ITINERÁRIO

"Fieldwork in philosophy" 15
Pontos de referência 49

Segunda Parte:
CONFRONTAÇÕES

Da regra às estratégias 77
A codificação 96
Sociólogos da crença e crenças de sociólogos 108
Objetivar o sujeito objetivante 114
A dissolução do religioso 119
O interesse do sociólogo 126
Leitura, leitores, letrados, literatura 134

Terceira Parte:
ABERTURAS

Espaço social e poder simbólico 149
O campo intelectual: um mundo à parte 169
Os usos do "povo" 181
A delegação e o fetichismo político 188
Programa para uma sociologia do esporte 207
A sondagem: uma "ciência" sem cientista 221

Índice remissivo 229

À memória de meu pai

Prólogo

> "O espírito da fortaleza é a ponte levadiça."
>
> René Char

Já disse o bastante sobre as dificuldades particulares da escrita em sociologia, e os textos deste livro talvez falem sobre isso em demasia. Mas elas justificam, creio, a publicação dessas transcrições - aliviadas das repetições e inabilidades mais gritantes - de palestras, entrevistas, conferências e comunicações. O discurso escrito é um produto estranho, que se inventa, no confronto puro entre aquele que escreve e "o que ele tem a dizer", á margem de qualquer experiência direta de uma relação social, á margem também dos constrangimentos e das solicitações de uma demanda imediatamente percebida, que se manifesta por todo tipo de signos de resistência ou de aprovação. Não preciso mencionar as virtudes insubstituíveis desse fechamento sobre si: é claro que, entre outros efeitos, ele funda a autonomia de um texto do qual o autor se retirou tanto quanto possível, levando consigo os efeitos retóricos apropriados para manifestar sua intervenção e seu comprometimento com o discurso (nem que seja pelo simples uso da primeira pessoa), como para deixar inteira a liberdade do leitor.

Mas nem todos os efeitos da presença de um ouvinte, e sobretudo de um auditório, são negativos, principalmente quando se trata de comunicar ao mesmo tempo uma análise e uma experiência e de retirar obstáculos ã comunicação que, muitas vezes, situam-se menos na ordem do entendimento do que na ordem da vontade: se a urgência e a linearidade do discurso falado acarretam simplificações e repetições (favorecidas também pelo retomo das mesmas questões), as facilidades proporcionadas pela fala, que permite ir rapidamente de um ponto a outro, queimando as etapas que um raciocínio rigoroso deve marcar uma por uma, autorizam contrações, abreviações, aproximações, favoráveis à evocação de totalidades complexas que a escrita desdobra e desenvolve na interminável sucessão de parágrafos ou capítulos. A preocupação de fazer-se perceber ou de fazer-se compreender, imposta pela presença direta de interlocutores atentos, incita ao vaivém entre a abstração e a exemplificação e encoraja a busca de metáforas ou analogias que, quando se pode falar de seus limites no instante mesmo em que estão sendo usadas, permitem dar uma primeira intuição aproximativa dos mais complexos modelos e introduzir assim a uma apresentação mais rigorosa. Mas, acima de tudo, a justaposição de proposições, muito diversas pelas suas circunstâncias e pelos seus objetos, é capaz, ao mostrar o tratamento de um mesmo tema em diferentes contextos ou a aplicação de um mesmo esquema a diferentes domínios, de revelar um modo de pensamento em ação que a obra escrita, muito acabada, recupera mal, quando não o dissimula por completo.

A lógica da conversa, que, em mais de um caso, torna-se um verdadeiro diálogo, tem como efeito suspender uma das maiores censuras impostas pelo fato de se pertencer a um campo científico, e que pode estar tão profundamente interiorizada que nem mesmo é sentida como tal: a censura que impede de responder, na própria escrita, às perguntas que, do ponto de vista do profissional, não podem ser vistas senão como triviais ou inaceitáveis. Além: disso, quando um interlocutor bem-intencionado expõe com toda a boa-fé suas reticências ou resistências, ou quando assume, como advogado do diabo, objeções ou criticas que leu ou ouviu, ele pode fornecer a oportunidade de que enunciem seja proposições absolutamente fundamentais - que ás elipses da altivez acadêmica ou os pudores do decoro científico levam a silenciar - seja esclarecimentos, desmentidos ou refutações que o desdém ou a aversão suscitada pelas simplificações autodestrutivas da incompreensão e da incompetência

"FIELDWORK IN PHILOSOPHY" 11

ou pelas acusações tolas ou baixas da má-fé levam a recusar (não terei a crueldade, um pouco narcisista, de apresentar aqui uma antologia das acusações que me são feitas, em forma de *slogans* e denúncias políticas - determinismo, totalitarismo, pessimismo, etc. -, e que me chocam sobretudo pelo seu farisaísmo: é muito fácil, além de compensador, fazer-se passar por guardião dos bons sentimentos e das boas causas, arte, liberdade, virtude, desprendimento, contra alguém que se pode impunemente acusar de odiá-los porque revela, sem mesmo dar mostras de deplorá-lo, tudo aquilo que o ponto de honra espiritualista ordena esconder). O ato da interrogação, que institui uma demanda, autoriza e encoraja a explicitação das intenções teóricas e de tudo o que as separa das visões concorrentes, bem como a exposição mais detalhada das operações empíricas, e das dificuldades, muitas vezes imperceptíveis no protocolo final, que elas tiveram de superar, informações que a recusa, talvez excessiva, da complacência e da ênfase levam com freqüência a censurar.

Mas a virtude maior do intercâmbio oral está ligada acima de tudo ao próprio conteúdo da mensagem sociológica e às resistências que ela suscita. Muitas das proposições apresentadas aqui só ganham pleno sentido se referidas às circunstâncias em que foram pronunciadas, ao público a que foram dirigidas. Parte de sua eficácia resulta com certeza do esforço de persuasão destinado a superar a extraordinária tensão que a explicitação de uma verdade rejeitada ou recalcada às vezes cria. Gershom Scholem me disse um dia: eu não trato os problemas judeus da mesma forma quando falo a judeus de Nova York, a judeus de Paris e a judeus de Jerusalém. Do mesmo modo, a resposta que eu poderia dar às perguntas que me são feitas com mais regularidade varia segundo os interlocutores sociólogos ou não sociólogos, sociólogos franceses ou sociólogos estrangeiros, especialistas em outras disciplinas ou simples leigos, etc. O que não quer dizer que não haja uma verdade sobre cada uma dessas questões e que essa verdade nem sempre deva ser dita; Mas quando se pensa, como eu, que em cada caso é preciso chegar ao ponto onde se espera o máximo de resistência, o que é exatamente o oposto da intenção demagógica, e dizer a cada auditório, sem provocação, mas também sem concessão, o aspecto da verdade que para ele é o mais difícil de admitir, ou seja, o que acreditamos ser a sua verdade, servindo-nos do conhecimento que acreditamos ter de suas expectativas, não para adulá-lo e manipulá-lo, mas para "fazer digerir", como se diz, o que ele terá mais dificuldade em aceitar, em engolir, ou seja, o que diz respeito a seus investimentos mais profundos, sabe-se que sempre se está sujeito a ver a sócio-análise transformar-se em sociodrama.

As incertezas e imprecisões desse discurso deliberadamente imprudente têm assim, como contrapartida, o tremor da voz, que ê a marca dos riscos compartilhados em toda troca generosa e que, se for percebido, por menor que seja, na transcrição escrita, parece-me justificar sua publicação.

Primeira Parte:

ITINERÁRIO

"Fieldwork in philosophy"*

P. - Qual era a situação intelectual quando o senhor estava estudando: marxismo, fenomenologia, etc.?

R. - Quando eu era estudante, nos anos 50, a fenomenologia, na sua variante existencialista, estava no auge, e eu tinha lido muito cedo O *ser e o nada,* depois Merleau-Ponty e Husserl; o marxismo não existia propriamente como posição no campo intelectual, ainda que pessoas como TranDuc-Tao conseguissem fazê-lo existir colocando a questão da sua relação com a fenomenologia. Dito isto, eu havia feito naquele momento uma leitura escolar de Marx; eu me interessava sobretudo pelo jovem Marx e estava apaixonado pelas *Teses sobre Feuerbach.* Mas era a época do stalinismo triunfante. Muitos de meus condiscípulos que hoje se tornaram violentos anticomunistas estavam no Partido Comunista. A pressão stalinista era tão exasperadora, que, por volta de 1951, fundamos na Escola Normal Superior (ali estavam Bianco, Comte, Marin, Derrida, Pariente e outros) um Comitê de Defesa das liberdades, que Le Roy Ladurie denunciou à célula da escola...

A filosofia universitária não era entusiasmante... Ainda que houvesse pessoas muito competentes, como Henri Gouhier, com quem fiz uma "dissertação" (uma tradução comentada das *Anima-*

---

*Entrevista com A. Honneth, H. Kocyba e B. Schwibs, realizada em Paris em abril de 1985 e publicada em alemão sob o título "Der Kampf um die symbolische Ordnung", *Ästhetik und Kommunikation,* Frankfurt, 16, nº 61-62, 1986.

16 PIERRE BOURDIEU

tiversiones, de Leibniz), Gaston Bachelard ou Georges Canguilhem. Fora da Sorbonne, e sobretudo na Escola de Altos Estudos e no Colégio de França, havia também Eric Weil, Alexandre Koyré, Martial Guéroult, cujos cursos acompanhei quando entrei na Escola Normal Todas essas pessoas estavam fora do curso regular, mas foi um pouco graças a elas, ao que elas representavam, ou seja, uma tradição rigorosa de história das ciências e da filosofia (e graças também à leitura de Husserl, na época ainda muito pouco traduzido), que eu tentava, juntamente com aqueles que, como eu, estavam um pouco cansados do existencialismo, ir além da leitura dos autores clássicos e dar um sentido à filosofia. Eu fazia matemática, história das ciências. Homens como Georges Canguilhem, e também Jules Vuillemin, foram para mim, e para alguns outros, autênticos "profetas exemplares", no sentido de Weber. No período fenomenológico-existencialista, quando não eram muito conhecidos, eles pareciam indicar a possibilidade de um novo caminho, de uma nova maneira de realizar o papel de filósofo, longe dos vagos discursos sobre os grandes problemas. Havia também a revista *Critique,* nos seus melhores anos, onde se podia encontrar Alexandre Koyré, Eric Weil, etc., e uma informação ao mesmo tempo ampla e rigorosa sobre os trabalhos franceses e sobretudo estrangeiros. Eu era menos sensível do que outros, provavelmente por razões sociológicas, à vertente Bataille-Blanchot da *Critique.* A intenção de ruptura, mais do que de "transgressão", orientava-se no meu caso para os poderes instituídos, e especialmente contra a instituição universitária e tudo o que ela encobria de violência, de impostura, de tolice canonizada, e, através dela, contra a ordem social. Isso talvez porque eu não tivesse contas a acertar com a família burguesa, como outros, e me achasse, portanto, menos inclinado para as rupturas simbólicas que são evocadas em *Les béritiers.* Mas acho que a vontade de *nicht mitmacben,* como dizia Adorno, a recusa de comprometimentos com a instituição, a começar pelas instituições intelectuais, nunca me abandonou.

Muitas das disposições intelectuais que tenho em comum com a geração "estruturalista" (especialmente Althusser e Foucault) - na qual não me incluo, primeiro porque estou separado dela por uma geração escolar (fui aluno deles) e também porque rejeitei o

"FIELDWORK IN PHILOSOPHY" 17

que me pareceu ser uma moda - se explicam pela vontade de reagir contra o que o existencialismo havia representado para ela: o "humanismo" frouxo que estava no ar, a complacência em relação ao "vivido" e essa espécie de moralismo político que sobrevive hoje em dia com *Esprit.*

P. - O senhor nunca se interessou pelo existencialismo?

R. - Li Heidegger, muito, e com um certo fascínio, especialmente as análises de *Sein und Zeit* sobre o tempo público, a história, etc., que, junto com as análises de Husserl em *Ideen II,* me ajudaram muito - assim como Schütz mais tarde - nas minhas tentativas de analisar a experiência comum do social. Mas nunca participei do *mood* existencialista. Merleau-Ponty ocupava um lugar à parte, a meu ver, pelo menos. Ele se interessava pelas ciências humanas, pela biologia, e dava uma idéia do que pode ser uma reflexão sobre o presente imediato - com seus textos sobre a história, por exemplo, sobre o Partido Comunista, sobre os processos de Moscou - capaz de escapar das simplificações sectárias da discussão política. Ele parecia representar uma das possíveis saídas para fora da filosofia tagarela da instituição escolar. [...]

P - Mas naquele momento um sociólogo* dominava a filosofia?

R. - Não, era um simples efeito de autoridade institucional. E nosso desprezo pela sociologia era duplicado pelo fato de que um sociólogo podia presidir a banca do concurso para docentes universitários de filosofia e nos impor seus cursos, que considerávamos uma nulidade, sobre Platão e Rousseau. Esse desprezo pelas ciências sociais perpetuou-se entre os alunos de filosofia da Escola Normal - que representavam a "elite", logo, o modelo dominante -, pelo menos até os anos 60. Na época, existia apenas uma sociologia empírica medíocre, sem inspiração nem teórica nem empírica. E a segurança dos alunos de filosofia era reforçada pelo fato de que os sociólogos saídos do entreguerras, Jean Stoetzel ou mesmo Georges Friedmann, que escrevera um livro

---

• Trata-se de Georges Davy, último sobrevivente da escola durkheimiana.

18   PIERRE BOURDIEU

muito fraco sobre Leibniz e Spinoza, eram vistos por eles como produto de uma vocação negativa. Isso era ainda mais claro em relação aos primeiros sociólogos dos anos 45, que, com raras exceções, não haviam trilhado o caminho real - Escola Normal e concurso para docentes universitários - e que, em certos casos, haviam sido até mesmo devolvidos para a sociologia por causa de seu fracasso em filosofia.

P. - Mas como se operou a mudança dos anos 60?

R. - O estruturalismo foi muito importante. Pela primeira vez, uma ciência social se impôs como disciplina respeitável, e até dominante. Lévi-Strauss, que batizou sua ciência de antropologia, em vez de etnologia, reunindo o sentido anglo-saxão e o velho sentido filosófico alemão - Foucault traduziu, quase no mesmo momento, a *Anthropologie,* de Kant -, enobreceu a ciência do homem, assim constituída, graças à referência a Saussure e à lingüística, como ciência real, à qual os próprios filósofos eram obrigados a se referir. Esse é o momento em que se exerceu com toda a força o que eu chamo de efeito-logia, em referência a todos os títulos que usam essa desinência, arqueologia, gramatologia, semiologia, etc., expressão visível do esforço dos filósofos no sentido de embaralhar a fronteira entre a ciência e a filosofia. Nunca tive muita simpatia por essas reconversões pela metade, que permitem acumular pelo menor custo as vantagens da cientificidade e as vantagens ligadas ao estatuto de filósofo. Penso que naquele momento era preciso colocar em jogo o estatuto de filósofo e todos os seus prestígios para operar uma verdadeira reconversão científica. E, de minha parte, mesmo tentando aplicar o modo de pensamento estrutural ou relacional na sociologia, resisti com todas as forças às formas mundanas do estruturalismo. E eu estava tanto menos inclinado à indulgência para com as transposições mecânicas de Saussure ou Jakobson para a antropologia e a semiologia que foram praticadas nos anos 60, na medida em que meu trabalho filosófico me levara muito cedo a ler atentamente Saussure: em 1958-1959 dei um curso sobre Durkheim e Saussure, no qual tentava localizar os limites das tentativas de produzir "teorias puras".

"FIELDWORK IN PHILOSOFHY" 19

P. - Mas primeiro o senhor se tornou etnólogo?

R. - Eu tinha feito pesquisas sobre a "fenomenologia da vida afetiva" ou, mais exatamente, sobre as estruturas temporais da experiência afetiva. Eu queria, para conciliar a preocupação de rigor e a pesquisa filosófica, fazer biologia, etc. Eu me pensava como filósofo, e me demorei muito para confessar a mim mesmo que tinha me tomado etnólogo. O novo prestígio que Lévi-Strauss dera a essa ciência certamente me ajudou muito. [...] Fiz tanto pesquisas que se poderia chamar etnológicas, sobre o parentesco, o ritual, a economia pré-capitalista quanto pesquisas que poderiam ser consideradas sociológicas, especialmente pesquisas estatísticas realizadas com meus amigos do INSEE, Darbel, Rivet e Seibel, que muito me ensinaram. Eu queria, por exemplo, estabelecer o princípio, jamais claramente determinado na tradição teórica, da diferença entre proletariado e subproletariado; e, analisando as condições econômicas e sociais do surgimento do cálculo econômico, não só em matéria de economia mas também de fertilidade, etc., tentei mostrar que o princípio dessa diferença situa-se no nível das condições econômicas de possibilidade das condutas de *previsão* racional, das quais as aspirações revolucionárias constituem uma dimensão.

P. - Mas esse projeto teórico era inseparável de uma metodologia...

R. - Sim. Reli, é claro, todos os textos de Marx - e muitos outros - sobre a questão (essa é sem dúvida a época em que eu mais li Marx, até mesmo a pesquisa de Lênin sobre a Rússia). Eu trabalhava também sobre a noção marxista de autonomia relativa, em conexão com as pesquisas que estava começando sobre o campo artístico (um livrinho - *Marx, Proudbon, Picasso*, escrito em francês no entreguerras por um emigrado alemão, chamado Marx, me havia sido muito útil). Tudo isso antes do retomo com força total do marxismo estruturalista. Mas eu queria sobretudo sair da especulação na época, os livros de Franz Fanon, especialmente *Les damnés de la terre,* estavam na moda e me pareceram ao mesmo tempo falsos e perigosos.

20 PIERRE BOURDIEU

P. - Ao mesmo tempo o senhor fazia pesquisas em antropologia.

R. - Sim. E as duas estavam estreitamente ligadas. Porque eu também queria compreender, através de minhas análises sobre a consciência temporal, as condições de aquisição de *habitus* econômico "capitalista" entre pessoas formadas num cosmos pré-capitalista. E também aqui por meio da observação e da medida, e não por uma reflexão de segunda mão sobre material de segunda mão. Queria também resolver problemas propriamente antropológicos, em especial os que a abordagem estruturalista me colocava. Na introdução ao *Sens pratique,* contei como descobri com estupefação, recorrendo à estatística, o que raramente se fazia em etnologia, que o casamento considerado típico das sociedades árabe-berberes, ou seja, o casamento com a prima paralela, representava cerca de três a quatro por cento dos casos, e de cinco a seis por cento nas famílias morabitas, mais rígidas, mais ortodoxas. Isso me obrigava as reflexões sobre a noção de parentesco, de regra, de regras de parentesco, que me levavam aos antípodas da edição estruturalista. E a mesma aventura me aconteceu com o ritual: coerente, lógico, até certo ponto, o sistema de oposições constitutivas da lógica ritual revelava-se incapaz de integrar todos os dados coletados. Mas foi preciso muito tempo para romper realmente com certos pressupostos fundamentais do estruturalismo (que eu usava simultaneamente em sociologia, pensando o mundo social como espaço de relações objetivas transcendente em relação aos agentes e irredutível às interações entre os indivíduos). Primeiro, foi preciso que eu descobrisse, pelo retomo às áreas de observação familiares, de um lado a sociedade bearnesa, de onde sou originário, e, de outro, o mundo universitário, os pressupostos objetivistas como o privilégio do ·observador em relação ao indígena, fadado à inconsciência - que estão inscritos na abordagem estruturalista. E em seguida foi preciso, acho, sair da etnologia como mundo social, tomando-me sociólogo, para que certos questionamentos impensáveis se tomassem possíveis. Aqui, não estou contando minha vida: estou tentando trazer uma contribuição à sociologia da ciência. O fato de se pertencer a um grupo profissional exerce um efeito de censura que vai muito

"FIELDWORK IN PHILOSOFHY" 21

além das coações institucionais e pessoais: há questões que não são colocadas, que não podem ser colocadas, porque tocam nas crenças fundamentais que estão na base da ciência e do funcionamento do campo científico. Isso é o que Wittgenstein sugere quando lembra que a dúvida radical está tão profundamente identificada com a postura filosófica, que um filósofo bem-informado nem pensa em colocar essa dúvida em dúvida.

P. - O senhor cita muitas vezes Wittgenstein. Por quê?

R. - Wittgenstein é certamente o filósofo que me foi mais útil nos momentos difíceis. É uma espécie de salvador para os períodos de grande angústia intelectual: quando se trata de questionar coisas tão evidentes como "obedecer a uma regra". Ou quando se trata de dizer coisas tão simples (e, ao mesmo tempo, quase inefáveis) como praticar uma prática.

P. - Qual era a origem de sua dúvida em relação ao estruturalismo?

R. - Eu queria reintroduzir de algum modo os agentes, que Lévi-Strauss e os estruturalistas, especialmente Althusser, tendiam a abolir, transformando-os em simples epifenômenos da estrutura. Falo em agentes e não em sujeitos. A ação não é a simples execução de uma regra, a obediência a uma regra. Os agentes sociais, tanto nas sociedades arcaicas como nas nossas, não são apenas autômatos regulados como relógios, segundo leis mecânicas que lhes escapam. Nos jogos mais complexos - as trocas matrimoniais, por exemplo, ou as práticas rituais -, eles investem os princípios incorporados de um *habitus gerador:* esse sistema de disposições pode ser pensado por analogia com a gramática gerativa de Chomsky com a diferença de que se trata de disposições *adquiridas pela experiência,* logo, variáveis segundo o lugar e o momento. Esse "sentido do jogo", como dizemos em francês, é o que permite gerar uma infinidade de "lances" adaptados á infinidade de situações possíveis, que nenhuma regra, por mais complexa que seja, pode prever. Assim, substituí as regras de parentesco por estratégias matrimoniais. Onde todo mundo falava de "regras", de "modelo", de "estrutura", quase indiferentemente,

22 PIERRE BOURDIEU

colocando-se num ponto de vista objetivista, o de Deus Pai olhando os atores sociais' como marionetes cujos fios seriam as estruturas, hoje todo mundo fala de estratégias matrimoniais (o que implica situar-se no ponto de vista dos agentes, sem por isso transformá-los em calculadores racionais). É preciso evidentemente retirar dessa palavra suas conotações ingenuamente teleológicas: as condutas podem ser orientadas em relação a determinados fins sem ser conscientemente dirigidas a esses fins, dirigidas por esses fins. A noção de *habitus* foi inventada, digamos, para dar conta desse paradoxo. Do mesmo modo, o fato de as práticas rituais serem produto de um "senso prático", e não de uma espécie de cálculo inconsciente ou da obediência a uma regra, explica que os ritos sejam coerentes, mas com essa coerência parcial, nunca total, que é a coerência das construções práticas.

P. - Essa ruptura com o paradigma estruturalista não cria o risco de fazê-lo cair de novo no paradigma "individualista" do cálculo racional?

R. - Retrospectivamente, é possível compreender - na verdade, as coisas não acontecem assim na realidade da pesquisa - o recurso à noção de *habitus,* um velho conceito aristotélico-tomista que repensei completamente, como uma maneira de escapar dessa alternativa do estruturalismo sem sujeito e da filosofia do sujeito. Também aqui, alguns fenomenólogos - o próprio Husserl, que destina um papel à noção de *habitus* na análise da experiência antepredicativa, ou Merleau-Ponty, e mesmo Heidegger - abriam caminho para uma análise nem intelectualista nem mecanicista da relação entre o agente e o mundo. Infelizmente, aplicam às minhas análises - e esta é a principal fonte de mal-entendidos - as próprias alternativas que a noção de *habitus* visa descartar, as da consciência e do inconsciente, da explicação pelas causas determinantes ou pelas causas finais. Assim, LéviStrauss vê na teoria das estratégias matrimoniais uma forma de espontaneísmo e um retorno à filosofia do sujeito. Outros, ao contrário, verão a forma extrema do que eles recusam no modo de pensamento sociológico, determinismo e abolição do sujeito. Mas provavelmente é Jon Elster quem apresenta o exemplo mais perverso de incompreensão.

"FIELDWORK IN PHILOSOFHY" 23

Em vez de me atribuir, como todo mundo, um dos termos da alternativa para lhe contrapor o outro, ele me imputa uma espécie de oscilação entre um e outro, e assim pode me acusar de contradição ou, mais sutilmente, de reunir explicações mutuamente excludentes. Posição tanto mais surpreendente na medida em que, provavelmente sob o efeito da confrontação, ele foi levado a considerar o que está na própria origem de minha representação da ação - o ajustamento das disposições à posição, das esperanças às chances: *sour grapes,* as uvas verdes demais. Sendo produto da incorporação da necessidade objetiva, o *habitus,* necessidade tornada virtude, produz estratégias que, embora não sejam produto de uma aspiração consciente de fins explicitamente colocados a partir de um conhecimento adequado das condições objetivas, nem de uma determinação mecânica de causas, mostram-se objetivamente ajustadas à situação. A ação comandada pelo "sentido do jogo" tem toda a aparência da ação racional que representaria um observador imparcial, dotado de toda informação útil e capaz de controlá-la racionalmente. E, no entanto, ela não tem a razão como princípio. Basta pensar na decisão instantânea do jogador de tênis que sobe à rede fora de tempo para compreender que ela não tem nada em comum com a construção científica que o treinador, depois de uma análise, elabora para explicá-la e para dela extrair lições comunicáveis. As condições para o cálculo racional praticamente nunca são dadas na prática: o tempo é contado, a informação é limitada, etc. E, no entanto, os agentes fazem, com muito mais freqüência do que se agissem ao acaso, "a única coisa a fazer". Isso porque, abandonando-se às intuições de um "senso prático" que é produto da exposição continuada a condições semelhantes àquelas em que estão colocados, eles antecipam a necessidade imanente ao fluxo do mundo. Seguindo essa lógica, seria preciso retomar a análise da distinção, uma dessas condutas paradoxais que fascinam Elster porque são um desafio à distinção entre o consciente e o inconsciente. Basta dizer - embora seja bem mais complicado - que os dominantes só aparecem como distintos porque, tendo de alguma forma nascido numa posição positivamente distinta, seu *habitus,* natureza socialmente constituída; ajusta-se de imediato às exigências imanentes do jogo, e que eles podem assim afumar sua diferença sem necessidade de querer fazê-lo, ou seja, com a naturalidade que é a marca da chamada distinção "natural": basta-lhes ser o que são para ser o que é preciso ser, isto é, naturalmente distintos daqueles que não podem fazer a economia da busca de distinção. Longe de ser identificável à conduta distinta, como acredita Veblen, a quem Elster erroneamente me assimila, a busca de distinção é a negação dessa conduta: primeiro, porque ela encerra o reconhecimento de uma falta e a confissão de uma aspiração interessada, e porque, como fica bem claro no caso do pequeno burguês, a consciência e a reflexividade são ao mesmo tempo causa e sintoma da falta de adaptação imediata à situação que define o virtuose. O *habitus* mantém com o mundo social que o produz uma autêntica cumplicidade ontológica, origem de um conhecimento sem consciência, de uma intencionalidade sem intenção e de um domínio prático das regularidades do mundo que permite antecipar seu futuro, sem nem mesmo precisar colocar a questão nesses termos. Encontramos aqui o fundamento da diferença que Husserl estabelecia, em *Ideen I,* entre a protensão como aspiração prática de um porvir inscrito no presente, logo, apreendido como já estando aqui e dotado da modalidade dóxica do presente, e o projeto como posição de um futuro constituído como tal, isto é, como podendo acontecer ou não; e é por não ter compreendido essa diferença, e sobretudo a teoria do agente (por oposição ao "sujeito") que lhe dá fundamento, que Sartre enfrentava, em sua teoria da ação, e especialmente em sua teoria das emoções, dificuldades idênticas às que Elster (cuja antropologia está muito próxima da sartriana) tenta resolver mediante uma espécie de nova casuística filosófica: como posso me libertar livremente da liberdade, dar livremente ao mundo o poder de me determinar, como na situação de medo, etc.? Mas eu tratei longamente de tudo isso em *Le sens pratique.*

P. - Por que a retomada dessa noção de *habitus?*
R. - A noção de *habitus* já foi objeto de inúmeros usos anteriores, por autores tão diferentes como Hegel, Husserl, Weber, Durkheim e Mauss, de uma forma mais ou menos metódica. No entanto, parece-me que, em todos os casos, aqueles que utilizaram

"FIELDWORK IN PHILOSOPHY" 25

essa noção inspiraram-se numa mesma intenção teórica, ou, pelo menos, indicavam uma mesma direção de pesquisa: quer se trate de romper, como em Hegel, que emprega também, com a mesma função, noções como *hexis, ethos,* etc., com o dualismo kantiano e reintroduzir as disposições permanentes que são constitutivas da moral realizada *(Sittlichkeit)* - por oposição ao moralismo do dever - ou que, como em Husserl, a noção de *habitus* e diversos conceitos vizinhos, como *Habitualität,* marquem a tentativa de sair da filosofia da consciência, ou ainda que, como em Mauss, se trate de explicar o funcionamento sistemático do corpo socializado. Retomando a noção de *habitus* - a propósito de Panofsky, que em *Architecture gothique* também retomava um conceito nativo para explicar o efeito do pensamento escolástico -, eu queria tirar Panofsky da tradição neokantiana, na qual ele permanecia aprisionado (isso é ainda mais nítido em *La perspective comme forme symbolique),* tirando partido do uso absolutamente acidental, e em todo caso único, que ele havia feito dessa noção (Lucien Goldmann percebeu bem isso, e me reprovou energicamente por empurrar para o materialismo um pensador que, segundo ele, sempre se recusara a ir nessa direção por "prudência política" - essa era a sua maneira de ver as coisas...). Eu queria, acima de tudo, reagir contra a orientação mecanicista de Saussure (que, como mostrei em *Le sens pratique,* concebe a prática como simples *execução)* e do estruturalismo. Aproximando-me neste caso de Chomsky, em quem eu encontrava a mesma preocupação de dar uma intenção ativa, inventiva, à prática (ele foi considerado por alguns defensores do personalismo como um bastião da liberdade contra o determinismo estruturalista), eu queria insistir nas *capacidades geradoras* das disposições, ficando claro que se trata de disposições adquiridas, socialmente constituídas. Percebe-se a que ponto é absurda a catalogação que inclui no estruturalismo destrutor do sujeito um trabalho que se orientou pela vontade de reintroduzir a prática do agente, sua capacidade de invenção, de improvisação.

Mas eu queria lembrar que essa capacidade "criadora, ativa, inventiva", não é a de um sujeito transcendental como na tradição idealista, mas a de um agente ativo. Mesmo com o risco de me ver alinhado com as formas mais vulgares do pensamento, queria

26   PIERRE BOURDIEU

lembrar o "primado da razão prática" de que Fichte falava, e explicitar as categorias específicas dessa razão (o que tentei fazer *em Le sens pratique*). Ajudou-me muito, menos para refletir do que para ousar avançar na minha reflexão, a famosa *Tese sobre Feuerbach:* "O principal defeito de todos os materialistas anteriores, incluindo o de Feuerbach, reside no fato de que neles o objeto é concebido apenas sob a forma de objeto de percepção, mas não como atividade humana, como prática". Tratava-se de retomar no idealismo o "lado ativo" do conhecimento prático que a tradição materialista, sobretudo com a teoria do "reflexo", havia abandonado. Construir a noção de *habitus* como sistema de esquemas adquiridos que funciona no nível prático como categorias de percepção e apreciação, ou como princípios de classificação e simultaneamente como princípios organizadores da ação, significava construir o agente social na sua verdade de operador prático de construção de objetos.

P. - Toda a sua obra, e em particular as criticas que o senhor faz à ideologia do dom ou, no plano teórico, à intenção profundamente antigenética do estruturalismo, é inspirada pela preocupação de reintroduzir a gênese das disposições, a história individual.

R. - Nesse sentido, se eu gostasse do jogo dos rótulos, que é muito praticado no campo intelectual desde que certos filósofos introduziram nele as modas e os modelos do campo artístico, eu diria que tento elaborar um *estruturalismo genético:* a análise das estruturas objetivas - as estruturas dos diferentes *campos* - é inseparável da análise da gênese, nos indivíduos biológicos, das estruturas mentais (que são em parte produto da incorporação das estruturas sociais) e da análise da gênese das próprias estruturas sociais: o espaço social, bem como os grupos que nele se distribuem, são produto de lutas históricas (nas quais os agentes se comprometem em função de sua posição no espaço social e das estruturas mentais através das quais eles apreendem esse espaço).

P. - Tudo isso parece muito distante do determinismo rígido e do sociologismo dogmático que às vezes atribuem ao senhor.

R. - Não posso reconhecer-me nessa imagem e não posso impedir-me de encontrar uma explicação para ela numa resistência à análise. Em todo caso, acho bastante ridículo que sociólogos ou historiadores, que nem sempre são os mais preparados para entrar nessas discussões filosóficas, reacendam hoje esse debate para eruditos decadentes da Belle Époque que queriam salvar os valores espirituais das ameaças da ciência. O fato de que não se encontre nada mais do que uma tese metafísica para contrapor a uma construção científica parece-me um sinal evidente de fraqueza. É preciso situar a discussão no campo da ciência, se quisermos evitar cair em debates para pré-universitários e semanários culturais, onde todos os gatos filosóficos são pardos. O mal da sociologia é que ela descobre o arbitrário, a contingência, ali onde as pessoas gostam de ver a necessidade ou a natureza (o dom, por exemplo, que, como se sabe desde o mito de Er de Platão, não é fácil conciliar com uma teoria da liberdade); e que descobre a necessidade, a coação social, ali onde se gostaria de ver a escolha o livre-arbítrio. O *habitus* é esse princípio não escolhido de tantas escolhas que desespera os nossos humanistas. Seria fácil estabelecer - eu levo sem dúvida o desafio um pouco longe - que a escolha dessa filosofia da livre escolha não se distribui ao acaso... Uma característica das realidades históricas é que sempre é possível estabelecer que as coisas poderiam ter sido diferentes, que são diferentes em outros lugares, em outras condições. O que quer dizer que; ao historicizar, a sociologia desnaturaliza, desfataliza. Mas então ela é acusada de encorajar um desencanto cínico. Assim, evita-se colocar, num terreno onde ela teria alguma chance de ser resolvida, a questão de saber se o que o sociólogo apresenta como uma constatação e não como uma tese, a saber, por exemplo, que o consumo alimentar e os usos do corpo variam segundo a posição que se ocupa no espaço social, é verdadeiro ou falso e como se pode explicar essas variações. Mas, por outro lado, para desespero dos que é preciso chamar de absolutistas, esclarecidos ou não, e que denunciam esse relativismo desencantador, o sociólogo descobre a necessidade, a coação das condições e dos condicionamentos sociais, até no íntimo do "sujeito", sob a forma do que chamo de *habitus*. Em suma, ele leva o humanista absolutista ao cúmulo do desespero ao mostrar a necessidade na contingência, ao revelar o sistema de condições sociais que tomou possível uma determinada maneira de ser ou de fazer, assim necessitada mas nem por isso necessária. Miséria do homem sem Deus e sem destino de eleição, que o sociólogo apenas revela, traz à luz do dia, e pelo qual é responsabilizado, como todos os profetas da desgraça. Mas pode-se matar o mensageiro, o que ele anuncia fica dito, e entendido.

Sendo assim, como não ver que, ao enunciar os determinantes sociais das práticas, especialmente das práticas intelectuais, o sociólogo oferece a possibilidade de uma certa liberdade em relação a esses determinantes? É através da ilusão de liberdade em relação às determinações sociais (ilusão que, como eu já disse mil vezes, é a determinação específica dos intelectuais) que se clã a liberdade de se exercerem as determinações sociais. Aqueles que entram de olhos fechados no debate, com uma pequena bagagem filosófica do século XIX, fariam bem em prestar atenção a isso, se não quiserem, amanhã, dar oportunidade às formas mais fáceis de objetivação. Assim, paradoxalmente, a sociologia liberta libertando da ilusão de liberdade, ou, mais exatamente, da crença mal colocada nas liberdades ilusórias. A liberdade não é um dado, mas uma conquista, e coletiva. E lamento que, em nome de uma libido narcisista qualquer, estimulada por uma denegação imatura das realidades, possamos nos privar de um instrumento que permite constituirmo-nos verdadeiramente - ou um pouco mais, em todo caso - como sujeitos livres, mediante um trabalho de reapropriação. Tomemos um exemplo muito simples: através de um amigo, obtive as fichas dos alunos feitas por um professor de filosofia numa classe de liceu que preparava para o curso de letras; nelas havia a foto, a profissão dos pais, a avaliação das dissertações. Temos aqui um documento simples: um professor (de liberdade) escrevia a respeito de uma aluna que ela tinha uma relação servil com a filosofia; acontece que essa aluna era filha de uma faxineira (e era a única de sua espécie nessa população). O exemplo, que é real, é evidentemente um pouco fácil, mas o ato elementar que consiste em escrever num trabalho de escola "sem profundidade", "servil", "brilhante", "sério", etc., é a aplicação

"FIELDWORK IN PHILOSOFHY" 29

de taxionomias socialmente constituídas, que em geral são a interiorização de oposições existentes no campo universitário sob a forma de divisões em disciplinas, em seções, e também no campo social global. A análise das estruturas mentais é um instrumento de libertação: graças aos instrumentos da sociologia, é possível realizar uma das eternas ambições da filosofia, que é conhecer as estruturas cognitivas (no caso, as categorias do entendimento professoral) e ao mesmo tempo alguns dos limites mais bem escondidos do pensamento. Eu poderia dar mil exemplos de dicotomias sociais que se revezam no sistema escolar e que, tomando-se categorias de percepção, impedem ou aprisionam o pensamento. Tratando-se de profissionais do conhecimento, a sociologia do conhecimento é o instrumento de conhecimento por excelência, o instrumento de conhecimento dos instrumentos de conhecimento. Não concebo que se possa dispensá-la. Não me façam dizer que ela é o único instrumento disponível. É uni instrumento entre outros, ao qual acredito ter contribuído para dar mais força e que ainda pode ser fortalecido. Cada vez que se fizer história social da filosofia, história social da literatura, história social da pintura, etc., aperfeiçoaremos esse instrumento; não vejo em nome de que se possa condená-lo, a não ser por uma espécie de obscurantismo. Acredito que as luzes estão do lado daqueles que ajudam a descobrir os antolhos...

Paradoxalmente, essa disposição crítica, reflexiva, não é de modo algum evidente, sobretudo para os filósofos, que são freqüentemente levados pela definição social de sua função, e pela lógica da concorrência com as ciências sociais, a · recusar como escandalosa a historicização de seus conceitos ou de sua herança teórica. Tomarei o exemplo (porque ele permite raciocinar *a fortiori*) dos filósofos marxistas, que, pela preocupação com o "alto nível" ou com a "profundidade", são levados, por exemplo, a eternizar "conceito de luta" como espontaneísmo, centralismo, voluntarismo (haveria outros), e a trata-los como conceitos filosóficos, isto é, trans-históricos. Por exemplo, acaba de ser publicado na França um *Dictionnaire du marxisme* em que no mínimo três quartos das entradas são desse tipo (as poucas palavras que não pertencem a essa categoria foram inventadas pelo próprio

30 PIERRE BOURDIEU

Marx): trata-se com muita freqüência de injúrias" de insultos produzidos nas lutas, para as necessidades da luta. Ora, muitos dos
chamados filósofos "marxistas" eternizam esses conceitos, reti-
ram-nos da história e os discutem independentemente de seu
emprego original.

Por que esse exemplo é interessante? Porque se percebe que
as coações, os interesses ou as disposições associadas ao fato de
se pertencer ao campo filosófico pesam com mais força sobre os
filósofos marxistas do que a filosofia marxista. Se há uma coisa
que a filosofia marxista deveria impor, é a atenção com a história
(e com a historicidade) dos conceitos utilizados Para pensar a
história. Ora, o aristocratismo filosófico faz com que se esqueça
de submeter à crítica histórica conceitos visivelmente marcados
pelas circunstâncias históricas de sua produção e de sua utilização
(os althusserianos foram mestres no gênero). O marxismo na realidade de seu uso social acaba sendo um pensamento completamente protegido, contra a critica histórica, o que é um Paradoxo,
dadas as potencialidades e mesmo as exigências que o, pensamento de Marx encerrava. Marx forneceu os elementos de uma pragmática sociolingüística, Particularmente na *Ideologia alemã* (fiz referência a isso em minha análise sociológica do estilo e da retórica
de Althusser). Essas indicações permaneceram letra morta, porque a tradição marxista sempre, deixou muito pouco espaço Para
a critica reflexiva. A favor dos marxistas, eu diria que, embora se
possam tirar de sua obra os princípios de uma sociologia critica
da sociologia e dos instrumentos teóricos que a sociologia, sobretudo a marxista, utiliza Para pensar o mundo social, o próprio
Marx nunca utilizou muito a critica histórica contra o próprio
marxismo...

P. - Lembro-me de que em Frankfurt tentamos discutir certos aspectos de *La distinction:* o senhor diria que as estruturas simbólicas são uma representação das articulações fundamentais da
realidade social ou que essas estruturas são certa medida autônomas e produzidas por um espírito universal?

R. - Sempre me senti incomodado com a representação hi-
erárquica das instâncias estratificadas (infra-estrutura/superestru-

"FIELDWORK IN PHILOSOPHY" 31

tura), que é inseparável da questão das relações entre as estruturas simbólicas e as estruturas econômicas que dominou a discussão entre estruturalistas e marxistas nos anos 60. Cada vez mais me pergunto se as estruturas sociais de hoje não são as estruturas simbólicas de ontem e se, por exemplo, uma determinada classe que nós constatamos não é em parte produto do efeito de teoria exercido pela obra de Marx. Claro, não chego a ponto de dizer que são as estruturas simbólicas que produzem as estruturas sociais: a força com que se exerce o efeito de teoria aumenta na medida em que preexistem em estado potencial, "em pontilhado", na realidade, como um dos princípios de divisão possíveis (que não é necessariamente o mais evidente para a percepção comum), as divisões que a teoria, enquanto princípio de visão e de divisão, alça à existência visível. O certo é que, dentro de certos limites, as estruturas simbólicas têm um extraordinário poder de *constituição* (no sentido da filosofia e da teoria política) que foi muito subestimado. Mas essas estruturas, mesmo que certamente devam muito às capacidades específicas do espírito humano, como o próprio poder de simbolizar, de antecipar o futuro, etc., parecem-me definidas em sua especificidade pelas condições históricas de sua gênese.

P. - A intenção de ruptura com o estruturalismo sempre foi, portanto, muito forte no senhor, juntamente com a intenção de trazer para o terreno da sociologia as aquisições do estruturalismo, intenção que o senhor desenvolve num artigo de 1968, "Strueturalism and theory of sociological knowledge", publicado em *Social Research.*

R. - A análise retrospectiva da gênese de meus conceitos que você convida a fazer é um exercício necessariamente artificial, que traz o risco de me fazer cair na "ilusão retrospectiva". Na origem, as diferentes escolhas teóricas foram certamente mais negativas do que positivas, e é provável que elas também tivessem por princípio a busca de soluções para problemas que se poderia considerar pessoais, como a preocupação de aprender com rigor problemas politicamente candentes, preocupação que certamente orientou minhas escolhas, dos trabalhos sobre a Argélia ao *Homo academicus,* passando por *Les héritiers,* ou essas espécies de pulsões profundas e parcialmente conscientes que nos levam a sentir afinidade ou aversão em relação a essa ou àquela maneira de viver a vida intelectual e, portanto, a sustentar ou a combater essa ou aquela tomada de posição filosófica ou científica. Creio também que minhas escolhas sempre foram fortemente motivadas pela resistência aos fenômenos da moda e às disposições, que eu percebia como frívolas e mesmo desonestas, dos que se tomavam seus cúmplices: por exemplo, muitas das minhas estratégias de pesquisa inspiram-se na preocupação de recusar a ambição totalizante que comumente é identificada com a filosofia. Do mesmo modo, sempre mantive uma relação bastante ambivalente com a escola de Frankfurt: as afinidades são evidentes, e, no entanto, eu experimentava uma certa irritação diante do aristocratismo dessa crítica globalizante que conservava todos os traços da grande teoria, provavelmente pela preocupação de não sujar as mãos nas cozinhas da pesquisa empírica. Isso acontecia também em relação aos althusserianos, e a essas intervenções ao mesmo tempo simplistas e peremptórias que a excelência filosófica autoriza.

Foi a preocupação de reagir contra as pretensões da grande crítica que me levou a "dissolver" as grandes questões remetendo-as a objetos socialmente menores ou mesmo insignificantes, mas, em todo caso, bem circunscritos, logo, passíveis de serem apreendidos empiricamente, como as práticas fotográficas. Mas eu também reagia contra o empirismo microfrênico de Lazarsfeld e seus epígonos europeus, cuja falsa impecabilidade tecnológica escondia a ausência de uma autêntica problemática teórica, gerando erros empíricos às vezes absolutamente elementares. (Parênteses: seria na verdade abusivo conceder à chamada corrente *hard* da sociologia americana o reconhecimento do rigor empírico que ela se atribui, contrapondo-se às tradições mais. "teóricas", muitas vezes identificadas com a Europa. É preciso todo o efeito de dominação exercido pela ciência americana, e também a adesão mais ou menos envergonhada ou inconsciente a uma filosofia positivista da ciência, para que passem despercebidas as insuficiências e os erros técnicos que ·a concepção positivista da ciência ·acarreta, em todos os níveis da pesquisa, desde a amostragem,até a análise esta-

"FIELDWORK IN PHILOSOFHY" 33

tística dos dados: são incontáveis os casos em que planos de experiências que arremedam o rigor experimental disfarçam a total ausência de um autêntico objeto sociologicamente construído.)

P. - E, no caso do estruturalismo, como evoluiu sua relação prática com essa corrente?

R. - Também nesse ponto, para ser honesto, creio que fui guiado não só por uma espécie de sentido teórico, mas também e talvez acima de tudo pela recusa, bastante visceral, da postura ética que a antropologia estruturalista implicava, da relação altiva e distante que se instaurava entre o cientista e seu objeto, ou seja, os simples leigos, graças à teoria da prática, explícita no caso dos althusserianos, que transformava o agente num mero "suporte" *(Trager)* da estrutura (a noção de inconsciente preenchia a mesma função em Lévi-Strauss). Assim, rompendo com o discurso lévistraussiano sobre as "racionalizações" indígenas, que não sã,o capazes de esclarecer em nada o antropólogo quanto às verdadeiras causas ou ás verdadeiras razões das práticas, obstinava-me em colocar aos informantes a questão do porquê. O que me obrigou a descobrir, a propósito dos casamentos, por exemplo, que as razões para se realizar uma mesma categoria de casamento - neste caso, o casamento com a prima paralela patrilinear - podiam variar consideravelmente de acordo com os agentes e também segundo as circunstâncias. Eu estava no caminho da noção de estratégia... E, paralelamente, começava a suspeitar que o privilégio concedido á análise científica, objetivista (a análise genealógica, por exemplo), em relação à visão indígena talvez fosse uma ideologia profissional. Em suma, eu queria abandonar o ponto de vista a cavaleiro do antropólogo que elabora planos, mapas, diagramas, genealogias. Tudo isso é muito bom, e inevitável, como *um momento-* o momento do objetivismo - da abordagem antropológica. Mas não se deve esquecer a outra relação possível com o mundo social, a dos agentes realmente envolvidos no mercado do qual faço um mapa, por exemplo. É preciso, portanto, elaborar uma teoria dessa relação não teórica, parcial, um pouco terra-a-terra, com o mundo social, que é o da experiência cotidiana. E uma teoria da relação teórica, de tudo o que está implicado - a

começar pela ruptura da adesão prática, do investimento imediato - na relação distante, afastada, que define a postura científica.
Essa visão das coisas, que estou apresentando numa forma
"teórica", provavelmente originou-se numa intuição da irredutibilidade da existência social aos modelos que dela se possa
fazer, ou, para falar ingenuamente, da irredutibilidade do "turbi-
lhão da vida", da distância entre as práticas e experiências reais e
as abstrações do mundo mental. Porém, longe de transformá-la
em fundamento e justificação de um irracionalismo ou em condenação da ambição científica, tentei converter essa "intuição fundamental" em princípio teórico, a ser considerado como fator de
tudo o que a ciência pode dizer sobre o mundo. É o caso, por
exemplo, de toda a reflexão (que estou retomando atualmente)
sobre a *schole,* lazer e escola, como princípio do que Austin chamava de *scholastic view,* e dos erros que ela gera sistematicamente.

A ciência não pode fazer nada com uma exaltação da
inesgotabilidade da vida: isso não passa de um traço de tempera-
mento, um *mood* sem interesse, exceto para aquele que a exprime e
que adota assim os modos liberados do apaixonado pela vida
(por oposição ao cientista rígido e austero). Esse sentimento muito agudo do que Weber chama de *Vielseitigkeit,* a pluralidade de
aspectos que constitui a realidade do mundo social, sua resistência
à empresa de conhecimento, foi com certeza o princípio da reflexão que nunca deixei de fazer sobre os limites do conhecimento
científico. E o trabalho que estou preparando sobre a teoria dos
campos - e que poderia se chamar "a pluralidade dos mundos" -
terminará com uma reflexão sobre a pluralidade das lógicas correspondentes aos diferentes mundos, ou seja, aos diferentes campos enquanto lugares onde se constroem sensos comuns, lugares-
comuns. sistemas de tópicos irredutíveis uns aos outros.

É claro que tudo isso estava enraizado numa experiência
social particular: uma relação com a postura teórica que não era
vivida como natural, evidente. Essa dificuldade em adotar um
ponto de vista a cavaleiro, como num sobrevôo, sobre os camponeses cabilas, seus casamentos e seus rituais, com certeza relaci-
onava-se ao fato de que eu conhecera camponeses em tudo semelhantes, elaborando discursos absolutamente semelhantes so-

bre a honra e a vergonha, etc., e que eu podia sentir o que tinham de artificial tanto na visão que eu acabava tendo ao me colocar no ponto de vista estritamente objetivista - o da genealogia, por exemplo - quanto na própria visão que os informantes me propunham quando, em sua preocupação de jogar o jogo, de estar à altura da situação criada pela interrogação teórica, eles, de certa forma, tomavam-se teóricos espontâneos de sua prática. Em resumo, minha relação crítica com todas as formas de intelectualismo (e sobretudo na sua forma estruturalista) está ligada, sem dúvida, à forma particular de minha inserção original no mundo social e à relação particular com o mundo intelectual que ela favorecia e que o trabalho sociológico só fez reforçar, neutralizando as censuras e os recalques vinculados ao aprendizado escolar - que, por sua vez, fomecendo-me os meios para superar as censuras da linguagem científica, certamente me permitiram dizer muitas coisas que a linguagem científica excluía.

P. - Trabalhando com uma lógica estruturalista, de maneira não ortodoxa, o senhor chamou a atenção para o conceito de honra e de dominação, sobre as estratégias para adquirir a honra; e também deu ênfase à categoria da *práxis.*

R. - Eu gostaria de observar que nunca empreguei o conceito de práxis, que, pelo menos em francês, tem um ligeiro ar de grandiloqüência teórica - o que é muito paradoxal - e aparenta marxismo convencional, jovem Marx, Frankfurt, marxismo iugoslavo... Sempre falei, simplesmente, de prática. Dito isto, as grandes intenções teóricas, aquelas que se condensam nos conceitos de *habitus,* de estratégia, etc., estavam presentes, sob uma forma semi-explícita e relativamente pouco elaborada, desde a origem de meu trabalho (o conceito de *campo* é muito mais recente: surgiu do encontro entre as pesquisas de sociologia da arte que eu estava começando a fazer, em meu seminário na Escola Normal, por volta de 1960, e o comentário do capítulo consagrado à sociologia religiosa em *Wirtschaft und Gesellschaft).* Por exemplo, nas análises mais antigas sobre a honra (eu as reformulei várias vezes...), você encontra todos os problemas que me coloco ainda hoje: a idéia de que as lutas pelo reconhecimento são uma dimensão fundamental da vida social e de que nelas está em jogo a acumulação de uma forma particular de capital, a honra no sentido de reputação, de prestígio, havendo, portanto, uma lógica específica da acumulação do capital simbólico, como capital fundado no conhecimento e no reconhecimento; a idéia de estratégia como orientação da prática, que não é nem consciente e calculada, nem mecanicamente determinada, mas que é produto do senso de honra enquanto senso desse jogo particular que é o jogo da honra; a idéia de que existe uma lógica da prática, cuja especificidade reside sobretudo em sua estrutura temporal. Refiro-me aqui á crítica que fiz da análise da troca de dons em Lévi-Strauss: o modelo que faz surgir a interdependência do dom e do contradom destrói a lógica prática da troca, que só pode funcionar na medida em que o modelo objetivo (todo dom atrai um contradom) não seja vivido como tal. E isso porque a estrutura temporal da troca (o contradom não é apenas diferente, mas *diferido)* mascara ou denega a estrutura objetiva da troca. Penso que essas análises encerravam em estado virtual o essencial do que desenvolvi a partir de então. É por isso que pude passar insensivelmente e com muita naturalidade da análise da cultura berbere ã análise da cultura escolar (aliás, entre 1965 e 1975, fiz com que as duas atividades coexistissem na prática, já que eu trabalhava ao mesmo tempo no que resultaria, por um lado, em *IA distinction,* e, por outro, em *Le sens pratique,* dois livros complementares que dão o balanço de todo aquele período): a maior parte dos conceitos em tomo dos quais se organizaram os trabalhos de sociologia da educação e da cultura que realizei ou dirigi · no Centro de Sociologia Européia nasceu de uma generalização das aquisições do trabalho etnológico e sociológico que realizei na Argélia (isso fica particularmente claro no prefácio que escrevi para o livro coletivo sobre a fotografia, *Un art moyen).* Penso em particular na relação entre as esperanças subjetivas e as chances objetivas que eu havia observado nas condutas econômicas, demográficas e políticas dos trabalhadores argelinos, e que tomei a encontrar nos estudantes franceses e em suas famílias. Mas a transferência é ainda mais evidente no interesse pelas estruturas cognitivas, pelas taxionomias e pela atividade classificatória dos agentes sociais.

P. - E o desenvolvimento de seu interesse empírico em direção á educação *(Les béritiers):* está ligado ã sua posição no campo intelectual?

R.-É verdade que minha visão da cultura e do sistema de ensino deve muito á posição que o ocupo no campo universitário, e sobretudo á trajetória que me conduziu a ele (o que não quer dizer que por esse motivo ela esteja relativizada) e á relação com a instituição escolar – já fiz referência a isso várias vezes – que essa trajetória favorecia. Mas também é evidente que, tratam meu trabalho quase como se fosse uma tomada de posição do SNES ou, no melhor dos casos, um ensaio qualquer de um professor universitário de gramática revoltado contra os delitos do "igualitarismo" – situava-se numa problemática teórica ou, mais simplesmente, numa tradição específica, característica das ciências humanas e irredutível, pelo menos em parte, ás interrogações da "atualidade universitária" ou da crônica política. Originalmente, eu planejava fazer uma crítica social da cultura. Escrevi um artigo intitulado "Sistema de ensino e sistema de pensamento", no qual queria mostrar que, nas sociedades com escrita, as estruturas mentais são inculcadas pelo sistema escolar, que as divisões da organização escolar são o princípio das formas de classificação.

P. - O senhor estava retomando o projeto de Durkheim de fazer uma sociologia das estruturas do espírito que Kant analisa. Mas introduz o interesse pela dominação social.

R. - Um historiador da sociologia americano, chamado Vogt, escreveu que fazer em relação á sua própria sociedade, como tento fazer, o que fez Durkheim a respeito das sociedades primitivas supunha uma mudança considerável de ponto de vista, ligada ao desaparecimento do efeito de neutralização que a distância do exotismo implica. A partir do momento em que são colocados a propósito da nossa sociedade, do nosso sistema de ensino, por exemplo, os problemas gnoseológicos que Durkheim colocava a respeito das religiões primitivas se tornam problemas políticos; não se pode deixar de ver que as formas de classificação são formas de dominação, que a sociologia do conhecimento é simultaneamente urna sociologia do reconhecimento e do desconhecimento, ou seja, da dominação simbólica. (Na verdade, isso é válido mesmo para as sociedades pouco diferenciadas, como a sociedade cabila: as estruturas classificatórias que organizam toda a visão de mundo remetem em última análise ã divisão sexual do trabalho.) O fato de colocar a respeito de nossas sociedades questões tradicionais da etnologia, e de destruir a fronteira tradicional entre a etnologia e a sociologia, já era um ato político. (Em termos concretos, isso se traduz nas reações suscitadas pelas duas formas de trabalho: enquanto minhas análises das estruturas mentais que são objetivadas no espaço da casa cabila suscitam apenas aprovação e mesmo admiração, as análises que fiz a respeito das "categorias do entendimento professoral", apoiando-me em avaliações feitas por professores de classes de preparação para o curso de letras a propósito de seus alunos, ou nos necrológios do Anuário dos Ex-Alunos da Escola Normal Superior, são vistos como transgressões grosseiras ou falta de compostura.) Os esquemas classificatórios, os sistemas de classificação, as oposições fundamentais do pensamento - masculino/feminino, direita/esquerda, leste/oeste e também teoria/prática - são categorias políticas: a teoria crítica da cultura leva naturalmente a uma teoria da política. E a referência a Kant, em vez de ser um meio de transcender a tradição hegeliana salvando nela o universal, como fazem certos pensadores alemães, é um meio de radicalizar a crítica, colocando em todos os casos a questão das condições sociais de possibilidade, incluindo a questão das condições sociais de possibilidade da crítica. Essa *Selbstreflexion* sociologicamente armada leva a uma crítica sociológica da crítica teórica e, portanto, a uma radicalização e a uma racionalização da crítica. Por exemplo, a ciência crítica das classificações (e da noção de classe) oferece uma das únicas oportunidades para realmente superar os limites inscritos numa tradição histórica (conceitual, por exemplo); esses limites que o pensador absoluto efetiva ao ignorá-los. É descobrindo sua própria historicidade que a razão obtém os meios para escapar á história.

P. - O que é interessante é ver no desenvolvimento de sua teoria uma pesquisa teórica de suas reações ao meio em que o senhor está inserido.

"FIELDWORK IN PHILOSOFHY" 39

R. - Foi desse ponto de vista que escolhi contar meu itinerário, ou seja, tentando fornecer os elementos para uma análise sociológica do desenvolvimento de meu trabalho. Se o fiz, é também porque penso que essa espécie de auto-análise faz parte das condições de desenvolvimento do meu pensamento. Se posso dizer o que digo hoje, com certeza é porque sempre utilizei a sociologia contra minhas determinações e meus limites sociais; e especialmente por transformar os estados de espírito, as simpatias e as antipatias intelectuais que são, eu acho, tão importantes nas escolhas intelectuais, em proposições conscientes e explícitas.

Mas a postura que sua pergunta me faz adotar - a da autobiografia intelectual - faz com que eu seja levado a selecionar determinados aspectos da minha história, que não são necessariamente os mais importantes ou os mais interessantes, mesmo em termos intelectuais (penso, por exemplo, no que lhe disse sobre a época em que era estudante e sobre a Escola Normal). Mas, sobretudo, isso me leva de celta forma a racionalizar tanto o desenrolar dos acontecimentos quanto o significado que eles tiveram para mim. Nem que fosse por uma espécie de ponto de honra profissional. Nem preciso dizer que muitas coisas que desempenharam um papel determinante em meu "itinerário intelectual" caíram sobre mim por acaso, Minha contribuição própria, com certeza ligada a meu *habitus,* consistiu essencialmente em tirar partido delas, bem ou mal (penso, por exemplo, que aproveitei muitas ocasiões que muitas pessoas teriam deixado passar).

Além disso, a visão estratégica que suas perguntas me impõem, convidando-me a me situar em relação a outros trabalhos, não deve esconder que o verdadeiro princípio, pelo menos ao nível da experiência, do meu envolvimento de corpo e alma, meio louco, com a ciência, é o prazer de jogar, e de jogar um dos jogos mais extraordinários que podem ser jogados - o jogo da pesquisa na forma que ela adquire na sociologia. Para mim, a vida intelectual está mais próxima da vida de artista do que as rotinas de uma existência acadêmica. Não posso dizer, como Proust: "Freqüentemente me deitava cedo..." Mas essas reuniões de trabalho que costumavam terminar em horas inacreditáveis, primeiro porque nos divertíamos muito, estão entre os melhores momentos de minha vida. E também seria preciso mencionar a felicidade dessas entrevistas que, começando às dez horas da manhã, prolongam-se durante todo o dia; e a extrema diversidade de um trabalho em que se pode, na mesma semana, entrevistar um patrão ou um bispo, analisar uma série de quadros estatísticos, consultar documentos históricos, observar uma conversa de bar, ler artigos teóricos, discutir com outros pesquisadores, etc. Eu não teria gostado de bater cartão diariamente na Biblioteca Nacional. Penso que o que dá coesão ao grupo que venho coordenando há anos é esse entusiasmo dito comunicativo, e que se situa para além da distinção entre o sério e o frívolo, entre o devotamento modesto a "trabalhos humildes e fáceis", que muitas vezes a universidade identifica com a seriedade, e a ambição mais ou menos grandiosa que leva a borboletear em torno dos grandes temas do momento. Como posso dizer? A questão não é escolher entre a liberdade iconoclasta e inspirada no grande jogo intelectual e o rigor metódico da pesquisa positiva, ou mesmo positivista (entre Nietzsche e Willamovitz, se quisermos), entre o investimento total nas questões fundamentais e o distanciamento crítico associado a uma vasta informação positiva (Heidegger contra Cassirer, por exemplo). Mas não vale a pena procurar tão longe: de todos os trabalhos intelectuais, o de sociólogo é certamente o que eu podia fazer com felicidade, em todos os sentidos da palavra - pelo menos, assim espero. O que não exclui, muito ao contrário, por causa da sensação de privilégio, de dívida não paga, um enorme sentimento de responsabilidade (ou mesmo de culpa). Mas não sei se deveria estar dizendo essas coisas...

P. - A capacidade de falar dessas coisas depende de sua atual posição?

R. - Sem dúvida. A sociologia confere uma extraordinária autonomia, sobretudo quando não é utilizada como uma arma contra os outros ou como instrumento de defesa, mas como uma arma contra si mesmo, como instrumento de vigilância. Mas, ao mesmo tempo, para ser capaz de utilizar a sociologia até o fim, sem se proteger em excesso, certamente é preciso estar numa posição social em que a objetivação não seja insuportável...

P. - O senhor fez um *report* da sociogênese de seus conceitos, e isso nos deu uma visão global do desenvolvimento da teoria que tenta estudar as lutas simbólicas na sociedade, desde as sociedades arcaicas até as nossas sociedades. Agora, o senhor poderia dizer qual foi o papel desempenhado por Marx, por Weber, na gênese intelectual de seus conceitos? O senhor se considera marxista quando fala de luta simbólica, ou se considera weberiano?

R. - Nunca pensei nesses termos. E costumo não responder a essas perguntas. Primeiro, porque, em geral, elas quase sempre são feitas - sei que não é o seu caso - com uma intenção polêmica, classificatória, para catalogar, *kathegoresthai,* acusar publicamente: "Bourdieu, no fundo, é durkheimiano". O que, do ponto de vista de quem diz isso, é pejorativo; significa: ele não é marxista, e isso é mau. Ou então: "Bourdieu é marxista", e isso é mau. Trata-se quase sempre de reduzir, ou de destruir. Como quando me perguntam hoje sobre minha relação com Gramsci - em quem encontram, com certeza porque me leram, muitas coisas que só pude encontrar *porque* não o tinha lido... (O mais interessante em Gramsci, que de fato li muito recentemente, são os elementos que ele fornece para uma sociologia do homem de aparelho de partido e do campo dos dirigentes comunistas de sua época - e tudo isso está muito longe da ideologia do "intelectual orgânico" pela qual ele é mais conhecido.) De todo modo, a resposta à pergunta de saber se um autor é marxista, durkheimiano ou weberiano não acrescenta praticamente nenhuma informação sobre esse autor.

Acho inclusive que um dos obstáculos ao progresso da pesquisa é esse funcionamento classificatório do pensamento acadêmico - e político -, que muitas vezes embaraça a invenção intelectual, impedindo a superação de falsas antinomias e de falsas divisões. A lógica do rótulo classificatório é exatamente a mesma do racismo, que estigmatiza, aprisionando numa essência negativa. Em todo caso, ela constitui, a meu ver, o principal obstáculo ao que me parece ser a relação adequada com os textos e pensadores do passado. De minha parte, mantenho com os autores uma relação muito pragmática: recorro a eles como "companheiros", no sentido da tradição artesanal, como alguém a quem se pode pedir uma mão nas situações difíceis.

42   PIERRE BOURDIEU

P. - Isso me lembra a palavra *bricolage,* que Lévi-Strauss empregava: quando tem um problema, o senhor utiliza todas as ferramentas que lhe parecem úteis e utilizáveis.

R. - Que seja. Mas a *Realpolitik* do conceito que pratico não funciona sem uma linha teórica que permita escapar do ecletismo puro e simples. Penso que só se pode alcançar um pensamento realmente produtivo sob a condição de se construir os meios para alcançar um pensamento realmente reprodutivo. Parece-me que é um pouco isso o que Wittgenstein queria sugerir, nas *Vermischte Bemerkungen,* quando dizia que nunca tinha inventado nada, que tudo lhe chegara de um outro, Boltzmann, Herz, Frege, Russell, Kraus, 1oos, etc. Eu poderia apresentar uma enumeração semelhante, e com certeza mais longa. Os filósofos estão muito mais presentes em meu trabalho do que sou capaz de dizer, muitas vezes por medo de parecer que estou pagando tributo ao ritual filosófico da declaração de fidelidade genealógica. Além disso, eles não estão presentes no meu trabalho sob as formas normais... A pesquisa sociológica tal como a concebo é também um bom terreno para fazer o que Austin chamava de *fteldwork in philosophy.*

A propósito, gostaria de aproveitar para corrigir a impressão que posso ter dado de discordar da obra de Austin em meus trabalhos sobre a linguagem. De fato, se Austin fosse realmente lido, ele que certamente é um dos filósofos que mais admiro, ficaria claro que o essencial do que tentei reintroduzir no debate sobre o performativo já havia sido dito por ele, ou sugerido. Eu visava na verdade as leituras formalistas que reduziram as indicações sócio-lógicas de Austin (na minha opinião, ele foi tão longe quanto podia) a análises de pura lógica; que, como é freqüente na tradição lingüística, não pararam antes de terem esvaziado o debate lingüístico de todos os fatores externos, como Saussure havia feito, mas, neste caso, de modo absolutamente consciente.

P. - Como se dão esses achados? O que o faz buscar um determinado autor?

R. - "Quem procura, acha", como diz o senso comum, mas, evidentemente, não se pergunta qualquer coisa a qualquer um... É

"FIELDWORK IN PHILOSOFHY" 43

o papel da cultura apontar os autores em que se tem possibilidade de encontrar ajuda. Existe um senso filosófico que é semelhante a um senso político... A cultura é essa espécie de saber gratuito, para todos os fins, que se adquire em geral numa idade em que ainda não se têm problemas para colocar. Pode-se passar a vida a aumentá-la, cultivando-a por si mesma. Ou, então, pode-se usá-la como uma espécie de caixa de ferramentas, quase inesgotável. Os intelectuais são preparados pela lógica de sua formação para tratar as obras herdadas do passado como uma cultura, isto é, como um tesouro que se contempla, que se venera, que se celebra - e que por isso mesmo os valoriza -, em suma, como um capital destinado a ser exibido e a produzir dividendos simbólicos, ou simples gratificações narcisistas, e não como um capital produtivo que se investe na pesquisa, para produzir resultados. Essa visão "pragmática" pode parecer chocante, a tal ponto a cultura está associada à idéia de gratuidade, de finalidade sem fim. E certamente era preciso ter uma relação um pouco bárbara com a cultura - ao mesmo tempo mais "séria", mais "interessada" e menos fascinada, menos religiosa - para tratá-la assim, especialmente no caso da cultura por excelência, a filosofia. Essa relação sem fetichismo com autores e textos só foi reforçada pela análise sociológica da cultura - que se tomou possível, com certeza, por causa dela. De fato, essa relação certamente é inseparável de uma representação do trabalho intelectual pouco comum entre os intelectuais, que consiste em considerar o trabalho intelectual como um trabalho igual aos outros, anulando tudo o que a maioria dos aspirantes a intelectual se sente obrigada a fazer para se sentir intelectual. Há, em toda atividade, duas dimensões, relativamente independentes: a dimensão propriamente técnica e a dimensão simbólica, espécie de metadiscurso prático pelo qual aquele que age - é o caso do avental branco do cabeleireiro - é capaz de mostrar e de fazer valer determinadas propriedades notáveis de sua ação. Isso também vale para as profissões intelectuais. Reduzir a parcela de tempo e energia consagrados ao *show* significa aumentar consideravelmente o rendimento técnico; mas, num universo em que a definição social da prática implica uma parcela de *show*, de *epídeixis*, como diziam os pré-socráticos, que eram entendidos nisso, significa também expor-se a perder os lucros simbólicos de reconhecimento que estão associados ao exercício normal da atividade intelectual. E com o fato, em contrapartida, de que as concessões, mesmo as mais limitadas e controladas, ao *show business,* que tem uma participação cada vez maior no ofício de intelectual, implicam riscos de toda ordem.

Dito isto, gostaria de voltar à questão inicial sobre a relação com os autores canônicos e procurar responder a ela reformulando-a, de um modo que ela me pareça perfeitamente aceitável, ou seja, transformando-a na questão, fundamental, do espaço teórico em que um autor se situa consciente · e inconscientemente. A função primeira de uma cultura teórica (que não se mede pelo número de *footnotes* que acompanham os textos) é permitir que se leve explicitamente em conta esse espaço teórico, isto é, o universo das posições cientificamente pertinentes num dado estágio do desenvolvimento da ciência. Esse espaço das tomadas de posição científicas (e epistemológicas) sempre comanda as práticas, ou em todo caso sua significação social, quer saibamos ou não disso - e com certeza tanto mais brutalmente quanto menos o sabemos. E a tomada · de consciência desse espaço, isto é, da problemática científica como espaço dos possíveis, é uma das condições primeiras para uma prática científica consciente de si mesma, logo, controlada. Os autores - Marx, Durkheim, Weber, etc. - representam pontos de referência que estruturam nosso espaço teórico e nossa percepção desse espaço. A dificuldade da escrita sociológica vincula-se ao fato de que é preciso lutar contra as coerções inscritas no espaço teórico em dado momento - e sobretudo, no meu caso, contra as falsas incompatibilidades que elas tendem a produzir. Isso mesmo sabendo que o produto desse trabalho de ruptura será percebido através de categorias de percepção que, estando ajustadas ao espaço transformado, tenderão a reduzir a construção proposta a um dos termos das oposições que ela supera.

P. - Porque tudo isso está em jogo...

R - Efetivamente. Todo trabalho de superação das oposições canônicas (entre Durkheim e Marx, por exemplo, ou entre

"FIELDWORK IN PHILOSOFHY" 45

Marx e Weber) está sujeito ã regressão pedagógica ou política (e uma das principais coisas que estão em jogo é evidentemente o uso político de autores e conceitos). O exemplo mais típico é a oposição, absolutamente absurda em termos científicos, entre indivíduo e sociedade, oposição que a noção de *habitus* enquanto social incorporado, logo, individuado, visa superar. Por mais que se faça, a lógica política relançará eternamente a questão: basta na verdade introduzir a política no campo intelectual para fazer com que exista uma oposição, que só tem realidade política, entre partidários do indivíduo ("individualismo metodológico") e partidários da "sociedade" (catalogados como "totalitários"). Essa pressão regressiva é tão forte que, quanto mais a sociologia avançar, mais difícil será estar ã altura da herança científica, *acumular* realmente as aquisições coletivas da ciência social.

P. - Em seu trabalho, o senhor não dá nenhum espaço a normas universais, ao contrário de Habermas, por exemplo.

R.- Tenho tendência a colocar o problema da razão e das normas de maneira decididamente historicista. Ao invés de me interrogar sobre a existência de "interesses universais", eu perguntaria: quem tem interesse no universal? Ou então: quais são as condições sociais que devem ser preenchidas para que determinados agentes tenham interesse no universal? Como se criam certos campos em que os agentes, satisfazendo seus interesses particulares, contribuam por aí mesmo para produzir o universal (penso no campo científico)? Ou campos onde os agentes se sentem obrigados a se mostrar defensores do universal (como o campo intelectual · em certas tradições nacionais - por exemplo, na França de hoje)? Em suma, em determinados campos, num determinado momento e por um determinado tempo (ou seja, de maneira não irreversível), há agentes que têm interesses no universal. Creio que é preciso levar o historicismo ao limite máximo, por uma espécie de dúvida radical, para ver o que realmente pode ser salvo. Pode-se, é claro, adotar logo de início a razão universal. Mas creio que vale mais colocá-la em jogo também, aceitar decididamente que a razão seja um produto histórico cuja existência e persistência são produtos de um tipo determinado de condições

46   PIERRE BOURDIEU

históricas, e determinar historicamente o que são essas condições. Há uma história da razão; isso não quer dizer que a razão se reduza à sua história, mas que existem condições históricas para o surgimento das formas sociais de comunicação que tornam possível a produção da verdade. A verdade é um jogo de lutas em todo campo. O campo científico que tenha chegado a um alto grau de autonomia tem essa particularidade que é o fato de só termos alguma possibilidade de triunfar nele sob a condição de nos conformarmos às leis imanentes desse campo, isto é, reconhecer praticamente a verdade como *valor* e respeitar os princípios e os cânones metodológicos que definem a *racionalidade* no momento considerado, bem como de investir nas lutas de concorrência todos os instrumentos específicos acumulados no decorrer das lutas anteriores. O campo científico é um jogo em que é preciso munir-se de razão para ganhar. Sem produzir ou atrair super-homens, inspirados por motivações radicalmente diferentes daquelas dos homens comuns, ele produz e encoraja, por sua lógica própria, e à margem de qualquer imposição normativa, formas de comunicação particulares, como a discussão competitiva, o diálogo crítico, etc., que tendem a favorecer de fato a acumulação e o controle do saber. Dizer que há condições sociais para a produção da verdade significa dizer que há uma política da verdade, uma ação de todos os instantes para defender e melhorar o funcionamento dos universos sociais onde se exercem os princípios racionais e onde se gera a verdade.

P. - Na tradição alemã, existe essa vontade de justificar, de fundamentar, essa preocupação de justificar a crítica, como em Habermas: há um ponto estável, um fundamento, capaz de justificar todos os meus pensamentos, um ponto que todo mundo deve reconhecer?

R. - Pode-se colocar essa questão de uma vez por todas, no começo. Em seguida, considerá-la resolvida. De minha parte, creio que é preciso colocá-la de maneira empírica, histórica. Com certeza, isso é um pouco decepcionante, porque menos "radical"... Identificar-se com a razão é uma posição muito tentadora para qualquer pensador. Na verdade, é preciso arriscar a própria posição de pensador universal para se ter alguma chance de pensar de modo um pouco menos particular. Quando, no meu último livro, pretendo objetivar a universidade, universo de que faço parte e onde se afirmam todas as pretensões á universalidade, exponho-me, mais do que nunca, ã questão do fundamento, da legitimidade dessa tentativa de objetivação. Essa questão que nunca me colocam quando estou falando dos cabilas, dos bearneses ou dos diretores de indústria, é imediatamente colocada no momento em que pretendo objetivar os profissionais da objetivação. Tento colocar a questão do fundamento em termos quase positivistas: quais são as dificuldades particulares que encontramos quando se quer objetivar um espaço no qual estamos incluídos, e quais são as condições particulares que é preciso preencher para ter chances de superálas? E descubro que o interesse que se pode ter em objetivar um universo de que se faz parte é um interesse pelo absoluto, é a aspiração às vantagens associadas ã ocupação de um ponto de vista absoluto, não relativizável. O mesmo que se atribuía o pensador aspirante ao pensamento autofundador. Descubro que alguém se torna sociólogo, teórico, para ter o ponto de vista absoluto, a *theoria;* e que, enquanto permanecer ignorada, essa ambição régia, divina, é um formidável princípio de erro. De modo que para escapar, por pouco que seja, do relativo, é absolutamente necessário abdicar da pretensão ao saber absoluto, renunciar ã coroa de filósofo rei. E descubro também que, num campo, em determinado momento, a lógica do campo constitui-se de tal modo que determinados agentes têm *interesse* no universal. E, devo dizer, penso que este é o meu caso. Mas o fato de saber disso, de saber que invisto na minha pesquisa pulsões pessoais, ligadas a toda a minha história, me dá uma pequena chance de conhecer os limites de minha visão. Em suma, o problema do fundamento não pode ser colocado em termos absolutos: é uma questão de grau, e é possível construir instrumentos para sair, ao menos em parte, do relativo. O mais importante desses instrumentos é a auto-análise, entendida como conhecimento não apenas do ponto de vista do cientista, mas também de seus instrumentos de conhecimento no que estes têm de historicamente determinado. Assim, a análise da universidade na sua estrutura e sua história é a mais fecunda das explorações do inconsciente. Considero que terei cumprido bem meu contrato de "funcionário da humanidade", como dizia Husserl, se conseguir fortalecer as armas da crítica reflexiva que todo pensador deve apontar contra si mesmo, para ter alguma chance de ser racional. Mas, como você vê, sempre tendo a transformar os problemas filosóficos em problemas práticos de política científica: e confirmo assim a oposição que Marx fazia, no *Manifesto,* entre os pensadores franceses, que sempre pensam politicamente, e os pensadores alemães, que colocam questões universais abstratas "sobre a realização da natureza humana"...

Pontos de referência *

P. - Na sociologia atual coexistem várias "escolas", com paradigmas e métodos diferentes, cujos adeptos por vezes se contestam violentamente. Em seus trabalhos, o senhor tenta superar essas oposições. Pode-se dizer que o desafio de suas pesquisas está em desenvolver uma síntese que leve a uma nova sociologia?

R. - A sociologia atual está repleta de falsas oposições, que meu trabalho me leva com freqüência a superar, sem que eu adote essa superação como projeto. Essas oposições são divisões reais do campo sociológico; elas têm um fundamento social, mas nenhum fundamento científico. Tomemos as mais evidentes, como a oposição entre teóricos e empiristas, ou entre subjetivistas e objetivistas, ou ainda entre o estruturalismo e certas formas de fenomenologia. Todas essas oposições (e há muitas outras) parecem-me absolutamente fictícias e ao mesmo tempo perigosas, porque conduzem a mutilações. O exemplo mais típico é a oposição entre uma abordagem que se pode chamar de estruturalista, que visa apreender relações objetivas, independentes das consciências e das vontades individuais, como dizia Marx, e uma postura fenomenológica, interacionista ou etnometodológica, que visa apreender a experiência que os agentes realmente têm nas interações,

---

* Entrevista com J. Heilbron e B. Maso, publicada em holandês em Sociologisch Tijdschrift, Amsterdan, X, 2, outubro de 1983.

50 PIERRE BOURDIEU

nos contatos sociais, e a contribuição que trazem á construção mental e prática das realidades sociais. Muitas dessas oposições devem em parte sua existência ao esforço para constituir como teoria posturas ligadas à posse de diferentes espécies de capital cultural. A sociologia, no seu estado atual, é uma ciência com uma ambição muito ampla, e as maneiras legítimas de praticá-la são extremamente diversas. Sob o nome de sociólogo, pode-se fazer coexistir pessoas que fazem análises estatísticas, que elaboram modelos matemáticos, que descrevem situações concretas, etc. Todas essas competências raramente estão reunidas em um único homem, e uma das razões das divisões que se tende a constituir como oposições teóricas é o fato de os sociólogos pretenderem impor como única maneira legítima de fazer sociologia aquela que lhes é mais acessível. Quase inevitavelmente "parciais", eles tentam impor uma definição parcial de sua ciência: penso naqueles críticos que fazem um uso repressivo ou castrador da referência à empiria (quando eles mesmos não praticam a pesquisa empírica) e que, aparentemente valorizando as prudências modestas em detrimento das audácias dos teóricos, buscam na epistemologia do ressentimento, que sustenta a metodologia positivista, justificativas para dizer que não se deve fazer o que eles mesmos não sabem fazer e para impor aos outros seus próprios limites. Em outros termos, penso que uma boa parte dos trabalhos ditos de "teoria" ou de "metodologia" são apenas ideologias justificadoras de uma forma particular de competência científica. E uma análise do campo da sociologia certamente mostraria que há uma estreita correlação entre o tipo de capital de que dispõem os diferentes pesquisadores e a forma de sociologia que eles defendem como a única legítima.

P. - É nesse sentido que o senhor diz que a sociologia da sociologia é uma das condições primeiras da sociologia?

R. - Sim, mas a sociologia da sociologia também tem outras virtudes. Por exemplo, o princípio simples segundo o qual todo ocupante de uma posição tem interesse em perceber os limites dos ocupantes das outras posições, permite tirar proveito da crítica de que se pode ser objeto. Se ornarmos como exemplo as relações entre Weber e Marx, que são sempre estudados academicamente, pode-se vê-los de outra maneira e perguntar de que modo e por que um pensador permite que se perceba a verdade do outro, e vice-versa. A oposição entre Marx, Weber e Durkheim, tal como ela é ritualmente invocada nos cursos e dissertações, mascara o fato de que a unidade da sociologia talvez esteja nesse espaço de posições possíveis, cujo antagonismo, apreendido enquanto tal, propõe a possibilidade de sua própria superação. É evidente, por exemplo, que Weber viu o que Marx não via, mas também que Weber pôde ver o que Marx não via porque Marx viu o que viu. Umas das grandes dificuldades em sociologia é que, com muita freqüência, é preciso inscrever na ciência aquilo contra o que foi construída, num primeiro momento, a verdade científica. Contra a ilusão do Estado árbitro, Marx construiu a noção do Estado como instrumento de dominação. Mas, contra o desencantamento que a crítica marxista opera, é preciso se perguntar, com Weber, como o Estado, sendo o que é, consegue impor o reconhecimento de sua dominação, e se não é necessário inscrever no modelo aquilo contra o que se construiu o modelo, isto é, a representação espontânea do Estado como legítimo. E pode-se operar a mesma integração de autores aparentemente antagônicos a propósito da religião. Não é por gosto do paradoxo que eu diria que Weber realizou a intenção marxista, no melhor sentido do termo, em terrenos que Marx não a tinha concretizado. Penso em particular na sociologia religiosa, que está longe de ser o ponto forte de Marx. Weber fez uma verdadeira economia política da religião; mais exatamente, ele deu toda a força à análise materialista do fato religioso, sem destruir o caráter propriamente simbólico do fenômeno. Quando ele coloca, por exemplo, que a Igreja se define pelo monopólio da manipulação legítima dos bens de salvação, longe de proceder a uma dessas transferências puramente metafóricas da linguagem econômica que se praticou muito na França nos últimos anos, ele produz um efeito de conhecimento extraordinário. Esse tipo de exercício pode ser feito não só em relação ao passado, mas também em relação a oposições presentes. Como acabo de dizer, todo sociólogo teria interesse em ouvir seus adversários, na medida em que estes têm interesse em ver o que ele não vê, os limites de sua visão, que por definição lhe escapam.

P. - Há anos, a "crise da sociologia" foi um tema privilegiado entre os sociólogos. Ainda recentemente, assinalou-se a "explosão do meio sociológico". Em que medida essa "crise" é uma crise científica?

R - Parece-me que a situação atual, que de fato muitas vezes é descrita como situação de crise, é inteiramente favorável ao progresso científico. Penso que a ciência social, por uma preocupação de respeitabilidade, para considerar-se e ser considerada uma ciência como as outras, elaborou um falso "paradigma". Quer dizer que, finalmente, a espécie de aliança estratégica entre Colúmbia e Harvard, o triângulo Parsons, Merton e Lazarsfeld, sobre o qual repousou durante anos a ilusão de uma ciência social unificada, espécie de *holding* intelectual que conduziu uma estratégia de dominação ideológica quase consciente, desmoronou, e acho que isso é um progresso considerável. Para verificar isso, bastaria ver quem se revolta contra a crise. Na minha opinião, são aqueles que foram os beneficiários dessa estrutura monopolística. Vale dizer, em qualquer campo - no campo sociológico, como em todos os outros há uma luta pelo monopólio da legitimidade. Um livro como o de Thomas Kuhn sobre as revoluções científicas teve o efeito de uma revolução epistemológica aos olhos de certos sociólogos americanos (o que absolutamente não foi, na minha opinião), porque serviu como instrumento de luta contra esse falso paradigma que um determinado número de pessoas - colocadas em posição intelectualmente dominante devido à dominação econômica de sua nação e de sua posição no campo universitário - havia conseguido fazer com que fosse reconhecido em larga escala no mundo.

Seria preciso analisar detalhadamente a divisão do trabalho de dominação que se instituíra. Havia, por um lado, uma teoria eclética baseada numa reinterpretação seletiva da herança européia e destinada a fazer com que a história das ciências sociais começasse nos Estados Unidos. De certo modo, Parsons foi, para · a tradição sociológica européia, o que Cícero foi para a filosofia

PONTOS DE REFERÊNCIA

grega: ele pega os autores de origem e os retraduz numa linguagem um pouco frouxa, produzindo uma mensagem sincrética, uma combinação acadêmica de Weber, Durkheim e Pareto - evidentemente não de Marx. Por outro lado, havia o empirismo vienense de Lazarsfeld, uma espécie de neopositivismo de visão curta, relativamente cego no plano teórico. Entre os dois, Merton oferecia pequenos ajustes escolares, pequenas sínteses simples e claras, com suas teorias de médio alcance. Era uma verdadeira partilha de competências, no sentido jurídico do termo. E tudo isso formava um conjunto *socialmente* muito poderoso, que podia fazer crer na existência de um "paradigma", como nas ciências da natureza. Aqui intervém o que chamo de "efeito Gerschenkron": Gerschenkron explica que o capitalismo nunca teve na Rússia a forma que tomou em outros países, pelo simples fato de ter começado com um certo atraso. Grande parte das características e dificuldades das ciências sociais deve-se ao fato de que também elas começaram bem depois das outras, de modo que, por exemplo, elas podem utilizar consciente ou inconscientemente o modelo das ciências mais avançadas para simular a cientificidade.

Nos anos 1950-1960, simulou-se a unidade da ciência, como se só houvesse ciência quando há unidade. A sociologia é criticada por ser dispersa, conflitual. E de tal modo se fez com que os sociólogos interiorizassem a idéia de que não são cientistas porque estão em conflito, *controversial,* que eles têm a nostalgia dessa unificação, verdadeira ou falsa. Na verdade, o falso paradigma da costa leste dos Estados Unidos era uma espécie de ortodoxia... Ele simulava a *communis doctorum opinio,* que não é própria da ciência, sobretudo no seu início, mas de uma Igreja medieval ou de uma instituição jurídica. Em muitos casos, o discurso sociológico dos anos 50 a 60 conseguiu a proeza de falar do mundo social como se não falasse dele. Era um discurso de denegação, no sentido freudiano, que respondia à demanda fundamental dos dominantes em matéria de discurso sobre o mundo social, que é uma demanda de distanciamento, de neutralização. Basta ler as revistas americanas dos anos 50: metade dos artigos consagrava-se à anomia, às variações empíricas ou pseudoteóricas sobre os conceitos fundamentais de Durkheim, etc. Era uma espécie de disparate escolar e vazio sobre o mundo social, com pouquíssimo material empírico. Em particular, o que me impressionava, em autores muito diferentes, era o uso de conceitos nem concretos nem abstratos, conceitos que só podem ser compreendidos quando se tem uma idéia do referente concreto que têm em mente aqueles que os empregam. Eles pensavam *Jet sociologist* e diziam "professor universalista". A irrealidade do discurso atingia as alturas. Felizmente, havia exceções, como a escola de Chicago, que falava dos *slums,* de Street Comer Society, descrevia bandos e os meios homossexuais, em suma, meios e pessoas reais... Mas, no pequeno triângulo Parsons-Lazarsfeld-Merton, não se via nada.

Assim, para mim, a "crise" de que se fala hoje é a crise de uma ortodoxia, e a proliferação das heresias é, em minha opinião, um progresso em direção à cientificidade. Não é por acaso que a imaginação científica se viu liberada e que todas as possibilidades que a sociologia oferece estejam novamente abertas. Agora está-se novamente enfrentando um campo com lutas que têm alguma possibilidade de se tomarem lutas científicas, isto é, confrontos regrados de tal modo que, para triunfar, é preciso ser científico: não será mais possível triunfar unicamente dissertando de modo vago sobre *ascription/ achievement* e sobre a anomia, ou apresentando quadros estatísticos teoricamente, logo, empiricamente mal construídos sobre a "alienação" dos *workers.* [...]

P. - Na sociologia, há uma tendência muito acentuada para a especialização, às vezes excessiva. Isso também é um aspecto do efeito Gerschenkron de que o senhor acaba de falar?

R. - Perfeitamente. Há um desejo de imitar as ciências avançadas, nas quais as pessoas têm objetos de pesquisa muito precisos e bem restritos. É essa especialização exagerada que o modelo positivista exalta, por uma espécie de suspeita em relação a toda ambição geral, percebida como um vestígio da ambição globalizante da filosofia. Na verdade, nós ainda estamos numa fase em que é absurdo separar, por exemplo, a sociologia da cultura. Como é possível fazer sociologia da literatura ou sociologia da ciência sem referência à sociologia do sistema escolar? Por exemplo, quando se faz uma história social dos intelectuais, quase sempre se esquece de levar em conta a evolução estrutural do sistema escolar, que pode conduzir a efeitos de "superprodução" de diplomados, imediatamente retraduzidos no campo intelectual, tanto ao nível da produção - por exemplo, com o surgimento de uma "boêmia" social e intelectualmente subversiva - quanto ao nível de consumo - com a transformação quantitativa e qualitativa do público de leitores. Evidentemente, essa espe- cialização responde também a interesses. É uma coisa bem conhecida: por exemplo, num artigo sobre a evolução do direito na Itália da Idade Média, Gerschenkron mostra que, a partir do momento em que os juristas conquistaram uma autonomia em relação aos príncipes, cada um começou a dividir a especialidade de maneira a ser antes o primeiro em sua aldeia do que o segundo em Roma. Os dois efeitos reunidos fizeram com que os juristas se especializassem exageradamente, com que fosse desqualificada qualquer pesquisa relativamente geral, esquecendo-se que nas ciências da natureza, até Leibniz, e mesmo até Poincaré, os grandes cientistas eram simultaneamente filósofos, matemáticos, físicos.

P. - Como muitos sociólogos, o senhor não é particularmente indulgente com os filósofos. No entanto, o senhor faz referências freqüentes a filósofos como Cassirer e Bachelard, que em geral são negligenciados pelos sociólogos.

R. - De fato, às vezes dou umas alfinetadas nos filósofos porque espero muito da filosofia. As ciências sociais são ao mesmo tempo modos de pensamento novos, às vezes diretamente concorrentes da filosofia (penso em toda a ciência do Estado, da política, etc.) e também objetos de pensamento em que a filosofia poderia encontrar matéria para reflexão. Uma das funções dos filósofos da ciência poderia ser a de fornecer aos sociólogos instrumentos para se defenderem contra a imposição de uma epistemologia positivista, que é um aspecto do efeito Gerschenkron. Por exemplo, quando Cassirer descreve a gênese do modo de pensamento e dos conceitos que são empregados pela matemática ou pela física modernas, ele desmente integralmente a visão positivista, mostrando que as ciências mais avançadas só puderam se constituir, e em data muito recente, privilegiando as relações e não as substâncias (como as forças da física clássica). Ao mesmo tempo, ele mostra que aquilo que nos é oferecido sob o nome de metodologia científica é apenas uma representação ideológica da maneira legítima de fazer a ciência que não corresponde a nada de real na prática científica.

Outro exemplo. Acontece, sobretudo na tradição anglo-saxônica, que se critique o pesquisador por utilizar conceitos que funcionam como "marcos indicadores" *(signposts)*, que assinalam fenômenos dignos de atenção, mas que às vezes permanecem obscuros e vagos, mesmo que sejam sugestivos e evocadores. Acho que alguns de meus conceitos (penso, por exemplo, no reconhecimento e desconhecimento) entram nessa categoria. Em minha defesa, poderia invocar todos os "pensadores", tão claros, tão transparentes, tão tranqüilizadores, que falaram do simbolismo, da comunicação, da cultura, das relações entre cultura e ideologia, e tudo aquilo que essa "obscura clareza" obscurecia, ocultava,recalcava. Mas eu poderia também e sobretudo invocar aqueles que, como Wittgenstein, falaram da virtude heurística dos conceitos abertos e denunciaram o "efeito de fechamento" das noções muito bem construídas, das "definições preliminares" e outros falsos rigores da metodologia positivista. Mais uma vez, uma epistemologia realmente rigorosa poderia libertar os pesquisadores do efeito de imposição exercido sobre a pesquisa por uma tradição metodológica que costuma ser invocada pelos pesquisadores mais medíocres para "limar as unhas dos leõezinhos", como dizia Platão, isto é, para diminuir e depreciar as criações e as inovações da imaginação científica. Assim, penso que é possível ter uma impressão de "imprecisão" diante de certas noções que forjei, se as considerarmos como produto de um trabalho conceitual, quando na verdade me empenhei no sentido de fazê-las funcionar em análises empíricas, em vez de deixá-las "girar em falso": cada uma delas (penso, por exemplo, na noção de campo) é, numa forma condensada, um programa de pesquisas e um princípio de defesa contra todo um conjunto de erros. Os conceitos podem- e, em certa medida, devem-permanecer abertos, provisórios, o que não quer dizer vagos, aproximativos ou confusos: toda verdadeira reflexão sobre a prática científica atesta que essa *abertura* os conceitos, que lhes dá um caráter "sugestivo", logo, uma capacidade de produzir efeitos científicos (mostrando coisas não vistas, sugerindo pesquisas a serem feitas, e não apenas comentários), é própria de qualquer pensamento científico que esteja se formando, por oposição à ciência já formada sobre a qual refletem os metodólogos e todos os que inventam depois da batalha regras e métodos mais prejudiciais do que úteis. A contribuição de um pesquisador pode consistir, em mais de um caso, em atrair a atenção para um problema, para alguma coisa que não era vista porque evidente demais, clara demais, porque, como dizemos em francês, "saltava aos olhos". Por exemplo, os conceitos de reconhecimento e desconhecimento foram introduzidos no começo para nomear alguma coisa que está ausente das teorias do poder, ou apenas designada de maneira muito grosseira (o poder vem de baixo, etc.). Eles designam efetivamente uma direção de pesquisa. Assim, concebo meu trabalho sobre a forma que o poder adquire na universidade como uma contribuição à análise dos mecanismos objetivos e subjetivos através dos quais se exercem os efeitos de imposição simbólica, de reconhecimento e desconhecimento. Uma de minhas intenções, no uso que faço desses conceitos, é abolir a distinção escolar entre conflito e consenso, que nos impede de pensar todas as situações reais em que a submissão consensual se realiza no e pelo conflito. Como então poderiam me atribuir uma filosofia do consenso? Sei bem que os dominados, até no sistema escolar, se opõem e resistem (eu tornei conhecidos na França os trabalhos de Willis). Mas, numa certa época, foram tão exaltadas as lutas dos dominados (a ponto de a expressão "em luta" acabar funcionando como uma espécie de epíteto homérico, passível de ser aplicado a tudo o que se move, mulheres, estudantes, dominados, trabalhadores, etc.), que acabou sendo esquecida uma coisa que todos aqueles que viram de perto sabem perfeitamente, isto é, que os dominados são dominados também em seu cérebro. É isso que quero lembrar quando recorro a noções como reconhecimento e desconhecimento.

P. - O senhor insiste no fato de que a realidade social é de ponta a ponta histórica. Como o senhor se situa em relação aos

58 PIERRE BOURDIEU

estudos históricos, e por que o senhor emprega tão pouco uma perspectiva de longa duração?

R. - No estado atual da ciência social, a história de longa duração é, a meu ver, um dos lugares privilegiados da filosofia social. Entre os sociólogos, isso freqüentemente dá lugar a considerações gerais sobre a burocratização, sobre o processo de racionalização, sobre a modernização, etc., que trazem muitas vantagens sociais a seus autores e pouco proveito científico. Na verdade, para fazer sociologia como eu a concebo, seria preciso renunciar a essas vantagens. A história que eu · precisaria para meu trabalho muitas vezes não existe. Por exemplo, coloco-me neste momento o problema da invenção do artista e do intelectual modernos. Como o artista e o intelectual tornam-se pouco a pouco autônomos, conquistam sua liberdade? Para responder a essa questão de modo rigoroso, é preciso fazer um trabalho extremamente difícil. O trabalho histórico que deveria permitir a compreensão da gênese das estruturas tal como elas podem ser observadas em um dado momento nesse ou naquele campo é muito difícil de ser realizado, porque não nos podemos contentar nem com vagas generalizações fundamentadas em alguns documentos extraídos de modo errático nem com pacientes compilações documentárias ou estatísticas que em geral deixam brancos no que se refere ao essencial. Portanto, é evidente que uma sociologia plenamente acabada deveria englobar uma história das estruturas que são num dado momento o resultado de todo o processo histórico. Isso sob pena de naturalizar as estruturas e de tomar, por exemplo, um inventário da distribuição dos bens e serviços entre os agentes (penso, por exemplo, nas práticas esportivas, mas a mesma coisa valeria para as preferências em matéria de cinema) como expressão direta e, se posso dizer, "natural" das disposições associadas às diferentes posições no espaço social (é isso o que fazem aqueles que querem estabelecer uma relação necessária entre "classe" e um estilo pictórico ou um esporte). Trata-se de fazer uma história estrutural que em cada estado da estrutura encontre simultaneamente o produto das lutas anteriores para transformar ou conservar a estrutura, e o princípio, através das contradições, das tensões, das relações de força que a constituem, das transformações

PONTOS DE REFERÊNCIA 59

ulteriores. Isso foi um pouco o que eu fiz para explicar as transformações ocorridas no sistema escolar há alguns anos. Eu o remeto ao capítulo de *A distinção* intitulado "Classificação, desclassificação, reclassificação", onde são analisados os efeitos sociais das mudanças das relações entre o campo escolar e o campo social. A escola é um campo que, mais do que qualquer outro, está orientado para sua própria reprodução, pelo fato de que, entre outras razões, os agentes têm o domínio de sua própria reprodução. Dito isto, o campo escolar está submetido a forças externas. Entre os fatores mais poderosos da transformação do campo escolar (e, em termos mais gerais, de todos os campos de produção cultural) está o que os durkheimianos chamam de efeitos morfológicos: o afluxo de clientelas mais numerosas (e também culturalmente mais despossuídas) que acarreta todo tipo de mudança em todos os níveis. Mas, na realidade, para compreender os efeitos das mudanças morfológicas, é preciso levar em conta toda a lógica do campo, as lutas internas do corpo, as lutas entre as faculdades - o conflito das faculdades de Kant -, as lutas no interior de cada faculdade, entre os graus, os diferentes níveis da hierarquia docente e também as lutas entre as disciplinas. Essas lutas adquirem uma eficácia transformadora muito maior quando encontram processos externos: por exemplo, na França, como em muitos países, as ciências sociais, a sociologia, a semiologia, a lingüística, etc., que por si mesmas introduzem uma forma de subversão contra a velha tradição das "humanidades clássicas", da história literária, da filologia, ou mesmo da filosofia, encontram um reforço no número maciço de estudantes que se voltaram para elas; esse afluxo de estudantes acarretou um aumento do número de assistentes, de mestres assistentes, etc., e, ao mesmo tempo, conflitos no interior do corpo dos quais as revoltas de maio de 68 são em parte a expressão. Percebe-se como princípios permanentes de transformação - as lutas internas - tomam-se eficientes quando as demandas internas do baixo clero, dos assistentes, sempre dispostos a reivindicar o direito ao sacerdócio universal, encontram as demandas externas dos leigos, dos estudantes, freqüentemente também ligadas, no caso do sistema escolar, a um excedente de produtos do sistema escolar, a uma "superprodução" de diplomados. Em suma, não se deve atribuir uma espécie de eficácia mecânica aos fatores morfológicos: além de esses últimos receberem sua eficácia específica da própria estrutura do campo em que se manifestam, o aumento do número está ele mesmo vinculado a transformações profundas da percepção que os agentes, em função de suas disposições, têm dos diferentes produtos (estabelecimentos, especialidades, diplomas, etc.) oferecidos pela instituição escolar e, ao mesmo tempo, da demanda escolar, etc. Assim, para dar um exemplo extremo, tudo leva a pensar que os operários que, na França, praticamente não utilizavam o ensino secundário começaram a se tornar usuários a partir dos anos 60, de início com certeza por razões jurídicas, com a escolaridade obrigatória até os dezesseis anos, etc., mas também porque, para conservarem sua posição, que não é a mais baixa, para não caírem no subproletariado, era-lhes necessário possuir um mínimo de instrução. Penso que a relação com os imigrantes está presente na relação com o sistema escolar; e, pouco a pouco, toda a estrutura social. Em suma, as transformações ocorridas no campo escolar se definem na relação entre a estrutura do campo escolar e as transformações externas que determinaram transformações decisivas na relação das famílias com a escola, Ainda aqui, para escapar do discurso vago sobre a influência dos "fatores econômicos", é preciso compreender como as transformações econômicas se retraduzem em transformações dos usos sociais que as famílias afetadas por essas transformações podem fazer da Escola - por exemplo, a crise do pequeno comércio, do pequeno artesanato ou da pequena agricultura. Assim, um dos fenômenos absolutamente novos é o fato de que as categorias sociais que, como os camponeses, os artesãos e os pequenos comerciantes, utilizavam muito pouco a instituição escolar para sua reprodução passaram a utilizá-la devido às necessidades de reconversão que lhes eram impostas pelas transformações econômicas, isto é, quando tiveram que enfrentar a saída de condições em que tinham o domínio completo de sua reprodução social - pela transmissão direta do patrimônio: por exemplo, no ensino técnico, encontra-se uma proporção muito elevada de filhos de comerciantes e de artesãos que procuram na instituição escolar uma base de reconversão. Agora, esse tipo de intensificação da utilização da escola por categorias que a utilizavam pouco coloca problemas para as categorias que eram grandes usuárias e que, para manter as distâncias, tiveram de intensificar seus investimentos educativos. Haverá então um revide pela intensificação da demanda em todas as categorias que esperam da escola sua reprodução; a ansiedade referente ao sistema escolar vai aumentar (temos mil índices disso, e o mais significativo é uma nova forma de utilização do ensino privado). Há transformações em cadeia, uma espécie de dialética do sobrelanço na utilização da escola. Tudo está extremamente ligado. Isso é o que dificulta a análise. São processos entrelaçados que são reduzidos a processos lineares. Para aqueles que, na geração precedente, tinham um monopólio nos níveis mais elevados, no ensino superior, nas grandes escolas, etc., esse tipo de intensificação generalizada da utilização da instituição escolar coloca problemas muito difíceis, obrigando a inventar todo tipo de estratégias; de modo que essas contradições são um fator extraordinário de inovação. O modo de reprodução escolar é um modo de reprodução estatística. O que se reproduz é uma fração relativamente constante da classe (no sentido lógico do termo). Mas a determinação dos indivíduos que vão cair e daqueles que serão salvos já não depende apenas da família. Ora, a família se interessa por determinados indivíduos. Se alguém diz: noventa por cento do conjunto será salvo, mas nenhum dos seus estará incluído, isso não lhe agrada nem um pouco. Portanto, há uma contradição entre os interesses específicos da família como um corpo e os "interesses coletivos da classe" (tudo isso entre aspas, para ir mais rápido). Em conseqüência, os interesses próprios da família, os interesses dos pais que não querem ver os filhos descerem abaixo de seu nível, os interesses dos filhos que não querem ser desclassificados, que vão sentir o fracasso com maior ou menor resignação ou revolta segundo sua origem, vão conduzir a estratégias extremamente diversas, extraordinariamente inventivas, que têm por finalidade manter a posição. Isso é o que mostra a análise que fiz do movimento de maio: os locais onde se observa uma revolta maior em maio de 68 são locais onde a discordância entre as aspirações estatutárias ligadas a uma origem social elevada e o êxito escolar é máxima. É o caso, por exemplo, de uma disciplina como a sociologia, que foi um dos palcos privilegiados da revolta (a explicação primeira é dizer que a sociologia enquanto ciência é subversiva). Mas essa defasagem entre as aspirações e as *performances*, que é um fator de subversão, é inseparavelmente um fator de inovação. Não é por acaso que muitos líderes de maio de 68 foram grandes inovadores na vida intelectual e em outras áreas. As estruturas sociais não são um problema de mecânica. Por exemplo, as pessoas que não obtêm os títulos para ter acesso ao posto que de alguma maneira lhes estava estatutariamente destinado - aqueles que são chamados de "fracassados" vão se empenhar para mudar o posto de maneira a fazer com que desapareça a diferença entre o posto almejado e o posto ocupado. Todos os fenômenos de "superprodução de diplomados" e de "desvalorização dos títulos" (é preciso empregar essas palavras com prudência) são fatores de inovação maiores porque as contradições que deles resultam geram a transformação. Dito isto, os movimentos de revolta de privilegiados são de uma ambigüidade extraordinária: essas pessoas são terrivelmente contraditórias e, na própria subversão que fazem da instituição, procuram conservar as vantagens associadas a um estado anterior da instituição. Em toda a tradição de análise do nazismo, muito se acusou os pequenos comerciantes, merceeiros racistas, imbecis, etc. Quanto a mim, penso que aqueles que Weber chamava de "intelectuais proletaróides", que são pessoas muito infelizes e muito perigosas, desempenharam um papel muito importante e extremamente nocivo em todas as violências históricas, seja a Revolução Cultural chinesa, as heresias medievais, os movimentos pré-nazistas ou mesmo a Revolução Francesa (como mostrou Robert Darnton a propósito de Marat, por exemplo). Do mesmo modo, havia terríveis ambigüidades no movimento de maio de 68, e a face divertida, inteligente e um pouco carnavalesca, encarnada por Daniel Cohn-Bendit, mascarou um outro aspecto do movimento, muito menos engraçado e simpático: o ressentimento está sempre pronto a se entranhar na menor brecha que para ele se abra ... Veja, alonguei-me muito, e respondi pela evocação de uma análise concreta a uma questão "teórica". Não foi de modo algum de caso pensado, mas assumo. Por dois motivos. Desse modo pude mostrar' que minha concepção de história, e em particular da história da instituição escolar, não tem nada a ver com a imagem mutilada, absurda, "sloganizada", que às vezes se tem dela a partir, suponho, do simples conhecimento da palavra "reprodução": penso, ao contrário, que as contradições específicas do modo de reprodução com componente escolar são um dos mais importantes fatores de transformação das sociedades modernas. Em segundo lugar, eu queria dar uma intuição concreta, pois como sabem todos os bons historiadores, as alternativas dissertativas, estrutura e história, reprodução e conservação, ou, numa outra dimensão, condições estruturais e motivações singulares dos agentes, impedem que se construa a realidade em sua complexidade. Parece-me particularmente que o modelo que proponho da relação entre os *habitus* e os campos fornece a única maneira rigorosa de reintroduzir os agentes singulares e suas ações singulares sem cair de novo na anedota sem pé nem cabeça da história factual.

P. - Nas relações entre as ciências sociais, a economia ocupa uma posição central. Quais são para o senhor os aspectos mais importantes na relação entre a sociologia e a economia?

R. - Sim, a economia é uma das referências dominantes para a sociologia. Primeiro, porque a economia já está na sociologia em grande parte através da obra de Weber, que transferiu inúmeros esquemas de pensamento emprestado da economia em especial para o terreno da religião. Mas nem todos os sociólogos têm a vigilância e a competência teórica de Max Weber, e a economia é uma das mediações através das quais se exerce o efeito Gerschenkron, do qual, aliás, ela é a primeira vítima, em particular por meio de um uso, em geral totalmente desrealizante, dos modelos matemáticos.

Para que a matemática possa servir como instrumento de generalização, que permita, por meio da formalização, livrar-se dos casos particulares, é preciso começar construindo o objeto segundo a lógica específica do universo em questão. O que supõe uma ruptura com o pensamento dedutivista, que hoje tem feito estragos nas ciências sociais. A oposição entre o paradigma da

Rational Action Theory (RAT), como dizem seus defensores, e o que proponho, com a teoria do *habitus,* faz pensar na oposição estabelecida por Cassirer, em *A filosofia das luzes,* entre a tradição cartesiana que concebe o método racional como um processo que vai dos princípios aos fatos, pela demonstração e a dedução rigorosa, e a tradição newtoniana das *Regulae philosophandi* que preconiza o abandono da dedução pura em benefício da análise que parte dos fenômenos para remontar aos princípios e à fórmula matemática capaz de fornecer a descrição completa dos fatos. Todos os economistas e o próprio Becker certamente recusariam a idéia de construir uma teoria econômica *a priori.* No entanto, a epidemia daquilo que os filósofos de Cambridge chamavam de *morbus mathematicus* causa muitos estragos, e bem além da economia. E então se tem vontade de lançar mão contra o dedutivismo anglo-saxão, que pode ir *pari passu* com o positivismo, do "método estritamente histórico", como dizia o Locke do *Essay on human understanding,* que o empirismo anglo-saxão opunha a Descartes. Os dedutivistas, entre os quais também seria possível alinhar a lingüística chomskiana, freqüentemente dão a impressão de brincar com modelos formais, emprestados à teoria dos jogos, por exemplo, ou às ciências físicas, sem grande preocupação com a realidade das práticas ou com os princípios reais de sua produção. Ocorre até mesmo que, jogando com a competência matemática como outros jogam com uma cultura literária ou artística, eles parecem procurar desesperadamente o objeto concreto ao qual esse ou aquele modelo formal possa ser aplicado. Sem dúvida, os modelos de simulação podem ter uma função heurística, permitindo imaginar modos de funcionamento possíveis. Mas aqueles que os constroem muitas vezes se deixam levar pela tentação dogmática que Kant já criticava nos matemáticos e que leva a passar do modelo da realidade à realidade do modelo. Esquecendo-se das abstrações que eles tiveram de fazer para produzir seu artifício teórico, eles o tomam como uma explicação adequada e completa; ou pretendem que a ação cujo modelo construíram tem por princípio esse modelo. Em termos mais gerais, eles procuram impor universalmente a antropologia que está presente de modo implícito em todo o pensamento econômico.

É por isso que penso que só é possível nos apropriarmos de algumas das aquisições científicas da economia, fazendo com que passem por uma completa reinterpretação, como fiz para as noções de oferta e procura, e rompendo com a filosofia subjetivista e intelectualista da ação econômica que lhe é solidária e que é o verdadeiro princípio do sucesso social da *Rational Action Theory* ou do "individualismo metodológico", sua versão afrancesada. É o caso, por exemplo, da noção de interesse que introduzi em meu trabalho, entre outras razões para romper com a Visão narcisista segundo a qual apenas algumas atividades, as atividades artísticas, literárias, religiosas, filosóficas, etc., em suma, todas as práticas para as quais vivem os intelectuais e das quais vivem (seria preciso acrescentar as atividades militantes, em política ou outra área), escapariam a qualquer determinação interessada. Ao contrário do interesse natural aistórico e genérico dos economistas, o interesse é para mim o investimento em um jogo, qualquer que seja ele, que é a condição de entrada nesse jogo e que é ao mesmo tempo criado e reforçado pelo jogo. Há, portanto, tantos campos quantas são as formas de interesse. O que explica que os investimentos que alguns fazem em certos jogos, no campo artístico, por exemplo, apareçam como desinteressados quando percebidos por alguém cujos investimentos, cujos interesses estão aplicados num outro jogo, no campo econômico, por exemplo (esses interesses econômicos podem ser vistos como desinteressantes por aqueles que colocaram seus investimentos no campo artístico). Em cada caso, é preciso determinar empiricamente as condições sociais de produção desse interesse, seu conteúdo específico, etc.

P. - Numa certa época, por volta de 1968, o senhor foi acusado de não ser marxista. Hoje é acusado, muitas vezes pelas mesmas pessoas, de ainda ser marxista ou de ser marxista demais. O senhor poderia precisar ou definir sua relação com a tradição marxista, com a obra de Marx, e particularmente no que diz respeito ao problema das classes sociais?

R. - Eu lembrei muitas vezes, especialmente no que se refere à minha relação com Max Weber, que é possível pensar com um pensador contra esse pensador. Por exemplo, construí a noção de campo *contra* Weber e ao mesmo tempo *com* Weber, refletindo sobre a análise que ele propõe das relações entre padre, profeta e feiticeiro. Dizer que se pode pensar ao mesmo tempo com e contra um pensador significa contradizer radicalmente a lógica classificatória com a qual se costuma pensar - em quase todos os lugares, infelizmente, mas sobretudo na França - a relação com as idéias do passado. A favor de Marx, como dizia. Althusser, ou contra Marx. Acho que é possível pensar com Marx contra Marx ou com Durkheim contra Durkheim, e também, é claro, com Marx e Durkheim contra Weber, e vice-versa. É assim que funciona a ciência.

Conseqüentemente, ser ou não ser marxista é uma alternativa religiosa e de modo algum científica. Em termos de religião, ou se é muçulmano ou não se é, ou se faz a profissão de fé, a *chahada,* ou não se faz. A frase de Sartre segundo a qual o marxismo é a filosofia insuperável do nosso tempo com certeza não é a mais inteligente de um homem de resto muito inteligente. Há talvez filosofias insuperáveis, mas não há ciência insuperável. Por definição, a ciência é feita para ser superada. E Marx reivindicou suficientemente o título de cientista para que a única homenagem a lhe ser feita seja a de se usar o que ele fez e o que outros fizeram com o que ele fez para superar o que ele acreditou ter feito.

Considerando o problema resolvido, é evidente que o caso particular das classes sociais é particularmente importante. Não há dúvida de que, se nós falamos de classe, é essencialmente graças a Marx. E poderíamos mesmo dizer que, se há algo na realidade semelhante a classe, é em grande parte graças a Marx, ou, mais exatamente, ao efeito de teoria exercido pela obra de Marx. Dito isto, eu não diria, no entanto, que a teoria das classes de Marx me satisfaz. Caso contrário, meu trabalho não teria nenhum sentido. Se eu tivesse recitado o *Diamat* ou desenvolvido uma forma qualquer desse *basic marxism* que fez furor na França e no mundo (E. P. Thompson falava de *French flu...*), nos anos 70, numa época em que me acusavam de ser weberiano ou durkheimiano, é provável que eu tivesse feito muito sucesso nas universidades, porque é mais fácil comentar, mas acho que meu trabalho não teria merecido, pelo menos a meu ver, nem uma hora de sacrifício. A propósito das classes, quis romper com a visão realista que as pessoas comumente têm delas e que leva a questões do gênero: os intelectuais são burgueses ou pequenos burgueses? Isto é, questões de limite, de fronteira, questões que em geral são resolvidas por atos jurídicos. Alias, houve situações em que a teoria marxista das classes serviu para soluções jurídicas que, ás vezes, eram execuções: conforme as pessoas fossem ou não *kulaks,* podiam perder a vida ou salvá-la. E penso que, se o problema teórico é colocado nesses termos, é porque ele permanece ligado a uma intenção inconsciente de classificar, de catalogar, com tudo o que decorre disso. Eu quis romper com a representação realista da classe como grupo bem delimitado, existente na realidade como realidade compacta, bem recortada, de modo que se saiba se existem duas classes ou mais, ou mesmo quantos pequenos burgueses existem: ainda bem recentemente contou-se, em nome do marxismo, os pequenos burgueses franceses, e um por um, sem arredondar!... Meu trabalho consistiu em dizer que as pessoas estão situadas num espaço social, que elas não estão num lugar qualquer, isto é, intercambiáveis, como pretendem aqueles que negam a existência das "classes sociais", e que, em função da posição que elas ocupam nesse espaço muito complexo, pode-se compreender a lógica de suas práticas e determinar, entre outras coisas, como elas vão classificar e se classificar, e, se for o caso, se pensar como membros de uma "classe".

P. - Um outro problema atual diz respeito às funções sociais da sociologia e da demanda "externa".

R. - Primeiro, é preciso perguntar se existe realmente uma demanda por um discurso científico em ciências sociais. Quem quer a verdade sobre o mundo social? Existem pessoas que querem a verdade, que têm interesse pela verdade, e, se existem, estão em condições de exigi-la? Em outras palavras, seria preciso fazer uma sociologia da demanda de sociologia. A maioria dos sociólogos, sendo pagos pelo Estado, sendo funcionários, não precisam se colocar a questão. É um fato importante que, pelo menos na França, os sociólogos devem sua liberdade no que se refere à demanda ao fato de serem pagos pelo Estado. O sucesso social imediato de Uma parte importante do discurso sociológico ortodoxo deve-se ao fato de que ele responde à demanda dominante, que em geral se reduz a uma demanda de instrumentos racionais de gestão e dominação ou a uma demanda de legitimação "científica" da sociologia espontânea dos dominantes por exemplo, par ocasião da nossa pesquisa sobre a fotografia, eu tinha lido os estudos de mercado disponíveis sobre a questão. Recordo-me de um estudo ideal-tipo composto por uma análise econômica que finalizava com uma equação simples e falsa, ou pior, aparentemente verdadeira, e por uma segunda parte consagrada a uma "psicanálise" da fotografia. Por um lado, um conhecimento formal que coloca a realidade à distância e permite manipulá-la, fornecendo meios de prever aproximadamente as curvas de venda; por outro, o complemento de alma, a psicanálise ou, em outros casos, os discursos metafísicos sobre o instante e a eternidade. É raro que aqueles que têm condições de pagar estejam realmente interessados em empatar dinheiro quando se trata de verdade científica sobre o mundo social; quanto àqueles que têm interesse no desvendamento dos mecanismos de dominação, eles quase não lêem sociologia e, em todo caso, não podem pagar por ela. No fundo, a sociologia é uma ciência social sem base social. [...]

P. - Um dos efeitos do descrédito da sociologia "positivista" foi que certos sociólogos se esforçaram por abandonar o vocabulário técnico que tinha se formado, adotando um estilo "fácil" e "legível", isso não apenas para facilitar a divulgação, mas também para se opor às ilusões científicas. O senhor não compartilha desse ponto de vista. Por quê?

R. - Com o risco de parecer arrogante, vou me referir a Spitzer e ao que ele diz de Proust. Penso que, pondo de lado a qualidade literária do estilo, o que Spitzer diz do estilo de Proust eu poderia dizê-lo da minha escrita. Em primeiro lugar, ele diz que o que é complexo só se pode dizer de modo complexo; em segundo lugar, que a realidade não é apenas complexa, mas também estruturada, hierarquizada, e que é preciso passar a idéia des-

PONTOS DE REFERÊNCIA

sa estrutura: se quisermos apreender o mundo em toda a sua complexidade e ao mesmo tempo hierarquizar e articular, colocar em perspectiva, colocar em primeiro plano o que é importante, etc., é preciso recorrer a essas frases pesadas, que praticamente têm que ser reconstruídas como frases latinas; em terceiro lugar, que essa realidade complexa e estruturada, Proust não quis passá-la tal e qual, mas dando simultaneamente seu ponto de vista em relação a ela, dizendo como ele se situa em relação ao que descreve. São, segundo Spitzer, os parênteses de Proust - que de minha parte eu aproximaria dos parênteses de Max Weber, que são o lugar do metadiscurso presente no discurso. São as aspas ou as diferentes formas de estilo indireto que exprimem diferentes maneiras de se relacionar com as coisas relatadas e com as pessoas cujas palavras estão sendo reproduzidas. Como marcar a distância daquele que escreve em relação àquilo que escreve? Esse é um dos grandes problemas da escrita sociológica. Quando digo que a história em quadrinhos é um gênero inferior, pode-se compreender que é isso que penso. Portanto, é preciso que eu diga ao mesmo tempo que é assim, mas que não sou eu que penso isso. Meus textos estão repletos de indicações destinadas a fazer com que o leitor não possa deformar, não possa simplificar. Infelizmente, esses alertas passam despercebidos ou tomam o discurso tão complicado que os leitores que lêem rapidamente não vêem nem as pequenas indicações nem as grandes e lêem, como testemunham as inúmeras objeções que me são feitas, quase o contrário do que quis dizer.

Em todo caso, não há dúvida de que não procuro discursos simples e claros e que acho perigosa a estratégia que consiste em abandonar o rigor do vocabulário técnico em favor de um estilo legível e fácil. Primeiro, porque a falsa clareza é com freqüência obra do discurso dominante, o discurso daqueles que acham que tudo é óbvio, porque tudo está bem como está. O discurso conservador é sempre pronunciado em nome do bom senso. Não é por acaso que o teatro burguês do século XIX era chamado "teatro do bom senso". E o bom senso fala a linguagem simples e clara da evidência. Em seguida, porque produzir um discurso simplificado e simplificador sobre o mundo social significa inevitavelmente fornecer armas às manipulações perigosas desse mundo. Estou convicto de que, tanto por razões científicas quanto por razões políticas, é preciso assumir que o discurso pode e deve ser tão complicado quanto exige o problema tratado (ele próprio mais ou menos complicado). Se as pessoas pelo menos retêm que é complicado, isso já é um aprendizado. Além disso, não acredito nas virtudes do "bom senso" e da "clareza", esses dois ideais do cânone literário clássico ("o que é bem concebido"..., etc.). Tratando-se de objetos tão sobrecarregados de paixões, de emoções, de interesses quanto às coisas sociais, os discursos mais "claros", isto é, os mais simples, são certamente os que têm as maiores chances de ser mal compreendidos, porque funcionam como testes projetivos onde cada um leva seus preconceitos, suas prenoções, seus fantasmas. Se admitirmos que, para sermos compreendidos, é preciso nos empenhar para empregar as palavras de tal maneira que elas não digam outra coisa senão o que se quis dizer, percebe-se que a melhor maneira de falar claramente consiste em falar de modo complicado, para tentar transmitir ao mesmo tempo o que se diz e a relação que se mantém com o que se diz, e evitar dizer à revelia mais coisas e coisas diferentes daquilo que se acreditou dizer.

A sociologia é uma ciência esotérica - a iniciação é muito lenta e requer uma autêntica conversão de toda a visão do mundo -, mas que parece exotérica. Algumas pessoas, sobretudo as de minha geração, que foi alimentada no desprezo, sustentado pela filosofia, a tudo o que diz respeito às ciências sociais, lêem as análises do sociólogo como leriam o seminário de política. Estimuladas nisso por todos aqueles que vendem mau jornalismo sob o nome de sociologia. É por isso que o mais difícil é conseguir que o leitor adote a verdadeira postura, aquela que ele imediatamente seria obrigado a adotar se fosse colocado na situação de descobrir, diante de um quadro estatístico a ser interpretado ou de uma situação a ser descrita, todos os erros que a postura comum - que ele aplica a análises construídas contra ela - o levam a cometer. O relatório científico faz economia de equívocos. Outra dificuldade, no caso das ciências sociais, é que o pesquisador deve contar com proposições cientificamente falsas mas sociologicamente tão poderosas - porque muitas pessoas têm necessidade de acreditar que elas são verdadeiras -, que não se pode ignorá-las quando se quer conseguir impor a verdade (penso, por exemplo, em todas as representações espontâneas da cultura, qualidades inatas, dom, gênio, Einstein, etc., que as pessoas cultas veiculam). O que às vezes leva a "torcer o bastão no outro sentido" ou a adotar um tom polêmico ou irônico, necessário para acordar o leitor de seu sono dóxico...

Mas isso não é tudo. Não parei de lembrar, evocando o título célebre de Schopenhauer, que o mundo social também é "representação e vontade". Representação, no sentido não só da psicologia, mas também do teatro, e da política, isto é, de delegação, de grupo de mandatários. O que nós consideramos como a realidade social é em grande parte representação ou produto da representação, em todos os sentidos do termo. E o discurso do sociólogo entra em primeiro plano nesse jogo, e com uma força particular, que lhe dá sua autoridade científica. Quando se trata do mundo social, falar com autoridade significa fazer: se, por exemplo, digo com autoridade que as classes sociais existem, contribuo intensamente para fazer com que existam. E mesmo que eu me contente em propor uma descrição teórica do espaço social e de suas divisões mais adequadas (como fiz em *La distinction)*, exponho-me a fazer com que existam na realidade, isto é, primeiro nos cérebros dos agentes, sob a forma de categorias de percepção, de princípios de visão e divisão, classes lógicas que construí para explicar a distribuição das práticas. Tanto mais que essa representação isso não é segredo para ninguém - serviu de base às novas categorias socioprofissionais do INSEE desse modo se viu certificada e garantida pelo Estado... Talvez um dia alguns de meus termos classificatórios figurem nas carteiras de identidade... Nada disso ajuda, você entende, a desencorajar a leitura realista e objetivista dos trabalhos sociológicos, que quanto mais "realistas", e quanto mais seus recortes sigam de perto, segundo a metáfora platônica, as articulações da realidade, mais estarão expostos a esse tipo de leitura. Portanto, as palavras do sociólogo contribuem para fazer as coisas sociais. O mundo social é cada vez mais habitado pela sociologia reificada. Os sociólogos do futuro (mas já é o nosso

72 PIERRE BOURDIEU

caso) descobrirão cada vez mais na realidade que estudarão os produtos sedimentados dos trabalhos de seus predecessores.

É compreensível que o sociólogo tenha interesse em pesar suas palavras. Mas isso não é tudo. O mundo social é um lugar de lutas a propósito de palavras que devem sua gravidade - e às vezes sua violência - ao fato de que as palavras fazem as coisas, em grande parte, e ao fato de que mudar as palavras e, em termos gerais, as representações (por exemplo, a representação pictórica, como Manet), já é mudar as coisas. A política é no essencial uma questão de palavras. É por isso que a luta para conhecer cientificamente a realidade quase sempre deve começar por uma luta contra as palavras. Ora, com muita freqüência, para transmitir o saber, devemos recorrer às próprias palavras que precisaram ser destruídas para que se conquistasse e construísse esse saber: percebe-se que as aspas não são grande coisa quando se trata de assinalar tamanha mudança de estatuto epistemológico. Assim, eu poderia continuar falando de "tênis" ao término de um trabalho que tivesse jogado pelos ares todos os pressupostos inscritos numa frase como "O tênis está se democratizando" - que repousa, entre outras coisas, sobre a ilusão da constância do nominal, sobre a convicção de que a realidade que a palavra designava há vinte anos é a mesma realidade designada pela mesma palavra hoje em dia.

Quando se trata do mundo social, o emprego corrente da linguagem corrente nos torna metafísicos. O hábito do verbalismo político, e o da reificação dos coletivos que foi muito praticada por alguns filósofos, faz com que os paralogismos e os atos de força lógicos implicados nas afirmações mais triviais da existência cotidiana passem despercebidos. "A opinião é favorável ao aumento do preço da gasolina." Aceita-se uma tal frase sem nos perguntarmos se alguma coisa como "opinião pública" pode existir e como. Entretanto, a filosofia nos ensinou que há uma infinidade de coisas de que se pode falar sem que elas existam, que é possível pronunciar frases que têm um sentido ("O rei da França é careca") sem que exista um referente (o rei da França não existe). Quando se pronunciam frases que têm como sujeito o Estado, a Sociedade Civil, os Trabalhadores, a Nação, o Povo, os Franceses, o Partido, o Sindicato, etc., subentende-se que aquilo que essas palavras designam existe, como quando se diz que "o rei da França é careca" supõe-se que haja um rei da França e que ele é careca. Todas as vezes em que afirmações existenciais (a França existe) são mascaradas sob enunciados predicativos (a França é grande), somos expostos ao deslizamento ontológico que faz com que se passe da existência do nome à existência da coisa nomeada, deslizamento tanto mais provável, e perigoso, na medida em que na própria realidade os agentes sociais estejam lutando por aquilo que chamo de poder simbólico dd qual uma das manifestações mais típicas é esse poder de *nominação* constituinte, que, ao nomear, faz existir. Eu atesto que você é professor (é o certificado de aptidão), ou doente (é o atestado de doença). Ou, pior ainda, que atesto que o proletariado existe, ou a nação occitânica. O sociólogo pode ser tentado a entrar nesse jogo, a dar a última palavra nas querelas de palavras, dizendo o estado real das coisas. Se, como penso, o que lhe compete propriamente é descrever a lógica das lutas a respeito das palavras, é compreensível que ele tenha problemas com as palavras que precisa empregar para falar dessas lutas.

Segunda Parte:

CONFRONTAÇÕES

Da regra às estratégias*

P - Eu gostaria de que falássemos do interesse que o senhor manifestou em sua obra 'pelas questões de parentesco e de transmissão, desde o "Béarn" e os "Três estudos de etnologia cabila" até o *Homo academicus*. O senhor foi o primeiro a abordar sob uma perspectiva propriamente etnológica a questão da escolha do cônjuge no interior de uma população francesa (cf. "Celibato e condição camponesa", *Études Rurales,* 1962, e "As estratégias matrimoniais no sistema das estratégias de reprodução", *Annales,* 1972) e a sublinhar a correlação entre o modo de transmissão de bens, desigual, nesse caso, e a lógica das alianças. Toda transação matrimonial, dizia o senhor, deve ser entendida como "resultado de uma estratégia" e pode ser definida "como um momento em uma série de trocas materiais e simbólicas [...] que depende em grande parte da posição que essa troca ocupa na história matrimonial da família".

R. - Minhas pesquisas sobre o casamento no Béarn foram para mim o ponto de passagem, e de articulação, entre a etnologia e a sociologia. De saída, havia concebido esse trabalho sobre minha própria região de origem como uma espécie de experimentação epistemológica: analisar como etnólogo, num universo familiar (a não ser pela distância social), as práticas matrimoniais que

---

* Entrevista com P. Lamaison, publicada em *Terrains,* nº. 4, março de 1985.

eu havia estudado num universo social muito mais distante, a sociedade cabila, significava me dar uma oportunidade de objetivar o ato de objetivação e o sujeito objetivante; de objetivar o etnólogo não apenas enquanto indivíduo socialmente situado, mas também enquanto cientista que tem como ofício analisar o mundo social, pensá-lo e que por isso deve se retirar do jogo, seja porque observa um mundo estranho, onde seus interesses não estão investidos, seja porque ele observa seu próprio mundo, mas retirando-se do jogo, tanto quanto possível. Em suma, eu queria menos observar o observador em sua particularidade, o que em si não apresenta grande interesse, do que observar os efeitos que a situação de observador produz sobre a observação, sobre a descrição da coisa observada, descobrir todos os pressupostos inerentes à postura *teórica* enquanto visão externa, afastada, distante ou, simplesmente, não prática, não envolvida, não investida. E me pareceu que era toda uma filosofia social, profundamente falsa, que resultava do fato de o etnólogo não ter "nada a ver" com aqueles que ele estuda, com suas práticas, com suas representações, a não ser estudá-las: há um abismo entre procurar entender o que são as relações matrimoniais entre duas famílias para casar da melhor maneira possível o filho ou a filha, investindo nisso o mesmo interesse que as pessoas de nosso meio investem na escolha do melhor estabelecimento escolar para seu filho ou filha, e procurar entender essas relações para construir um modelo teórico. A mesma coisa é válida quando se trata de compreender um ritual.

Assim, a análise *teórica* da visão teórica como visão externa, e sobretudo sem nenhum alvo prático em jogo, foi com certeza o princípio da ruptura com aquilo que outros chamariam de "paradigma" estruturalista: foi a consciência aguda, que eu não adquiri somente pela reflexão teórica, do descompasso entre os fins *teóricos* da compreensão teórica e os fins práticos, diretamente interessados, da compreensão prática, que me levou a falar de *estratégias* matrimoniais ou de *costumes sociais* do parentesco em vez de regras de parentesco. Essa mudança de vocabulário manifesta uma mudança de ponto de vista: trata-se de evitar tomar como princípio da prática dos agentes a teoria que se deve construir para explicá-la.

P. - Mas, quando Lévi-Strauss fala das regras ou dos modelos que reconstruímos para explicá-la, ele não se opõe realmente ao senhor nesse ponto.

R. - Na verdade, parece-me que a oposição é mascarada pela ambigüidade da palavra *regra,* que permite fazer com que desapareça o próprio problema que tentei colocar: nunca se sabe exatamente se por *regra* entende-se um princípio de tipo jurídico ou quase jurídico, mais · ou menos conscientemente produzido e dominado pelos agentes, ou um conjunto de regularidades objetivas que se impõem a todos aqueles que entram num jogo. É a um desses dois sentidos que se faz referência quando se fala de regra do jogo. Mas também é possível ter em mente um terceiro sentido, o de modelo, de princípio construído pelo cientista para explicar o jogo. Acho que, escamoteando essas distinções, corre-se o risco de cair em um dos paralogismos mais funestos das ciências humanas, aquele que consiste em tomar, segundo a velha fórmula de Marx, "as coisas da lógica pela lógica das coisas". Para escapar disso, é preciso inscrever na teoria o princípio real das estratégias, ou seja, o senso prático, ou, se preferirmos, o que os esportistas chamam de "sentido do jogo", como domínio prático da lógica ou da necessidade imanente de um jogo, que se adquire pela experiência de jogo e que funciona aquém da consciência e do discurso (à semelhança, por exemplo, das técnicas corporais). Noções como a de *habitus* (ou sistema de disposições), de senso prático, de estratégia, estão ligadas ao esforço para sair do objetivismo estruturalista sem cair no subjetivismo. É por isso que não me reconheço naquilo que Lévi-Strauss disse recentemente a propósito das pesquisas sobre o que ele chama de "sociedades domésticas". Embora eu não possa deixar de admitir que isso me diz respeito, já que contribuí para reintroduzir na discussão teórica em etnologia uma dessas sociedades onde os atos de troca, matrimoniais ou outros, parecem ter como "sujeito" a casa, a *maysou,* o *oustau;* e também para formular a teoria do casamento como estratégia ...

P - o senhor está falando da conferência Marc Bloch sobre "A etnologia e a história", publicada pelos *Annales ESC* (n°. 6,

80 PIERRE BOURDIEU

novembro-dezembro, 1983, pp. 1217-1231), onde LéviStrauss critica o que ele chama de "espontaneísmo"?

R. - Sim. Quando ele fala dessa crítica do estruturalismo "que se repete um pouco por toda parte e que se inspira num espontaneísmo e num subjetivismo de moda" (tudo isso não é muito gentil), é claro que Lévi-Strauss visa de maneira pouco compreensiva - é o mínimo que se pode dizer - a um conjunto de trabalhos que me parece participar de um outro "universo teórico", diferente do dele. Sem falar no efeito de amálgama que consiste em sugerir a existência de uma relação entre o pensamento em termos de estratégia e o que se designa em política como espontaneísmo. A escolha das palavras, sobretudo na polêmica, não é inocente, e conhecemos o descrédito que se vincula, mesmo em política, a todas as formas de crença na espontaneidade das massas. (Dito isto, entre parênteses, a intuição política de Lévi-Strauss não é inteiramente enganosa, uma vez que, através do *habitus,* do senso prático e da estratégia, são reintroduzidos o agente, a ação, a prática e talvez sobretudo a proximidade do observador com os agentes e com a prática, a recusa do olhar distante, que não deixam de ter afinidade com disposições e posições não só teóricas, mas também políticas.) O essencial é que Lévi-Strauss, fechado desde sempre (penso em suas observações sobre a fenomenologia no prefácio a Mauss) na alternativa do subjetivismo e do objetivismo, só pode perceber as tentativas de superar essa alternativa como uma regressão ao subjetivismo. Prisioneiro, como tantos outros, da alternativa do individual e do social, da liberdade e da'necessidade, etc., ele só pode ver nas tentativas de romper com o "paradigma" estruturalista um retorno a um subjetivismo individualista e, por essa via, a um irracionalismo: segundo ele, o "espontaneísmo" substitui a estrutura por "uma média estatística que resulta de escolhas feitas com toda a liberdade ou que pelo menos escapam a qualquer determinação externa", e ele reduz o mundo social a "um imenso caos de atos criadores surgindo todos na escala individual e assegurando a fecundidade de uma desordem permanente" (como não reconhecer aqui a imagem ou o fantasma do espontaneísmo de maio de 1968 que evocam, além do conceito utilizado para designar essa corrente teórica, as alusões à moda e a críticas "que se repetem por toda parte"?). Em suma, porque estratégia para ele é sinônimo de *escolha,* escolha consciente e individual, guiada pelo cálculo racional ou por motivações "éticas e afetivas", e porque ela se opõe à coação e à norma coletiva, ele só pode expulsar da ciência um projeto teórico que na realidade visa reintroduzir o agente socializado (e não o sujeito) e as estratégias mais ou menos "automáticas" do senso prático (e não os projetos e cálculos de uma consciência).

P. - Mas, para o senhor, qual é a função da noção de estratégia?

R. - A noção de estratégia é o instrumento de uma ruptura com o ponto de vista objetivista e com a ação sem agente que o estruturalismo supõe (recorrendo, por exemplo, à noção de inconsciente). Mas pode-se recusar a ver a estratégia como o produto de um programa inconsciente, sem fazer dela o produto de um cálculo consciente e racional. Ela é produto do senso prático como sentido do jogo, de um jogo social particular, historicamente definindo, que se adquire desde a infância, participando das atividades sociais, em particular no caso de Cabília, e outros lugares com certeza, dos jogos infantis. O bom jogador, que é de algum modo o jogo feito homem, faz a todo instante o que deve ser feito, o que o jogo demanda e exige. Isso supõe uma invenção permanente, indispensável para se adaptar às situações indefinidamente variadas, nunca perfeitamente idênticas. O que não garante a obediência mecânica à regra explícita, codificada (quando ela existe). Descrevi, por exemplo, as estratégias de jogo duplo que consistem em "legalizar a situação", em colocar-se ao lado do direito, em agir de acordo com interesses, mas mantendo as aparências de obediência às regras. O sentido do jogo não é infalível; ele se distribui de maneira desigual, tanto numa sociedade quanto numa equipe. Às vezes, ele falha, especialmente nas situações trágicas, quando então se apela aos sábios, que em Cabília em geral também são poetas, e sabem tomar liberdade com a regra oficial, que permite salvar o essencial daquilo que a regra visava a garantir. Mas essa liberdade de invenção, de improvisação, que permite produzir a infinidade de lances possibilitados pelo jogo (como no xadrez), tem os mes-

82 PIERRE BOURDIEU

mos limites do jogo. As estratégias adaptadas quando se trata de jogar o jogo do casamento cabila, no qual a terra e a ameaça de partilha não intervêm (devido á indivisão na partilha igual entre os agnatos), não conviriam no caso de se jogar o jogo do casamento bearnês, no qual é preciso salvar antes de tudo a casa e a terra.

Percebe-se que não se deve colocar o problema em termos de espontaneidade e coação, liberdade e necessidade, indivíduo e social. O *habitus* como sentido do jogo é jogo social incorporado, transformado em natureza. Nada é simultaneamente mais livre e mais coagido do que a ação do bom jogador. Ele fica natural-mente no lugar em que a bola vai cair, como se a bola o coman-dasse, mas, desse modo, ele comanda a bola. O *habitus* como social inscrito no corpo, no indivíduo biológico, permite produ-zir a infinidade de atos de jogo que estão inscritos no jogo em estado de possibilidades e de exigências objetivas as coações e as exigências do jogo, ainda que não estejam reunidas num código de regras, impõem-se àqueles e somente àqueles que, por terem o sentido do jogo, isto é, o senso da necessidade imanente do jogo, estão preparados para percebê-las e realizá-las. Isso se transpõe facilmente para o caso do casamento. Como mostrei no caso do Béarn e de Cabília, as estratégias matrimoniais são produto não da obediência ã regra, mas do sentido do jogo que leva a "esco-lher" o melhor partido possível considerando o jogo que se tem, isto é, os trunfos e as cartas ruins (as moças particularmente), e a arte de jogar que se possui; é a regra explícita do jogo - por exemplo, os interditos e as preferências em matéria de parentesco ou as leis sucessórias - que define o valor das cartas (rapazes e moças, primogênitos e caçulas). E as regularidades que se podem observar, graças á estatística, são o produto agregado de ações individuais orientadas pelas mesmas coações objetivas (as necessi-dades inscritas na estrutura do jogo ou parcialmente objetivadas em regras) ou incorporadas (o sentido do jogo, ele próprio distri-buído de modo desigual, porque em toda parte, em todos os grupos, existem graus de excelência).

P. - Mas quem elabora as regras do jogo de que o senhor fala? E elas diferem das regras de funcionamento das sociedades cujo

DA REGRA ÀS ESTRATÉGIAS

enunciado pelos etnólogos levou justamente á elaboração dos modelos? O que separa as regras do jogo das regras de parentesco? R - A imagem do jogo certamente é a menos ruim para evocar as coisas sociais. Entretanto, ela comporta alguns perigos. De fato, falar de jogo é sugerir que no início há um inventor do jogo, um nomoteta, que implantou as regras, instaurou o contato social. Mais grave é sugerir que existem regras do jogo, isto é, normas explícitas, no mais das vezes escritas, quando na verdade é muito mais complicado. Pode-se falar de jogo para dizer que um conjunto de pessoas participa de uma atividade regrada, uma atividade que, sem ser necessariamente produto da obediência ã regra, *obedece a certas regularidades*. O jogo é o lugar de uma necessidade imanente, que é ao mesmo tempo uma lógica imanente. Nele não se faz qualquer coisa impunemente. E o sentido do jogo, que contribui para essa necessidade e essa lógica, é uma forma de conhecimento dessa necessidade e dessa lógica. Quem quiser ganhar nesse jogo, apropriar-se do que está em jogo, apanhar a bola, ou seja, por exemplo, um bom partido e as vantagens a ele associadas, deve ter o sentido do jogo. É preciso falar de regras? Sim e não. Pode-se fazê-lo desde que se distinga claramente *regra* de *regularidade*. O jogo social é regrado, ele é lugar de regularidade. Nele as coisas se passam de modo *regular,* os herdeiros ricos se casam *regularmente* com caçulas ricas. Isso não quer dizer que seja regra, para os herdeiros ricos, desposar caçulas ricas. Mesmo que se possa pensar que desposar uma herdeira (mesmo rica, e *a fortiori* uma caçula pobre) seja um erro, e até, por exemplo, aos olhos dos pais, uma falta. Posso dizer que toda a minha reflexão partiu daí: como as condutas podem ser regradas sem ser produto da obediência a regras? Mas não basta romper com o juridismo (o *legalism,* como dizem os anglo-saxões), que é tão natural nos antropólogos, sempre prontos a ouvir aqueles que dão lições e regras, a exemplo dos informantes quando falam ao etnólogo, isto é, a alguém que não sabe nada e a quem é preciso falar *como a uma criança.* Para construir um modelo do jogo que não seja nem o simples registro das normas explícitas, nem o enunciado das regularidades, mas que integre umas e outras, é preciso refletir sobre *os modos de existência diferentes* dos princípios

84 PIERRE BOURDIEU

de regulação e regularidade das práticas: há, naturalmente, o *habitus,* essa disposição regrada para gerar condutas regradas e regulares, à margem de qualquer referência a regras; e, nas sociedades onde o trabalho de *codificação* não é muito avançado, o *habitus* é o princípio da maior parte das práticas. Por exemplo, as práticas rituais, como acredito ter demonstrado em *Le sens pratique,* são produto do emprego de *taxionomias práticas,* ou melhor, de esquemas classificatórios manejados no estado prático, pré-reflexivo, com todos os efeitos que se conhecem: os ritos e os mitos são lógicos, mas só até certo ponto. Eles são lógicos, mas de uma lógica prática (no sentido em que se diz que uma roupa é prática), ou seja, boa para a prática, necessária e suficiente para a prática. Um excesso de lógica muitas vezes seria incompatível com a prática, ou mesmo contraditório em relação aos fins práticos da prática. O mesmo se passa com classificações que produzimos a propósito do mundo social ou do mundo político. Cheguei ao que me parece ser a intuição justa da lógica prática da ação ritual pensando-a por analogia à nossa maneira de utilizar a oposição entre a direita e a esquerda para pensar e classificar opiniões políticas ou pessoas (alguns anos mais tarde até mesmo tentei, juntamente com Luc Boltanski, compreender como funciona essa lógica prática em nossa prática cotidiana, empregando uma técnica derivada daquela empregada pelos inventores da análise componencial para retomar as taxionomias indígenas em matéria de parentesco, botânica e zoologia: eu pedia que classificassem pequenos cartões com nomes de partidos de um lado e nomes de políticos de outro). Fiz uma experiência semelhante com nomes de profissão.

P. - Também aqui o senhor ultrapassa a fronteira entre etnologia e sociologia.

R. - Sim. A distinção entre etnologia e sociologia impede o etnólogo de submeter sua própria experiência à análise que ele aplica a seu objeto. O que o obrigaria a descobrir que aquilo que ele descreve como pensamento mítico em geral não é diferente da lógica prática que é a nossa em três quartos de nossas ações: por exemplo, naqueles nossos juízos que não obstante são considerados a suprema realização da cultura cultivada, os juízos de gosto, inteiramente fundados em pares de adjetivos (historicamente constituídos).

Mas, para retomar aos princípios possíveis da produção de práticas regradas, é preciso levar em conta, ao lado do *habitus,* as regras explícitas, expressas, formuladas, que podem ser conservadas e transmitidas oralmente (era o que acontecia em Cabília, bem como em todas as sociedades ágrafas) ou pela escrita. Essas regras podem até estar constituídas como sistema coerente, de uma coerência intencional, desejada, á custa de um trabalho de *codificação* que compete aos Profissionais da formalização, da racionalização, os juristas.

P. - Em outros termos, a distinção que o senhor fazia no início entre as coisas da lógica e a lógica das coisas seria o que permite colocar claramente a questão da relação entre a regularidade das práticas baseadas nas disposições, o sentido do jogo, e a regra explícita, o código?

R. - Perfeitamente. A regularidade apreendida estatisticamente, á qual o sentido do jogo se submete espontaneamente, que se "reconhece" na prática "jogando o jogo", como se diz, não tem necessariamente como princípio a regra de direito ou de "pré-direito" (costumes, ditados, provérbios, fórmulas explicitando uma regularidade, assim constituída como "fato normativo": penso, por exemplo, nas tautologias como aquela que consiste em dizer de um homem que "ele é homem", subentendido um homem *verdadeiro, verdadeiramente* homem). Pode ser, no entanto, que isso aconteça principalmente nas situações oficiais. Com essa distinção claramente estabelecida, é preciso fazer uma teoria do trabalho de explicitação e de codificação, e do efeito propriamente simbólico que a codificação produz. Há um vínculo entre a fórmula jurídica e a fórmula matemática. O direito, bem como a lógica formal, considera a forma das operações sem se vincular ã matéria á qual elas se aplicam. A fórmula jurídica vale para qualquer valor de x. O código é aquilo que faz com que diferentes agentes estejam de acordo sobre fórmulas universais porque formais (no duplo sentido do *formal* inglês, ou seja, oficial, público, e do formal francês, ou seja, relativo somente ã forma). Mas vou parar por aqui. Que-

86   PIERRE BOURDIEU

ria apenas mostrar o que a palavra "regra" abrange em sua ambigüidade (o mesmo erro persiste em toda a história da lingüística, que, de Saussure e Chomsky, tende a confundir os esquemas geradores que funcionam no nível prático com o modelo explícito, a gramática, construído para explicar os enunciados).

P. - Assim, entre as coações que definem um jogo social, poderiam existir regras, mais ou menos rígidas, regendo a aliança e definindo os laços de parentesco?

R. - As mais poderosas dessas coações, pejo menos nas tradições que estudei diretamente, são aquelas que resultam dos costumes sucessórios. É através deles que se impõem as necessidades da economia e é com eles que as estratégias de reprodução devem contar, entre elas, sobretudo, as estratégias matrimoniais. Mas os costumes, ainda que fortemente codificados, o que raramente acontece nas sociedades camponesas, também são objeto de todo tipo de estratégias. É preciso também, em cada caso, retomar à *realidade das práticas,* em vez de confiar, como Le Roy Ladurie, acompanhando Yver, no costume codificado, isto é, escrito, ou não: baseando-se essencialmente no registro dos "golpes" ou faltas exemplares e, nessa condição convertidos em normas, o costume dá urna idéia muito inexata da rotina ordinária dos casamentos comuns e é objeto de todo tipo de manipulações, particularmente por ocasião dos casamentos. Se os bearneses souberam perpetuar suas tradições sucessórias apesar de dois séculos de código civil, é porque de longa data haviam aprendido a jogar com a regra do jogo. Dito isto, não se deve subestimar o efeito da codificação ou da simples oficialização (ao que se reduz o efeito do que é chamado casamento preferencial): as vias sucessórias designadas pela tradição impõem-se como "naturais" e tendem a orientar - novamente é preciso compreender de que maneira - as estratégias matrimoniais, o que explica que se observe uma correspondência bastante estreita entre a geografia dos modos de transmissão dos bens e a geografia das representações dos laços de parentesco.

P. - De fato, o senhor também se diferencia dos estruturalistas na maneira de conceber a ação das "coações" jurídicas e econômicas.

DA REGRA ÀS ESTRATÉGIAS   87

R. - Perfeitamente. A famosa articulação das instâncias que os estruturalistas, sobretudo os neomarxistas, procuram na objetividade das estruturas realiza-se em cada ato responsável, no sentido da palavra inglesa *responsible*, isto é, objetivamente ajustado ã necessidade do jogo porque orientado pelo sentido do jogo. O "bom jogador" leva em conta, em cada escolha matrimonial, o conjunto das propriedades pertinentes tendo em vista a estrutura a ser reproduzida: no Béarn, o sexo, isto é, as representações consuetudinárias da precedência masculina, a condição de nascimento, isto é, a precedência dos primogênitos e, através deles, da terra, que, como dizia Marx, herda o herdeiro que a herda, a posição social da casa que precisa ser mantida, etc. O sentido do jogo, nesse caso, é mais ou menos o sentido de honra; mas o sentido de honra bearnês, apesar das analogias, não é exatamente idêntico ao sentido da honra cabila, que, mais sensível ao capital simbólico - reputação, renome, "glória", como se dizia no século XVII -, dá menos atenção ao capital econômico e particularmente á terra.

P. - As estratégias matrimoniais estão, portanto, inscritas no sistema das estratégias de reprodução...

R - Eu diria, como anedota, que foram as preocupações com a elegância estilística da redação dos *Annales* que fizeram com que meu artigo se chamasse "As estratégias matrimoniais no sistema de reprodução" (o que não tem muito sentido) e não, como eu desejava, "no sistema das estratégias de reprodução". O essencial está nisto: não se pode dissociar as estratégias matrimoniais do conjunto das estratégias - penso, por exemplo, nas estratégias de fecundidade, nas estratégias educativas como estratégias de investimento cultural ou nas estratégias econômicas, investimento, poupança, etc. -, através das quais a família visa se reproduzir biologicamente e sobretudo *socialmente,* isto é, reproduzir as propriedades que lhe permitem conservar sua posição, sua situação no universo social considerado.

P. - Ao falar da família e de suas estratégias, o senhor não está postulando a homogeneidade desse grupo, de seus interesses,

88 PIERRE BOURDIEU

e ignorando as tensões e os conflitos inerentes, por exemplo, ã vida em comum?

R. - Ao contrário. As estratégias matrimoniais em geral são a resultante de relações de força no interior do grupo doméstico, e essas relações só podem ser entendidas recorrendo-se ã história desse grupo, e em particular ã história dos casamentos anteriores. Por exemplo, em Cabília a mulher, quando vem do exterior, tende a reforçar sua posição procurando encontrar um partido de sua linhagem, e, quanto mais prestigiosa for sua linhagem, mais chances ela terá de ser bem-sucedida. A luta entre o marido e a esposa pode se efetuar por intermédio da sogra. O marido também pode ter interesse em reforçar a coesão da linhagem, mediante um casamento interno. Em suma, é pelo viés dessa relação de força sincrônica entre os membros da fanulia que a história das linhagens, e particularmente de todos os casamentos anteriores, intervém por ocasião de cada novo casamento.

Esse modelo teórico tem um valor muito geral e é indispensável, por exemplo, para se compreenderem as estratégias educativas das famílias ou, numa área completamente diferente, suas estratégias de investimento e poupança. Monique de Saint-Martin observou na grande aristocracia francesa estratégias matrimoniais absolutamente semelhantes àquelas que eu havia observado entre os camponeses bearneses. O casamento não é essa operação pontual e abstrata, baseada unicamente na aplicação de regras de filiação e de aliança, que a tradição estruturalista descreve, mas um ato que integra o conjunto de necessidades inerentes a uma posição na estrutura social, isto é, num estado do jogo social, através da virtude sintética do sentido do jogo dos "negociadores". As relações que se estabelecem entre as famílias por ocasião dos casamentos são tão difíceis e tão importantes quanto às negociações de nossos diplomatas mais refinados, e certamente a leitura de Saint-Simon ou de Proust prepara melhor para compreender a diplomacia sutil dos camponeses cabilas ou bearneses do que a leitura das *Notes and queries on anthropology*. Mas nem todos os leitores de Proust ou de Saint-Simon estão igualmente preparados para reconhecer M. de Norpois ou o duque de Berry em um camponês de traços rudes e com um modo de falar grosseiro, ou em um montanhês, que as classificações que lhe são aplicadas, as da etnologia, fazem com que seja tratado, queiramos ou não, como radicalmente outro, isto é, como bárbaro.

P. - Acho que a etnologia já não trata realmente nem os camponeses nem ninguém como bárbaro. Aliás, os trabalhos desenvolvidos sobre a França e a Europa provavelmente também contribuíram para modificar o olhar que ela lança sobre as sociedades.

R. - Eu tenho consciência de estar forçando a nota. No entanto, sustento que há qualquer coisa de nocivo na existência da etnologia como ciência separada e que se corre o risco de aceitar, através dessa separação, tudo o que estava inscrito na divisão inicial da qual ela provém e que se perpetua, como acredito ter mostrado, em seus métodos (por exemplo, por que essa resistência à estatística?) e sobretudo em seus modos de pensamento: por exemplo, a recusa do etnocentrismo, que impede o etnólogo de relacionar o que ele observa com suas próprias experiências - como fiz agora mesmo, aproximando as operações classificatórias envolvidas em um ato ritual -e aquelas que nós envolvemos em nossa percepção do mundo social - leva a instituir, sob aparência de respeito, uma distância intransponível, como na época áurea da "mentalidade primitiva". E isso também pode valer quando se faz "etnologia" de camponeses e operários.

P. - Para voltar à lógica das estratégias matrimoniais, o senhor quer dizer que toda a estrutura e a história do jogo estão presentes, por intermédio dos *habitus* dos atores e de seu sentido do jogo, em cada um dos casamentos que resulta da confrontação de suas estratégias?

R. - Exatamente. No caso de Cabília, mostrei como os casamentos mais difíceis, logo, os de maior prestígio, mobilizam a quase totalidade dos dois grupos em questão e a história de suas transações passadas, matrimoniais ou outras, de modo que só se pode compreendê-las contanto que se conheça o balanço dessas trocas no momento considerado e também, naturalmente, tudo aquilo que define a posição dos dois grupos na distribuição do capital econômico e também simbólico. Os grandes negociadores são aqueles que sabem tirar o melhor partido de tudo isso. Mas - isso, alguém dirá, só vale enquanto o casamento for negócio de família.

P. - Sim. Pode-se perguntar se o mesmo ocorre nas sociedades como a nossa, onde a "escolha do cônjuge" aparentemente é deixada ã livre escolha dos interessados.

R. - Na verdade, o *laisser-faire* do livre mercado esconde necessidades. Mostrei isso no caso de Béarn, analisando a passagem de um regime matrimonial do tipo planejado para o livre mercado que está encarnado no *baile*. O recurso ã noção de *habitus* se impõe nesse caso mais do que nunca: de fato, como explicar de outro modo a homogamia que se observa apesar de tudo? Evidentemente, há todas as técnicas sociais que visam limitar o campo dos partidos possíveis por uma espécie de protecionismo: ralis, bailes seletos, reuniões mundanas, etc. Mas o mais seguro fiador da homogamia e, desse modo, da reprodução social, é a afinidade espontânea (vivida como simpatia) que aproxima os agentes dotados de *habitus* ou gostos semelhantes, logo, produtos de condições e condicionamentos sociais semelhantes. E também com o efeito de fechamento ligado ã existência de grupos homogêneos social e culturalmente, como os grupos de condiscípulos (classes do secundário, disciplinas das faculdades, etc.), que são responsáveis, hoje em dia, por grande parte dos casamentos ou ligações e que devem muito eles próprios ao efeito da afinidade de *habitus* (particularmente. nas operações de cooptação e seleção). Mostrei detalhadamente, em *La distinction,* que o amor pode ser descrito também como uma forma de *amor fati:* amar é sempre um pouco amar no outro uma outra realização de seu próprio destino social. Aprendi isso estudando os casamentos bearneses.

P. - Lévi-Strauss, defendendo o paradigma estruturalista, diz que "duvidar que a análise estrutural se aplique a algumas (das sociedades) leva a recusá-la para todas". Isso também não vale, segundo o senhor, para o paradigma da estratégia?

R. - Acho um tanto imprudente pretender propor um paradigma universal, e tive bastante cuidado em não fazer isso a partir dos dois casos - no fim das contas, bem semelhantes - que estudei (mesmo que eu ache provável que as estratégias matrimoniais se inscrevam universalmente no sistema das estratégias de reprodução social). Na verdade, antes de concluir pelo monismo ou pelo pluralismo, seria preciso verificar se a visão estruturalista, que se impôs na análise das sociedades ágrafas, não é efeito da relação com o objeto e da teoria da prática que a posição de exterioridade do etnólogo favorece (o casamento com a prima paralela, que se considerava *regra* nas regiões árabe-berberes, foi objeto de alguns exercícios estruturalistas cuja fragilidade acredito ter demonstrado). Alguns trabalhos sobre sociedades tipicamente "frias" parecem mostrar que, desde que se entre nos detalhes, em vez de nos contentarmos em levantar nomenclaturas de termos de parentesco e genealogias abstratas, reduzindo assim as relações entre os cônjuges à distância genealógica, descobre-se que as trocas matrimoniais e, em termos mais amplos, todas as trocas materiais ou simbólicas, como a transmissão de prenomes, ensejam estratégias complexas e que as próprias genealogias, longe de comandar as relações econômicas e sociais, são o alvo de manipulações destinadas a favorecer ou impedir as relações econômicas ou sociais, a legitimá-las ou condená-las. Penso nos trabalhos de Bateson, que, em *Naven,* abrira o caminho abordando as manipulações estratégicas que os nomes de lugares ou de linhagens - e a relação entre os dois - podem ser objeto. Ou nos estudos, bem recentes, de Alban Bensa sobre a Nova Caledônia. Desde que o etnólogo se dê os meios para apreender em sua sutileza os costumes sociais de parentesco - combinando, como faz Bensa, a análise lingüística dos topônimos, a análise econômica da circulação das terras, a interrogação metódica sobre as estratégias políticas mais cotidianas, etc. - , ele descobre que os casamentos são operações complexas, que envolvem uma infinidade de parâmetros que a abstração genealógica, reduzindo tudo à relação de parentesco, descarta mesmo sem saber. Uma das bases da divisão entre os dois "paradigmas" poderia residir no fato de que é preciso passar horas e horas com informantes bem-informados e bem-dispostos para coletar as informações necessárias à compreensão de um único casamento - ou, pelo menos, à atualização dos parâmetros pertinentes, já que se trata de construir um modelo, estatisticamente fundamentado, das coações que organizam as estratégias matrimoniais -, quando se pode estabelecer em uma tarde uma genealogia que inclua uma centena de casamentos e, em dois dias, um quadro dos termos de tratamento e referência. Inclino-me a pensar que, em ciências sociais, a linguagem da regra é freqüentemente o asilo da ignorância.

P. - Em *Le sens pratique,* e particularmente a propósito do ritual, o senhor sugere que é o etnólogo que produz artificialmente a distância, a estranheza, porque ele é incapaz de se reapropriar de sua própria relação com a prática.

R. - Eu não tinha lido as críticas impiedosas que Wittgenstein dirige a Frazer e que se aplicam à maioria dos etnólogos, quando descrevi o que me parece ser a lógica real do pensamento mítico ou ritual. Ali onde se viu uma álgebra, acho que se deve ver uma dança ou uma ginástica. O intelectualismo dos etnólogos, que reproduz sua preocupação em dar um ornamento científico ao trabalho, impede-os de ver que, em sua própria prática cotidiana, seja quando chutam a pedra que os fez tropeçar, segundo o exemplo evocado por Wittgenstein, seja quando classificam profissões ou políticos, eles obedecem a uma lógica muito semelhante à lógica dos "primitivos", que classificam objetos segundo o seco e o úmido, o calor e o frio, o alto e o baixo, à direita e a esquerda, etc. Nossa percepção e nossa prática, particularmente nossa percepção do mundo social, são guiadas por taxionomias práticas, oposições entre o alto e o baixo, o masculino (ou o viril) e o feminino, etc., e as classificações que essas taxionomias práticas produzem devem sua virtude ao fato de serem "práticas", de permitirem introduzir uma lógica na proporção justa o bastante para as necessidades da prática, nem mais - a indefinição freqüentemente é indispensável, em particular nas negociações -, nem menos, porque a vida se tornaria impossível.

P. - O senhor acha que existem diferenças objetivas entre as sociedades que façam com que algumas delas, especialmente as

DA REGRA ÀS ESTRATÉGIAS 93

mais diferenciadas e complexas, se prestem mais aos jogos de estratégia?

R. - Ainda que eu desconfie das grandes oposições dualistas, sociedades quentes/sociedades frias, sociedades históricas/sociedades sem história, pode-se sugerir que, à medida que as sociedades se tomam mais diferenciadas e se desenvolvem nelas esses "mundos" relativamente autônomos que chamo de campo, as possibilidades de que surjam verdadeiros acontecimentos, isto é, encontros de séries causais independentes, ligados a esferas de necessidade diferentes, não param de crescer e, desse modo, a liberdade deixada a estratégias complexas do *habitus,* integrando necessidades de ordem diferente. É assim, por exemplo, que, à medida que o campo econômico se institui como tal, instituindo a necessidade que o caracteriza como coisa particular, a necessidade dos negócios, do cálculo econômico, da maximização do lucro material ("negócio é negócio", "negócio, negócio, amigos à parte"), e que os princípios mais ou menos explícitos e codificados que regem as relações entre parentes deixam de se aplicar para além dos limites da família, somente as estratégias complexas de um *habitus* moldado por necessidades diversas podem integrar em partidos coerentes as diferentes necessidades. Os grandes casamentos aristocráticos ou burgueses são com certeza os melhores exemplos de uma tal integração de necessidades diversas, relativamente irredutíveis à necessidade do parentesco, da economia e da política. Talvez nas sociedades menos diferenciadas em ordens autônomas, as necessidades do parentesco, não tendo que contar com nenhum outro princípio de ordem concorrente, possam se impor sem reservas. O que exige verificação.

P. - O senhor considera então que os estudos de parentesco têm não obstante um papel a desempenhar na interpretação de nossas sociedades, mas que convém defini-los de outro modo?

R. - Um papel maior. Mostrei, por exemplo, no trabalho que fiz, com Monique de Saint-Martin, sobre o patronato francês, que as afinidades ligadas à aliança estão na origem de certas solidariedades que unem essas encarnações por excelência do *homo economicus* que são os grandes empresários e que, em certas decisões econômicas da mais alta importância, como as fusões de firmas, o peso das relações de aliança que sancionam, elas mesmas, afinidades de estilos de vida - pode prevalecer sobre o peso dos determinantes ou das razões puramente econômicas. E, em termos mais gerais, não há dúvida de que os grupos dominantes, e principalmente as grandes famílias - grandes, no duplo sentido do termo -, asseguram sua perpetuação à custa de estratégias - entre as quais incluem-se em primeiro lugar as estratégias educativas - que não são tão diferentes, na origem, daquelas que os camponeses cabilas ou bearneses realizam para perpetuar seu capital material ou simbólico.

Em suma, todo o meu trabalho, há mais de vinte anos, visa abolir a oposição entre a etnologia e a sociologia. Essa divisão residual, vestigial, impede uns e outros de colocar adequadamente os problemas mais fundamentais que todas as sociedades colocam, os da lógica específica das estratégias que os grupos, e particularmente as famílias, empregam para se produzir e se reproduzir, isto é, para criar e perpetuar sua unidade, logo, sua existência enquanto grupos, o que é quase sempre, e em todas as sociedades, a condição da perpetuação de sua posição no espaço social.

P. - A teoria das estratégias de reprodução seria então inseparável de uma teoria genética dos grupos, que vise explicar a lógica segundo a qual os grupos, ou as classes, se fazem e se desfazem?

R. - Perfeitamente. Isso era tão evidente e importante para mim, que cheguei até a colocar o capítulo consagrado às classes que eu havia pensado em usar como conclusão de *La distinction* no final da primeira parte, teórica, do *Sens pratique,* onde tentei mostrar que os grupos, e particularmente as unidades de base genealógica, existiam ao mesmo tempo na realidade objetiva das regularidades e das coações instituídas, e nas representações, e também em todas as estratégias de regateio, de negociação, de blefe, etc., destinadas a modificar a realidade modificando as representações. Assim, eu esperava mostrar que a lógica que eu havia apreendido a partir dos grupos de base genealógica, famílias, clãs, tribos, etc., valia também para os agrupamentos mais típicos

DA REGRA ÀS ESTRATÉGIAS   95

de nossas sociedades, aqueles designados com o nome de classes. Assim como as unidades teóricas que a análise genealógica recorta *no papel* não correspondem automaticamente a unidades reais, práticas, do mesmo modo as classes teóricas que a ciência sociológica recorta para explicar práticas não são automaticamente classes mobilizadas. Em ambos os casos, estamos lidando com grupos no papel... Em suma, os grupos - familiares ou outros - são coisas que se fazem, à custa de um trabalho permanente de manutenção, do qual os casamentos constituem um momento. E o mesmo ocorre com as classes, quando elas existem, por pouco que seja (alguém já perguntou o que é existir para um grupo?): o pertencimento a uma classe se constrói, se negocia, se regateia, se joga. E, aqui ainda, é preciso superar a oposição do subjetivismo voluntarista e do objetivismo cientista e realista: o espaço social, no qual as distâncias se medem em quantidade de capital, define proximidades e afinidades, afastamentos e incompatibilidades, em suma, probabilidades de pertencer a grupos realmente unificados, famílias, clubes ou classes mobilizadas; mas é na luta das classificações, luta para impor esta ou aquela maneira de recortar esse espaço, para unificar ou dividir, etc., que se definem as aproximações reais. A classe nunca está nas coisas; ela também é representação e vontade, mas que só tem possibilidade de encarnar-se nas coisas se ela aproximar o que está objetivamente próximo e afastar o que está objetivamente afastado.

A codificação*

Quando comecei meu trabalho, como etnólogo, quis reagir contra o que eu chamava de juridismo, isto é, contra a tendência dos etnólogos de descrever o mundo social na linguagem da regra e para fazer como se as práticas sociais estivessem explicadas desde que se tivesse enunciado a regra explícita segundo a qual elas supostamente são produzidas. Assim, fiquei muito feliz por encontrar um dia um texto de Max Weber que dizia mais ou menos isto: "Os agentes sociais obedecem à regra quando o interesse em obedecer a ela suplanta o interesse em desobedecer a ela". Essa boa e saudável fórmula materialista é interessante porque nos lembra que a regra não é automaticamente eficaz por si mesma e porque nos obriga a perguntar em que condições uma regra pode agir.

Algumas noções que fui elaborando pouco a pouco, como a noção de *habitus,* nasceram da vontade de lembrar que, ao lado da norma expressa e explícita ou do cálculo racional, existem outros princípios geradores das práticas. Isso sobretudo nas sociedades em que há muito poucas coisas codificadas; de modo que, para saber o que as pessoas fazem, é preciso supor que elas obedecem a uma espécie de "sentido do jogo", como se diz em

---

* Conferência apresentada em Neuchâtel em maio de 1983 e publicada em *Actes de la Recherche en Sciences Sociales,* 64, setembro de 1986.

A CODIFICAÇÃO 97

esporte, e, para compreender suas práticas, é preciso reconstruir o capital de esquemas informacionais que lhes permite produzir pensamentos e práticas sensatas e regradas sem a intenção de sensatez e sem uma obediência consciente a regras explicitamente colocadas como tal. Certamente, em todos os lugares existem normas, regras ou mesmo imperativos e "pré-direito", como dizia Gernet: são os provérbios, os princípios explícitos relativos ao uso do tempo ou ao anúncio das colheitas, às preferências codificadas em matéria de casamento, aos costumes. Mas a estatística, muito útil nesse caso, mostra que só excepcionalmente as práticas se conformam à norma: por exemplo, os casamentos com a prima paralela, que nas tradições árabe e berbere são unanimemente reconhecidos como exemplares, são na verdade muito raros, e uma boa parte deles inspira-se em outras razões; a conformidade da prática com a regra traz nesse caso um lucro simbólico suplementar, aquele que advém do fato de *estar em dia,* como se diz, de render homenagem à regra e aos valores do grupo.

Partindo dessa espécie de desconfiança em relação ao juridismo, e aos etnólogos que muitas vezes são levados ao juridismo, por ser mais fácil coletar os aspectos codificados das práticas, consegui mostrar que, no caso de Cabília, o mais codificado, isto é, o direito consuetudinário, é apenas o registro de veredictos sucessivamente produzidos, a propósito de transgressões particulares, a partir dos princípios do *habitus.* Penso de fato que é possível recompor todos os atos de jurisprudência concretos que estão registrados no direito consuetudinário a partir de um pequeno número de princípios simples, isto é, a partir das oposições fundamentais que organizam toda a visão de mundo, noite/dia, dentro/fora, etc.: um crime cometido à noite é mais grave do que um crime cometido de dia; cometido dentro de casa é mais grave do que fora de casa, etc. Uma vez compreendidos esses princípios, pode-se predizer que, se alguém cometeu tal falta, receberá tal pena, ou, em todo caso, que receberá uma pena mais severa, ou mais leve, do que alguém que cometeu uma outra falta qualquer. Em suma, mesmo o que há de mais codificado - a mesma coisa é válida para o calendário agrário - tem como princípio não princípios explícitos, objetivados e, portanto, também eles codificados, mas esquemas práticos. Prova disso são as contradições observadas no calendário agrário, por exemplo, que, no entanto, é especialmente codificado pelo fato de a sincronização constituir, em todas as sociedades, um dos fundamentos da integração social.

O *habitus,* como sistema de disposições para a prática, é um fundamento objetivo de condutas regulares, logo, da regularidade das condutas, e, se é possível prever- as práticas (neste caso, a sanção associada a uma determinada transgressão), é porque o *habitus* faz com que os agentes que o possuem comportem-se de uma determinada maneira em determinadas circunstâncias. Dito isto, essa tendência para agir de uma maneira regular - que, estando seu princípio explicitamente constituído, pode servir de base para uma previsão (o equivalente científico das antecipações práticas da experiência cotidiana) não se origina numa regra ou numa lei explícita. É por isso que as condutas geradas pelo *habitus* não têm a bela regularidade das condutas deduzidas de um princípio legislativo: o habitus *está intimamente ligado com* o *fluido e* o *vago.* Espontaneidade geradora que se afirma no confronto improvisado com situações constantemente renovadas, ele obedece a uma *lógica prática,* a lógica do fluido, do mais-ou-menos, que define a relação cotidiana com o mundo.

Essa parcela de indeterminação, de abertura, de incerteza é o que faz com que não seja possível remeter-se inteiramente a ele nas situações críticas, perigosas. Como lei geral, pode-se afirmar que, quanto mais perigosa for a situação, mais a prática tenderá a ser codificada. O grau de codificação varia de acordo com o grau de risco. Isso fica bem claro no caso do casamento: desde que se examinem *os* casamentos e não mais o casamento, percebe-se que ele possui variações consideráveis, em particular sob o aspecto da codificação: quanto mais afastados, logo, mais prestigiosos, forem os grupos unidos pelo casamento, maior será o lucro simbólico, mas também o risco. É neste caso que se terá - um altíssimo grau de formalização das práticas; aqui surgirão as fórmulas de polidez mais refinadas, os ritos mais elaborados. Quanto mais a situação for carregada de violência em potencial,

A CODIFICAÇÃO 99

mais haverá necessidade de *adotar certas formalidades*, mais a conduta livremente confiada às improvisações do *habitus* cederá lugar à conduta expressamente regulada por um *ritual* metodicamente instituído e mesmo codificado. Basta pensar na linguagem diplomática ou nas regras protocolares que regem as precedências e conveniências nas situações oficiais. Ocorria o mesmo no caso dos casamentos entre tribos afastadas, onde os jogos rituais, o tiro ao alvo, por exemplo, sempre podiam degenerar em guerra.

Codificar significa a um tempo colocar na devida forma e dar uma forma. Há *uma virtude própria na forma*. E a mestria cultural é sempre uma mestria das formas. Essa é uma das razões que tornam a etnologia muito difícil: não se adquire esse domínio cultural em um dia... Todos esses jogos de formalização, os quais, como se vê pelo eufemismo, são igualmente jogos com a regra do jogo e, desse modo, jogos duplos, são obra de virtuoses. Para ficar em regra, é preciso conhecer a regra, os adversários, o jogo como a palma da mão. Se fosse preciso dar uma definição transcultural da excelência, eu diria que ela é o fato de se saber jogar com a regra do jogo até o limite, e mesmo até a transgressão, mantendo-se sempre dentro da regra.

Isso significa que a análise do *senso prático* vale muito além das sociedades ágrafas. Na maior parte das condutas cotidianas, somos guiados por esquemas práticos, isto é, "princípios que impõem a ordem na ação" *(principium importans ordinem ad actum,* como dizia a escolástica), por *esquemas informacionais*. Trata-se de princípios de classificação, de hierarquização, de divisão que são também princípios de visão, em suma, tudo o que permite a cada um de nós distinguir coisas que outros confundem, operar uma *diacrisis,* um julgamento que separa. A percepção é essencialmente diacrítica; ela distingue a forma do fundo, o que é importante do que não é, o que é central do que é secundário, o que é atual do que é inatual. Esses princípios de julgamento, de análise, de percepção, de compreensão, estão quase sempre implícitos, e, ao mesmo tempo, as classificações que operam são coerentes, mas até certo ponto. Isso se observa, como mostrei, nas práticas rituais: quando se leva longe demais o controle lógico, percebe-se que surgem contradições a cada passo. E ocorre o mesmo quando se pede aos entrevistados que classifiquem personalidades políticas e partidos, ou ainda profissões.

Os esquemas classificatórios, disposições quase corporais que funcionam no nível prático, podem em certos casos passar ao estado objetivado. Qual é o efeito da objetivação? Interrogar-se sobre a objetivação significa interrogar-se sobre o próprio trabalho do etnólogo, que, à semelhança dos primeiros legisladores, codifica, unicamente pelo fato de fazer registros, coisas que existiam somente no estado incorporado, sob a forma de disposições, de esquemas classificatórios, cujos produtos são coerentes, mas de uma coerência parcial. É preciso tomar cuidado para não procurar nas produções do *habitus* mais lógica do que existe nelas: a lógica da prática é ser lógico até o ponto em que ser lógico deixaria de ser prático. No exército francês, ensinava-se, e talvez ainda se ensine, como dar um passo: é claro que ninguém andaria mais se tivesse que se conformar à teoria do passo para andar. A codificação pode ser antinômica em relação à aplicação do código. Assim, todo trabalho de codificação deve ser acompanhado de uma teoria do efeito da codificação, sob pena de inconscientemente substituir-se a coisa da lógica (o código) pela lógica da coisa (os esquemas práticos e a lógica parcial da prática que estes geram).

A objetivação operada pela codificação introduz a possibilidade de um controle lógico da coerência, de uma *formalização*. Ela possibilita a instauração de uma normatividade explícita, a da gramática ou do direito. Quando dizemos que a língua é um código, omitimo-nos de especificar em que sentido. A língua não é um código propriamente dito: ela só se toma um código através da gramática, que é uma codificação quase jurídica de um sistema de esquemas informacionais. Falar de código a propósito da língua é cometer a *fallacy* por excelência, a que consiste em colocar na consciência das pessoas que estão sendo estudadas aquilo que se deve ter na consciência para compreender o que elas fazem. A pretexto de que para compreender uma língua estrangeira é preciso ter uma gramática, age-se como se aqueles que falam a língua obedecessem a uma gramática. A codificação é uma mudança de natureza, uma mudança de estatuto ontológico

A CODIFICAÇÃO 101

operada quando se passa de esquemas lingüísticos dominados no nível prático para um código, para uma gramática, mediante o trabalho de codificação, que é um trabalho jurídico. Esse trabalho precisa ser analisado para se saber tanto o que acontece na realidade quando os juristas elaboram um código quanto o que se faz de modo automático, sem perceber, quando se elabora a ciência das práticas.

A codificação está intimamente ligada à disciplina e à normalização das práticas. Quine diz em algum lugar que os sistemas simbólicos "arregimentam" o que codificam. A codificação é uma operação de ordenação simbólica, ou de manutenção da ordem simbólica, que em geral compete às grandes burocracias estatais. Como se vê no caso da conduta automobilística, a codificação traz benefícios coletivos de clarificação e de homogeneização. Sabemos em que nos apoiar; sabemos com razoável previsibilidade que em todos os cruzamentos quem vem da esquerda deverá dar passagem. A codificação minimiza o equívoco e o fluido, em particular nas interações. Além de eficaz, ela se mostra particularmente indispensável nas situações em que os riscos de colisão, de conflito, de acidente, em que o aleatório, o acaso (palavra que designa, como dizia Cornot, o encontro de duas séries causais independentes) são particularmente grandes. O encontro de dois grupos muito afastados é o encontro de duas séries causais independentes. Entre pessoas de um mesmo grupo, dotadas de um mesmo *habitus,* logo, espontaneamente orquestradas, tudo é evidente, mesmo os conflitos: elas se compreendem com meias palavras, etc. Mas com *habitus* diferentes, surge a possibilidade do acidente, da colisão, do conflito... A codificação é capital porque assegura uma comunicação mínima. Perde-se em termos de encanto... As sociedades muito pouco codificadas, onde o essencial é deixado ao sentido do jogo, à improvisação têm um encanto prodigioso, e, para sobreviver nelas, e sobretudo para dominar, é preciso ter o dom das relações sociais, um sentido do jogo absolutamente extraordinário. Com certeza, é preciso ser muito mais astucioso do que nas nossas sociedades.

Alguns dos principais efeitos da codificação estão ligados à objetivação que ela implica e inscrevem-se no *uso* da escrita.

Havelock, numa obra sobre Platão, analisa a noção de *mimesis,* que se pode traduzir por imitação, no sentido corrente, mas que antes de tudo significa o fato de imitar. Os poetas são mímicos: não sabem o que dizem porque constituem um só corpo com o que dizem. Eles falam como quem dança (aliás, dançam e fazem mímica enquanto cantam seus poemas), e, se é verdade que podem inventar, improvisar (o *habitus* é princípio de invenção, mas dentro de certos limites), não possuem o princípio de sua invenção. O poeta, segundo Platão, é a antítese absoluta do filósofo. Ele diz o bem, ele diz o belo, ele diz, como nas sociedades arcaicas, se é preciso fazer a paz ou a guerra, se é preciso ou não matar a mulher adúltera, em suma, coisas essenciais, e não sabe o que diz, Ele não detém o princípio de sua própria produção. Nessa condenação do poeta, há na verdade uma teoria implícita da prática. O mímico não sabe o que faz porque constitui um só corpo com o que faz. Ele não é capaz de objetivar, de objetivar-se, sobretudo porque lhe faltam a escrita e tudo o que a escrita torna possível: e, em primeiro lugar, a liberdade de mudar o que foi dito, o controle lógico que permite voltar para trás, a confrontação dos sucessivos momentos do discurso. A lógica sempre é conquistada contra a cronologia, contra a sucessão: enquanto eu estiver no tempo linear, posso me contentar em ser lógico *grosso modo* (isso é o que torna viáveis as lógicas práticas). A lógica supõe a confrontação dos sucessivos momentos, das coisas que foram ditas ou feitas em momentos diferentes, distintos. Como Sócrates, aquele que nada esquece, e que põe seus interlocutores em contradição consigo mesmos (mas você não disse agora mesmo que...), confrontando os sucessivos momentos de seus discursos, a escrita, que sincroniza ("a escrita fica"), permite captar com um único olhar, *uno intuito,* isto é, no mesmo instante, os sucessivos momentos da prática que estavam protegidos contra a lógica pelo fluxo cronológico.

Objetivar significa também produzir às claras, tornar visível, público, conhecido de todos, publicado. Um *autor* no verdadeiro sentido é alguém que torna públicas coisas que- todo mundo percebia confusamente; alguém que possui uma capacidade especial - a de publicar o implícito, o tácito -, alguém que realiza um verdadeiro trabalho de criação. Um determinado número de atos

A CODIFICAÇÃO 103

torna-se oficial a partir do momento em que são públicos, publicados (os proclamas de casamento). A publicação é o ato de oficialização por excelência. O oficial é o que pode e deve ser tornado público, afixado, proclamado, em face de todos, diante de todo mundo, por oposição ao que é oficioso, quando não secreto e envergonhado; com a publicação oficial ("no *Diário Oficial*"), todo mundo é simultaneamente tomado como testemunha e chamado a controlar, a ratificar, a consagrar, e todo mundo ratifica, e consagra, pelo próprio silêncio (esse é o fundamento antropológico da distinção durkheimiana entre a religião, necessariamente coletiva e pública, e a magia, que condena a si mesma, subjetiva e objetivamente, pelo fato de se dissimular). O efeito de oficialização identifica-se a um efeito de homologação. Homologar, etimologicamente, significa assegurar que se diz a mesma coisa quando se dizem as mesmas palavras, significa transformar um esquema prático num código lingüístico de tipo jurídico. Ter um nome ou uma profissão homologada, reconhecida, significa existir oficialmente (o comércio, nas sociedades indo-européias, não é uma autêntica profissão, por ser uma profissão sem nome, inominável, *negotium,* não-ócio). A publicação é uma operação que oficializa, e que, portanto, legaliza, porque implica a divulgação, desvendamento em face de todos, e a homologação, o consenso de todos sobre a coisa assim revelada.

Último traço associado à codificação: o efeito de *formalização.* Codificar significa acabar com o fluido, o vago, as fronteiras mal traçadas e as divisões aproximativas, produzindo classes claras, operando cortes nítidos, estabelecendo fronteiras bem-definidas, com o risco de eliminar as pessoas que não são nem carne nem peixe. As dificuldades de codificar, que constituem o pão cotidiano do sociólogo, obrigam a refletir sobre esses inclassificáveis de nossas sociedades (como os estudantes que trabalham para pagar os estudos), esses seres *bastardos* do ponto de vista do princípio de divisão dominante. E descobre-se assim, *a contrario,* que o que se deixa codificar facilmente é o que já foi objeto de uma codificação jurídica ou quase jurídica.

A codificação toma as coisas simples, claras, comunicáveis; ela possibilita um consenso controlado sobre o sentido, um *homologein:* temos certeza de dar o mesmo sentido às palavras. Essa é a definição do código lingüístico segundo Saussure: aquilo que permite ao emissor e ao receptor associarem o mesmo som ao mesmo sentido e o mesmo sentido ao mesmo som. Porém, se transpusermos a fórmula para o caso das profissões, perceberemos de imediato que não é tão simples assim: todos os membros de uma sociedade estão de acordo quanto a atribuir o mesmo sentido aos mesmos nomes de profissão (professor) e a dar o mesmo nome (e tudo o que decorre daí - salário, vantagens, prestígio, etc.) às mesmas práticas profissionais? Parte das lutas sociais deve-se justamente ao fato de que nem tudo está homologado e de que, se há homologação, ela não põe fim à discussão, à negociação e mesmo à contestação (ainda que as instâncias que produzem as classificações sociais juridicamente garantidas, como os institutos de estatística e a burocracia estatal, adotem uma aparência de neutralidade científica). De fato, se o código de trânsito (a exemplo do código lingüístico) se impõe sem grande discussão, é porque, salvo exceções, ele decide entre possibilidades relativamente arbitrárias (mesmo que, uma vez instituídas na objetividade e nos *habitus,* como dirigir à direita ou à esquerda, elas deixem de sê-lo) e porque não há grandes interesses em jogo, de um lado e de outro (essa é uma conseqüência ignorada da "arbitrariedade do signo lingüístico" de que falava Saussure). Nesse caso, os benefícios coletivos da calculabilidade e da previsibilidade vinculadas à codificação prevalecem indiscutivelmente sobre os interesses, nulos ou pequenos, associados a esta ou àquela escolha.

Dito isto, a formalização, entendida tanto no sentido da lógica e da matemática como no sentido jurídico, é o que permite passar de uma lógica imersa no caso particular para uma lógica independente do caso particular. A formalização é o que permite conferir às práticas, e sobretudo às práticas de comunicação e cooperação, essa constância que assegura a calculabilidade e a previsibilidade para além das variações individuais e das flutuações temporais. Pode-se evocar aqui, dando-lhe um alcance geral, a crítica que Leibniz dirigia a um método fundado na intuição, como o de Descartes, e exposto, por esse motivo, a intermitências e acidentes. Ele propunha então substituir a evidência cartesiana pela

A CODIFICAÇÃO 105

evidentia ex terminus, a evidência que emana dos termos, dos símbolos, "evidência cega", como ele também dizia, que resulta do funcionamento automático de instrumentos lógicos bem-construídos. Ao contrário de quem só pode contar com a intuição, e que sempre corre o risco de desatenção ou esquecimento, quem possui uma linguagem formal bem-construída pode confiar nela, e assim fica liberado da atenção constante ao caso particular.

Do mesmo modo, os juristas, para se livrarem da justiça fundada no sentimento de eqüidade que Weber, certamente por uma simplificação um tanto etnocêntrica, chama de *Kadijustiz,* justiça do cádi, devem estabelecer leis formais, gerais, fundadas em princípios gerais e explícitos, e enunciadas de modo a fornecer respostas válidas para todos os casos e para todo mundo (para qualquer *x).* "O direito formal", diz Weber, "leva em conta exclusivamente as características gerais unívocas do caso considerado." É essa abstração constitutiva do direito - que ignora a prudência prática do senso de eqüidade - que vai diretamente do caso particular ao caso particular, de uma transgressão particular a uma sanção particular, sem passar pela mediação do conceito ou da lei geral.

Uma das virtudes (que é também uma tara...) da formalização é permitir, como toda racionalização, uma economia de invenção, de improvisação, de criação. Um direito formal assegura a calculabilidade e a previsibilidade (ao preço de abstrações e simplificações que fazem com que o julgamento formalmente mais conforme às regras formais do direito possa estar em total contradição com os juízos do senso de eqüidade: *summum jus summa injuria).* Ele assegura sobretudo a substituibilidade perfeita dos agentes encarregados de "ministrar justiça", como se diz, ou seja, de aplicar regras codificadas de acordo com as regras codificadas. Qualquer um pode administrar justiça. Já não há necessidade de um Salomão. Com o direito consuetudinário, havendo um Salomão tudo corre bem. Caso contrário, é muito grande o perigo de arbitrariedade. Sabe-se que os nazistas professavam uma teoria carismática do nomoteta, confiando ao *Führer,* colocado acima das leis, a tarefa de inventar o direito a cada momento. Contra essa arbitrariedade instituída, uma lei, mesmo iníqua, como as leis raciais dos anos 35 sobre os judeus (que já eram perseguidos, espoliados, etc.), pôde ser bem recebida pelas vítimas porque, em face da arbitrariedade absoluta, uma lei, mesmo iníqua, consigna um limite ao arbitrário puro e assegura uma previsibilidade mínima.

Mas a forma, a formalização, o formalismo não agem apenas pela sua eficácia específica, propriamente técnica, de clarificação e racionalização. Há uma eficácia intrinsecamente simbólica na forma. A violência simbólica, cuja realização por excelência certamente é o direito, é uma violência que se exerce, se assim podemos dizer, *segundo as formas,* dando forma. Dar forma significa dar a uma ação ou a um discurso a forma que é reconhecida como conveniente, legítima, aprovada, vale dizer, uma forma tal que pode ser produzida publicamente, diante de todos, uma vontade ou uma prática que, apresentada de outro modo, seria inaceitável (essa é uma função do eufemismo), A força da forma, esta *vis formae* de que falavam os antigos, é esta força propriamente simbólica que permite à força exercer-se plenamente fazendo-se desconhecer enquanto força e fazendo-se reconhecer, aprovar, aceitar, pelo fato de se apresentar sob uma aparência de universalidade - a da razão ou da moral.

Posso agora voltar ao problema que coloquei no início. É necessário escolher entre o juridismo dos que acreditam que a regra age e o materialismo de Weber, segundo o qual a regra só age quando há interesse em obedecer a ela, e, em termos mais gerais, entre uma definição normativa e uma definição descritiva da regra? De fato, a regra age *vi formae,* pela força da forma. É verdade que se não estiverem reunidas as condições sociais de sua eficácia, ela nada pode por si só. Todavia, enquanto regra com pretensão universal, ela acrescenta sua força própria - a força que está inscrita no efeito de racionalidade ou de racionalização. A palavra "racionalização" deve sempre ser tomada no duplo sentido de Weber e Freud: a *vis formae* é sempre uma força ao mesmo tempo lógica e social. Ela reúne a força do universal, do lógico, do formal, da lógica formal, e a força do oficial. A publicação oficial, a enunciação na linguagem *formal,* oficial, conforme as formas impostas, que convêm às ocasiões formais, tem por si só um

A CODIFICAÇÃO 107

efeito de consagração e licitação. Determinadas práticas que eram vividas como drama durante todo o tempo em que não havia palavras para dizê-las e pensá-las, dessas palavras oficiais, produzidas por pessoas autorizadas, médicos, psicólogos, que permitem *declará-las,* a si mesmo e aos outros, sofrem uma autêntica transmutação ontológica a partir do momento em que sendo conhecidas e reconhecidas publicamente, nomeadas e homologadas, elas se vêem legitimadas e mesmo legalizadas, e podem então se declarar, se mostrar (é o caso, por exemplo, da noção de "coabitação juvenil", que, na sua platitude de eufemismo burocrático, desempenhou um papel determinante, sobretudo no campo, no trabalho de acompanhamento simbólico de uma silenciosa transformação das práticas).

Assim, vejo se encontrarem hoje duas abordagens de sentido inverso que realizei sucessivamente em minha pesquisa. O esforço para romper com o juridismo e fundar uma teoria adequada da prática levou das normas aos esquemas e dos desígnios conscientes ou planos explícitos de uma consciência calculadora às intuições obscuras do senso prático. Mas essa teoria da prática continha os princípios de uma interrogação teórica sobre as condições sociais de possibilidade (especialmente a *schole)* e sobre os efeitos próprios desse juridismo que fora necessário combater para construí-la. A ilusão juridicista não se impõe apenas ao pesquisador. Ela age na própria realidade. E uma ciência adequada da prática deve levá-la em conta e analisar, como tentei fazer aqui, os mecanismos que estão na sua origem (codificação, canonização, etc.). O que nos leva a colocar em toda a sua generalidade, se formos até o fim da empresa, o problema das condições sociais de possibilidade da própria atividade de codificação e teorização, bem como dos efeitos sociais dessa atividade teórica, da qual o trabalho do pesquisador em ciências sociais representa ele mesmo uma forma particular.

Sociólogos da crença
e crenças de sociólogos*

[...] Existe uma sociologia da crença? Acho que é preciso reformular a pergunta: a sociologia da religião tal como é praticada hoje, isto é, por produtores que participam em graus diversos do campo religioso, pode ser uma verdadeira sociologia científica? E eu respondo: dificilmente; isto é, somente se for acompanhada de uma sociologia científica do campo religioso. Tal sociologia é uma empresa muito difícil, não que o campo religioso seja mais difícil de analisar do que um outro (embora aqueles que estão envolvidos nele tenham interesse em fazer com que se acredite nisso), mas porque, quando se faz parte dele, participa-se da crença inerente ao fato de se pertencer a um campo, qualquer que seja ele (religioso, universitário, etc.), e porque, quando não se faz parte dele, corre-se em primeiro lugar o risco de deixar de inscrever a crença no modelo, etc. (voltarei a isso), e, em segundo lugar, de ser privado de uma parte da informação útil.

Em que consiste essa crença que está envolvida no fato de se pertencer ao campo religioso? A questão não é saber, como freqüentemente se finge acreditar, se as pessoas que fazem sociologia da religião têm fé ou não, nem mesmo se pertencem à Igreja ou não. A questão é a crença vinculada ao fato de se pertencer ao

---

* Conferência apresentada no congresso da Associação Francesa de Sociologia da Religião, Paris, dezembro de 1982.

campo religioso, o que chamo de *illusío,* investimento no jogo ligado a interesses e vantagens específicos, característicos desse campo e dos alvos particulares que estão em jogo nele. A fé religiosa no sentido corrente não tem nada a ver com o interesse propriamente religioso no sentido em que o entendo, isto é, o fato de se ter alguma coisa a fazer com a religião, com a Igreja, com os bispos, com o que se diz deles, com o fato de se tomar partido a favor de tal teólogo contra o tribunal, etc. (Evidentemente, a mesma coisa valeria para o protestantismo ou o judaísmo.) O interesse, no verdadeiro sentido, é aquilo que me importa, o que faz com que para mim haja diferenças - e diferenças práticas (que inexistem para um observador indiferente); trata-se de um juízo diferencial que não é orientado somente por fins de conhecimento. O interesse prático é um interesse pela existência ou não-existência do objeto (ao contrário do desinteresse estético segundo Kant e da ciência, que coloca em suspenso o interesse existencial): é um interesse por objetos cuja existência e persistência comandam direta ou indiretamente minha existência e minha persistência social, minha identidade e minha posição sociais.

Se o problema se coloca com uma acuidade particular no caso da religião, é porque o campo religioso é, como todos os campos, um universo de crença, mas no qual o assunto é a crença. A crença que a instituição organiza (crença em Deus, no dogma, etc.) tende a mascarar a crença na instituição, o *obsequíum,* e todos os interesses ligados à reprodução da instituição. E isso mais ainda na medida em que a fronteira do campo religioso se tornou imprecisa (temos bispos sociólogos) e que é possível acreditar que se saiu do campo sem ter realmente saído dele. Os investimentos no campo religioso podem sobreviver à perda da fé ou mesmo à ruptura, mais ou menos declarada, com a Igreja. É o paradigma do ex-padre que tem contas a acertar com a instituição (a ciência da religião se enraíza de início nessa espécie de relação de má-fé). Ele se preocupa demais, e o leigo não se deixa enganar: a raiva, a indignação e a revolta são sinais de interesse. Por sua própria luta, ele testemunha que continua fazendo parte dela. Esse interesse negativo, crítico, pode orientar toda a pesquisa e ser vivido como interesse científico puro, graças à confusão

110 PIERRE BOURDIEU

entre a atitude científica e a atitude crítica (de esquerda) afirmada no próprio campo religioso.

O interesse ligado ao fato de se pertencer a um campo está associado a uma forma de conhecimento prático, interessada, que aquele que não faz parte do campo não possui. Para se proteger contra os efeitos da ciência (ou, quando se trata de sociólogos, contra a concorrência científica), aqueles que a ele pertencem tendem a fazer dessa pertença condição necessária e suficiente para o conhecimento adequado. Esse argumento é usado correntemente, e em contextos sociais muito diferentes, para desacreditar qualquer conhecimento externo, não autóctone ("você não pode entender", "é preciso ter vivido isso", "não é assim que isso acontece", etc.), e contém uma parcela de verdade. A análise, sendo reduzida aos traços cientificamente pertinentes, ignora os pequenos detalhes, as pequenas bobagens, isto é, todas as árvores que escondem a floresta para a curiosidade autóctone, todos os pequenos conhecimentos que só se têm quando há um interesse de primeiro grau, quando se experimenta um prazer cúmplice pelo fato de acumula-los, de memorizá-los, de entesourá-los (os melhores etnólogos de campo são ameaçados por essa tentação de regressão à curiosidade autóctone, que tem em si mesma o seu próprio fim, e nem sempre é fácil discernir, nas proposições dos sociólogos da religião - a mesma coisa valeria para a política -, o que é informação anedótica de amador autóctone ou conhecimento de *expert*). E as reservas críticas à leitura "autóctone" compreendem-se perfeitamente quando se sabe que em qualquer grupo uma informação anedótica atualíssima, além de constituir uma forma, muito preciosa, desse capital informacional que só se adquire com o tempo, com a antiguidade, é também valorizada como um índice de reconhecimento, de investimento no jogo, de comprazimento, de pertencimento subjetivo, de interesse verdadeiro pelo grupo e por seus interesses ingênuos, nativos (sabe-se o papel que desempenham, nos reencontros, as perguntas - que supõe o conhecimento dos nomes, dos prenomes ou dos sobrenomes e o interesse associado - sobre, os conhecidos comuns e também o intercâmbio de lembranças e anedotas na manutenção das relações familiares, escolares, etc.).

SOCIÓLOGOS DA CRENÇA E CRENÇAS DE SOCIÓLOGOS   111

Por outro lado, as reticências do autóctone, que por vezes se exprimem através das críticas dirigidas contra a objetivação sociológica feita por especialistas ligados a seu objeto por um interesse "ingênuo", encerram uma interrogação importante, que conduz à filosofia da história ou da ação que anima o observador de modo mais ou menos consciente: ela lembra que os efeitos estruturais que o analista reconstitui, mediante um trabalho análogo ao que consiste em passar dos itinerários em número quase infinito para o mapa, enquanto modelo de todos os caminhos que se pode apreender com um único olhar, só se realizam na prática através de acontecimentos em aparência contingentes, de ações aparentemente singulares, de milhares de aventuras infinitesimais cuja integração gera o sentido "objetivo" apreendido pelo analista objetivo. Se está excluída a possibilidade de o analista reconstituir e restituir as incontáveis ações e interações em que incontáveis agentes investiram seus interesses específicos, totalmente estranhos em intenção ao resultado para o qual eles, no entanto, concorreram - dedicação a uma empresa, um estabelecimento escolar, um jornal, uma associação, rivalidades, amizades, etc. -, todos esses acontecimentos singulares associados a nomes próprios, circunstâncias singulares, nas quais se afoga - com felicidade - o olhar autóctone, ele deve ao menos saber e lembrar que as tendências mais globais, as coações mais gerais, só se realizam através do mais particular e do mais acidental, ao acaso das aventuras, encontros, ligações e relações, aparentemente fortuitas, que desenham a singularidade das biografias. É tudo isso que invocam, de modo mais ou menos claro, contra a brutalidade redutora do observador estrangeiro, o autóctone e aquele que se poderia chamar de "sociólogo original" (por analogia com Hegel e seu "historiador original"), que, "vivendo no espírito do acontecimento", assume os pressupostos daqueles cuja história ele está contando - o que explica que tantas vezes ele se veja na impossibilidade de fato de objetivar sua experiência quase autóctone, de escrevê-la e publicá-la.

Mas, fechando-se na alternativa do parcial e do imparcial, do interior interessado e partidário e do exterior neutro e objetivo, do olhar complacente, ou mesmo cúmplice, e da visão redu-

112 PIERRE BOURDIEU

tora, ignora-se que a descrença militante pode ser apenas uma inversão da crença e, sobretudo, que há lugar para uma objetivação participante, que pressupõe uma objetivação da participação, e de tudo o que esta implica, isto é, um domínio consciente dos interesses ligados ao fato de se pertencer ou não ao campo. De obstáculo à objetivação, a pertença pode se tomar um adjuvante da objetivação dos limites da objetivação, contanto que ela mesma seja objetivada e controlada. É com a condição de saber que se pertence ao campo religioso, com os interesses aferentes, que se pode controlar os efeitos dessa inserção no campo e retirar daí as experiências e informações necessárias para produzir uma objetivação não redutora, capaz de superar a alternativa do interior e do exterior, da vinculação cega e da lucidez parcial. Mas essa superação supõe uma objetivação sem complacência - a autoanálise nada tem de uma confissão privada ou pública, de uma autocrítica ético-política - de todos os vínculos, de todas as formas de participação, de pertenças objetivas ou subjetivas, mesmo as mais tênues. Estou pensando nas formas mais paradoxais de se pertencer a um campo, porque negativas ou críticas e freqüentemente vinculadas a uma pertença passada, em todas as adesões e ambivalências ligadas ao fato de se ter feito parte dele, de se ter passado pelo seminário, na idade adulta ou na infância, etc. O corte epistemológico, nesse caso, passa por um corte social, que supõe ele próprio uma objetivação (dolorosa) dos vínculos e das vinculações. A sociologia dos sociólogos não se inspira numa intenção polêmica, ou jurídica; ela visa somente tomar visíveis alguns dos mais poderosos obstáculos sociais à produção científica. Recusar a objetivação das adesões, e a dolorosa amputação que ela implica, significa condenar-se a jogar o jogo duplo social e psicologicamente vantajoso que permite acumular as vantagens da cientificidade (aparente) e da religiosidade. Essa tentação do jogo duplo e da dupla vantagem ameaça especialmente os especialistas das grandes religiões universais, católicos que estudam o catolicismo, protestantes, o protestantismo, judeus, o judaísmo (ninguém observou como são raros os estudos cruzados - católicos estudando o judaísmo ou vice-versa - ou comparativos): nesse caso, é grande o perigo de se produzir uma espécie de

SOCIÓLOGOS DA CRENÇA E CRENÇAS DE SOCIÓLOGOS   113

ciência edificante, destinada a servir de fundamento a uma religiosidade científica, permitindo acumular as vantagens da lucidez científica e as vantagens da fidelidade religiosa.

Essa relação ambígua se trai na linguagem, e particularmente na introdução, no interior do discurso científico, de palavras emprestadas à língua religiosa através das quais deslizam os *default assumptions,* como diz Douglas Hofstadter, os pressupostos tácitos da relação autóctone com o objeto. Exemplo de um tal pressuposto é a propensão para tratar as crenças como representações mentais ou como discursos e para esquecer que, mesmo entre os defensores de uma religião purificada de todo ritualismo, dos quais os sociólogos da religião sociologicamente estão muito próximos, e entre esses próprios sociólogos, a fidelidade religiosa se enraíza (e sobrevive) em disposições infraverbais, infraconscientes, nas dobras do corpo e nos torneios da língua, quando não numa dicção e numa pronúncia; que o corpo e a linguagem estão repletos de crenças amortecidas e que a crença religiosa (ou política) é em primeiro lugar uma *hexis* corporal associada a um *habitus* lingüístico. Poderíamos mostrar, nessa lógica, que todo o debate sobre a "religião popular", bem como tantas outras discussões em que o "povo" e o "popular" estão em jogo, baseia-se nos pressupostos inerentes a uma relação mal analisada com sua própria representação da crença e da religião, relação que impede de perceber que o peso relativo da representação mental e da representação teatral, da *mimesis* ritual, varia com a posição social e o nível de instrução, e que o que torna escandalosa a religiosidade dita popular aos olhos dos "virtuoses" da consciência religiosa (como, aliás, da consciência estética) com certeza é o fato de que, em seus automatismos ritualistas, ela lembra a arbitrariedade dos condicionamentos sociais que estão na origem das disposições duráveis do corpo crente.

Finalizando, a sociologia dos determinantes sociais da prática sociológica aparece como o único meio de acumular, diferentemente das conciliações fictícias do jogo duplo, as vantagens de se pertencer a um campo, de se participar dele, e as vantagens da exterioridade, do corte e da distância objetivante.

Objetivar o sujeito objetivante*

[...] Tomar como objeto a universidade significava tomar como objeto aquilo que, geralmente, objetiva; o ato de objetivação, a situação a partir da qual se está legitimado para objetivar. Ao mesmo tempo, a pesquisa tinha permanentemente um duplo objeto, o objeto empírico, o objeto aparente (O que é a Universidade? Como ela funciona?) e a ação particular de objetivar, e objetivar uma instituição socialmente reconhecida como fundamentada para operar uma objetivação que aspira à objetividade e à universalidade. Minha intenção ao fazer esse trabalho era então fazer uma espécie de experimento sociológico a propósito do trabalho sociológico; tentar mostrar que talvez a sociologia possa escapar, por pouco que seja, do círculo historicista ou sociologista, aproveitando o que a ciência social ensina sobre o mundo social em que se produz a ciência social, para controlar os efeitos dos determinismos que se exercem nesse mundo e, ao mesmo tempo, na ciência social.

Objetivar o sujeito objetivante, objetivar o ponto de vista objetivante, é uma coisa que se pratica correntemente, mas isso é feito de um modo aparentemente muito radical, mas na verdade muito superficial. Quando se diz "O sociólogo está inserido na história", pensa-se de imediato em "sociólogo burguês". Em

---

* Conferência pronunciada em Estrasburgo, sobre o livro *Homo academicus,* em dezembro de 1984.

OBJETIVAR O SUJEITO OBJETIVANTE 115

outros termos, pensa-se que se objetivou o sociólogo, ou em geral um produtor de bens culturais, ao objetivar sua "posição de classe". Esquece-se de que é preciso ainda objetivar sua posição neste subuniverso, onde estão envolvidos interesses específicos, que é o universo da produção cultural. Para quem se interessa pela sociologia da literatura ou pela história social da literatura, pela sociologia da filosofia ou pela história social da filosofia, pela sociologia da arte ou pela história social da arte, etc., um dos aportes desse trabalho, ou, em todo caso, uma de suas intenções, é mostrar que, quando se fazem objetivações ao modo de Lukács-Goldmann - para tomar a forma mais moderada de um tipo de reducionismo sociologista muito comum -, põe-se em relação de maneira brutal as produções culturais e a posição dos produtores no espaço social. Diz-se: isso é a expressão de uma burguesia ascendente, etc. É o erro do curto-circuito, erro que consiste em relacionar dois termos muito distantes escotomizando uma mediação muito importante - o espaço no interior do qual as pessoas produzem, isto é, o que eu chamo de campo de produção cultural. Esse subespaço continua sendo um espaço social, no interior do qual está em jogo um tipo particular de alvos sociais, interesses que podem ser absolutamente desinteressantes do ponto de vista do que está em jogo no mundo exterior.

Mas parar aí seria talvez deixar escapar o viés essencial, cujo princípio não reside nos interesses ligados ao fato de se pertencer ao campo. Além dos determinantes associados a uma posição particular, há determinações inerentes à postura intelectual, à posição de cientista, que são muito mais fundamentais e que passam despercebidas. A partir do momento em que observamos o mundo social, introduzimos em nossa percepção um viés que se deve ao fato de que, para falar do mundo social, para escudá-lo a fim de falar sobre ele, etc., é preciso se retirar dele. O que se pode chamar de viés teoricista ou intelectualista consiste em esquecer de inscrever, na teoria que se faz do mundo social, o fato de ela ser produto de um olhar teórico. Para fazer uma ciência adequada do mundo social, é preciso, ao mesmo tempo, produzir uma teoria (construir modelos, etc.) e introduzir na teoria final uma teoria da distância entre a teoria e a prática.

116 PIERRE BOURDIEU

Quando se trata do mundo universitário, quando um membro da universidade estuda o mundo universitário, tudo predispõe a esse erro teórico. Por quê? Porque o mundo universitário, como todos os universos sociais, é o lugar de uma luta pela verdade sobre o mundo universitário e sobre o universo social em geral. Uma das coisas mais freqüentemente esquecidas é que qualquer pessoa que fale sobre o mundo social deve contar com o fato de que no mundo social fala-se do mundo social, e para ter a última palavra sobre esse mundo; que o mundo social é o lugar de uma luta pela verdade sobre o mundo social. Os insultos, os estigmas racistas, etc., são categoremas, como dizia Aristóteles, ou seja, acusações públicas, atos de designação, de nominação, que aspiram à universalidade, logo, à autoridade sobre o mundo social. Uma particularidade do universo universitário é que hoje, nas nossas sociedades, seus veredictos seguramente estão entre os mais poderosos veredictos sociais. Alguém que outorga um título escolar outorga um certificado de inteligência (sendo um dos privilégios dos titulares o de também poder manter distância em relação ao título).

O universo social é o lugar de uma luta para saber o que é o mundo social. A universidade também é o lugar de uma luta para saber quem, no interior desse universo socialmente mandatário para dizer a verdade sobre o mundo social (e sobre o mundo físico), está realmente (ou particularmente) fundamentado para dizer a verdade. Essa luta opõe os sociólogos e os juristas, mas também opõe os juristas entre si e os sociólogos entre si. Intervir enquanto sociólogo significava evidentemente ser tentado a usar a ciência social para se colocar como árbitro ou juiz nessa luta, para distribuir erros e acertos. Em outros termos, o erro intelectualista e teoricista que ameaça permanentemente a ciência social (em etnologia, é o erro estruturalista, que consiste em dizer: "Eu sei mais do que o indígena o que ele mesmo é"), esse erro era a tentação por excelência para alguém que, sendo sociólogo e, portanto, inscrito em um campo de luta pela verdade, adotava como projeto dizer a verdade desse mundo e dos pontos de vista opostos sobre esse mundo.

O fato de eu ter adotado, conforme disse no início, como projeto quase consciente, desde a origem, não só estar atento ao

OBJETIVAR O SUJEITO OBJETIVANTE 117

objeto, mas também ao trabalho sobre o objeto, protegeu-me, creio, contra esse erro. O que eu queria fazer era um trabalho capaz de escapar tanto quanto possível às determinações sociais, graças á objetivação da posição particular do sociólogo (dada sua formação, seus títulos, diplomas, etc.), e á tomada de consciência das probabilidades de erro inerentes a tal posição. Eu sabia que não se tratava simplesmente de dizer a verdade desse mundo, mas também de dizer que ele era o lugar de uma luta para dizer a verdade desse mundo; tratava-se de descobrir que o objetivismo pelo qual eu havia começado, bem como a tentação nele encerrada de esmagar os concorrentes objetivando-os, eram geradores de erros, e erros técnicos. Digo "técnicos" para mostrar a diferença entre o trabalho científico e o trabalho de pura reflexão: no trabalho científico, tudo o que acabo de dizer se traduz por operações absolutamente concretas, por variáveis que são acrescentadas na análise das correspondências, por critérios que são introduzidos, etc.

Vocês vão dizer: "Mas você não fala nada do objeto. Você não diz o que é um professor universitário, o que é a universidade, como ela se desenvolve, como funciona". No limite, eu não queria falar do objeto do livro; queria fazer, a propósito do livro, um discurso que fosse ao mesmo tempo uma introdução ã leitura e uma garantia contra a leitura espontânea. Esse livro, na ocasião de publicá-lo, causou-me mais problemas do que qualquer outro. Sempre há um extraordinário perigo de perder o controle do que se diz. A partir da Carta VII de Platão, Lodo mundo já disse isso. Experimentei de modo intenso o temor de que os interesses que os leitores (oitenta por cento dos quais, levando em conta o que escrevo, com certeza são membros da universidade) investem na leitura fossem tão fortes que todo o trabalho que fiz para destruir esse interesse, para destruir os seus efeitos, e mesmo para destruir de antemão essa leitura, fosse varrido e que as pessoas apenas se perguntassem: "Onde estou no diagrama? O que ele diz de Fulano?, etc.", reduzindo ao terreno da luta no interior do campo uma análise cuja finalidade era objetivar essa luta e, ao mesmo tempo, dar ao leitor um domínio dessa luta.

Pode-se perguntar: "Para que serve tudo isso?" Essa é uma questão perfeitamente legítima. "Não seria arte pela arte, uma volta reflexiva complacente, e meio decadente, da ciência sobre ela mesma?, etc" Evidentemente, não concordo. Penso que esse trabalho tem virtudes científicas; e que, para as ciências sociais, a análise sociológica da produção do produtor é imperativa. Com o risco de simultaneamente surpreender e decepcionar muitos de vocês, que atribuem à sociologia uma função profética, escatológica, acrescentaria que esse gênero de análise poderia ter também uma função clínica e até terapêutica: a sociologia é um instrumento de auto-análise extremamente poderoso que permite a cada um compreender melhor o que é, dando-lhe uma compreensão de suas próprias condições sociais de produção e da posição que ocupa no mundo social. Isso com certeza é absolutamente decepcionante, e não é de modo algum a visão que se costuma ter da sociologia. A sociologia também pode ter outras funções, políticas ou de outro tipo, mas desta tenho mais certeza. Disso decorre que esse livro exige uma determinada forma de leitura. Não se trata de lê-lo como um panfleto nem de usá-lo de um modo autopunitivo. A sociologia costuma ser usada seja para açoitar os outros, seja para se autoflagelar. Na verdade, trata-se de dizer: "Eu sou o que sou. Não é o caso nem de elogiar nem de reprovar. Simplesmente, isso implica todo tipo de predisposição e, quando se trata de falar do mundo social, erros prováveis", Tudo isso, que me faz beirar a pregação - e Deus sabe que não é o gênero que me agrada -, precisava ser dito por que, se meu livro fosse lido como um panfleto, ele se tomaria detestável para mim, e eu preferiria que o queimassem.

A dissolução do religioso*

Talvez o meu papel seja menos o de concluir, de encerrar, de colocar um ponto final, do que o de indicar um novo ponto de partida. Vou colocar uma série de questões semi-improvisadas que podem causar confusão, mas que me parecem indispensáveis para voltarmos à verdadeira origem de nossas discussões. Parece-me de fato necessário questionar as definições com as quais abordamos o problema. De fato, o tema proposto não seria parcialmente inadequado? Seria preciso falar de "novos clérigos"? Meu primeiro movimento teria sido dizer que esse vocabulário é perigoso. E, no entanto, a própria confusão do conceito, que permite ir de uma definição muito estreita, na qual a palavra "clérigo" é tomada no sentido corrente de "padre", às definições muito amplas e vagas, revelou-se funcional porque permitiu que o grupo produzisse, por seu próprio funcionamento, uma construção do objeto bastante adequada ao que se observa na realidade social, isto é, um espaço - o que eu chamaria de campo - no interior do qual há uma luta pela imposição de uma definição do jogo e dos trunfos necessários para dominar nesse jogo. Colocar logo de saída o que está em jogo nesse jogo seria suprimir as questões que os participantes levantaram aqui porque elas realmente se colocam na realidade, no

---

* Conferência pronunciada em Estrasburgo em outubro de 1982, publicada em *Les Nouveaux Clercs,* Genebra, Labor et Fides, 1985, posfácio.

espaço dos médicos, dos psicanalistas, dos assistentes sociais, etc. E levar a sério essas questões, em vez de considerá-las resolvidas, significa recusar as definições anteriores do jogo e do que está em jogo; significa, por exemplo, operar uma mudança absolutamente radical em relação a Max Weber, afirmando que o campo religioso é um espaço no qual agentes que é preciso definir (padre, profeta, feiticeiro, etc.) lutam pela imposição da definição legítima não só do religioso, mas também das diferentes maneiras de desempenhar o papel religioso.

A definição que estava presente, de modo implícito, e portanto vago, no tema proposto funcionou como princípio de produção coletiva de uma problemática que agora eu queria tentar resgatar. Definição histórica inconscientemente universalizada, que só é adequada para um estágio histórico do campo, a definição de tipo weberiano, que sustentou de modo mais ou menos obscuro a maior parte das interrogações, caracteriza o clérigo, cuja encarnação ideal-típica é o padre católico, como mandatário de um corpo sacerdotal que, enquanto tal, é detentor do monopólio da manipulação legítima dos bens de salvação e que delega a seus membros, tenham eles carisma ou não, o direito de gerir o sagrado. Partindo dessa definição implícita do clérigo, nós nos perguntamos se existem "novos clérigos" e, ao mesmo tempo, novas formas de luta pelo monopólio do exercício da competência legítima. Se me parece indispensável evitar o erro positivista da definição preliminar - o que fizemos aceitando a noção vaga de "novos clérigos" -, é porque, precisamente, todo campo religioso é o lugar de uma luta pela definição, isto é, a delimitação das competências, competência no sentido jurídico do termo, vale dizer, como delimitação de uma alçada. Assim, a questão que foi colocada, através da comparação entre os antigos clérigos, definidos pela universalização de um caso histórico, e os novos clérigos, intuitivamente percebidos, talvez fosse na verdade a questão da diferença entre dois estágios do campo religioso e da luta que se desenrola nele pela definição das competências ou,, mais exatamente, entre dois estágios do campo religioso em suas relações com os outros campos voltados para a cura dos corpos e das almas, em suma, entre dois estágios dos limites do campo religioso.

A DISSOLUÇÃO DO RELIGIOSO 121

Descreveram-nos a redefinição das competências no interior do campo religioso que resulta do fato de que os próprios limites entre o campo religioso e os outros campos, e em particular com a medicina, foram transformados. Hoje em dia já não se percebe muito bem onde termina o espaço em que reinam os clérigos (no sentido restrito de clero). Ao mesmo tempo, toda a lógica das lutas se acha transformada. Por exemplo, no confronto com os leigos, os clérigos são vítimas da lógica do cavalo de Tróia. Para se defenderem contra a concorrência de tipo novo que certos leigos lhes fazem indiretamente - os psicanalistas, por exemplo -, eles são obrigados a emprestar armas do adversário, expondo-se a serem levados a aplicá-las a si mesmos; ora, se os padres psicanalisados começam a encontrar na psicanálise a verdade do sacerdócio, não vemos de que maneira eles dirão a verdade pastoral da psicanálise.

O verdadeiro objeto da pesquisa coletiva que se instaurou aqui a propósito de um objeto obscuro e mal definido seria então, a meu ver, o confronto de dois estágios do campo religioso em suas relações com os outros campos, e, ao mesmo tempo, de dois estágios dos limites do campo religioso: limites muito nítidos, claros, visíveis (a batina) num caso, ou, ao contrário, fluidos, invisíveis, no outro caso. Desse modo, hoje se passa, por gradações insensíveis, dos clérigos à antiga (e no interior com todo um *continuum*) aos membros das seitas, aos psicanalistas, aos psicólogos, aos médicos (medicina psicossomática, medicina lenta), aos sexólogos, aos professores de expressão corporal, de esportes de lutas marciais, aos conselheiros de vida, aos assistentes sociais. Todos fazem parte de um novo campo de lutas pela manipulação simbólica da condução da vida privada e a orientação da visão de mundo, e todos colocam em prática na sua ação definições concorrentes, antagônicas, da saúde, do tratamento, da cura dos corpos e das almas. Os agentes que estão em concorrência no campo de manipulação simbólica têm em comum o fato de exercerem uma ação simbólica. São pessoas que se esforçam para manipular as visões de mundo (e, desse modo, para transformar as práticas) manipulando a estrutura da percepção do mundo (natural e social), manipulando as palavras, e, através delas, os

PIERRE BOURDIEU

princípios da construção da realidade social (a chamada teoria de Sapir-Worf, ou de Humboldt-Cassirer, segundo a qual a realidade é construída através das estruturas verbais, é totalmente verdadeira quando se trata do mundo social). Todas essas pessoas que lutam para dizer como se deve ver o mundo são profissionais de uma forma de ação mágica, que, mediante palavras capazes de falar ao corpo, de "tocar", fazem com que se veja e se acredite, obtendo desse modo efeitos totalmente reais, ações.

Assim, onde se tinha um campo religioso distinto tem-se a partir de então um campo religioso de onde se sai sem saber, ainda que apenas *biograficamente,* já que muitos clérigos se tornaram psicanalistas, psicólogos, assistentes sociais, etc., e exercem novas formas de cura das almas com um estatuto de leigos e sob uma forma laicizada; assiste-se então a uma redefinição dos limites do campo religioso, à dissolução do religioso em um campo mais amplo, que se acompanha de uma perda do monopólio da cura das almas no sentido antigo, pelo menos ao nível da clientela burguesa.

Nesse campo de cura das almas ampliado, e de fronteiras indefinidas, assiste-se a uma luta de concorrência nova entre agentes de um tipo novo, uma luta pela redefinição dos limites da competência. Uma das propriedades da definição corrente do clero à antiga está contida na noção de cura das almas. O implícito em nossa representação do clérigo é que ele se ocupa das almas por oposição aos corpos (que são deixados não só ao feiticeiro, ao curandeiro, mas também ao médico). [...] A desagregação da fronteira do campo religioso a que me referi parece ligada a uma redefinição da divisão da alma e do corpo e da divisão correlativa do trabalho de cura das almas e dos corpos, oposições que não têm nada de natural e que são historicamente constituídas. Ela poderia ser correlativa do fato de que uma parcela da clientela burguesa dos vendedores de serviços simbólicos começou a pensar como pertencente à ordem do corpo coisas que até então costumavam ser imputadas à ordem da alma. Talvez se tenha descoberto que falar do corpo seria uma maneira de falar da alma - o que alguns sabiam há muito tempo -, mas de falar dele de um modo totalmente diferente: falar de prazer como se

A DISSOLUÇÃO DO RELIGIOSO

fala a um psicoterapeuta é uma coisa bem diferente de falar de prazer como se fala a um padre. Quando a cura das almas é confiada aos psicólogos ou aos psicanalistas, de normativa ela se toma positiva, da busca de normas desliza-se para uma pesquisa de técnicas, de uma ética para uma terapêutica. O fenômeno novo é o surgimento de profissionais da cura psicossomática que fazem moral acreditando que estão fazendo ciência, que moralizam a pretexto de análise. "Conselheiros de vida", analisados por Karl Wilhelm Dahm, "trabalhadores sociais", estudados por Rémy,e outros médicos de todas as espécies, professores de ginástica ou de expressão corporal, mestres de esportes orientais, psicólogos e sobretudo psicanalistas, outros .tantos agentes que vêm concorrer com o clérigo à antiga no seu próprio terreno, redefinindo a saúde e a cura, as fronteiras entre a ciência e a religião (ou a magia), a cura técnica é a cura mágica (com o reconhecimento atribuído a técnicas de cura, tais como a sugestão, a transferência e outras formas, mais ou menos transfiguradas e racionalizadas, de "possessão" mágica).

No campo assim definido, isto é, no campo mais amplo da manipulação simbólica, a ciência social é parte interessada. Daí a dificuldade dos sociólogos em pensar esse campo. Primeiro porque, para pensá-lo enquanto tal, é preciso pensar a posição que se ocupa nele. E descobrir que o jogo que se joga nele tem qualquer coisa de ambíguo e mesmo qualquer coisa de suspeito: em parte, pelo fato de o campo religioso ter-se dissolvido em um campo de manipulação simbólica mais amplo, todo esse campo está colorido de moralismo e os próprios não-religiosos cedem com freqüência à tentação de transformar saberes positivos em discursos normativos capazes de exercer uma forma de terrorismo legitimado pela ciência. De fato, defendemo-nos melhor contra uma moral do que contra uma (falsa) ciência dos costumes, contra uma moral disfarçada em ciência.

Para terminar, também seria preciso interrogar-se sobre os fatores simultaneamente internos ao campo religioso, ao campo do poder simbólico e, mais amplamente, ao campo social, que podem explicar essas mudanças. Uma das importantes mediações é a generalização do ensino secundário e o acesso mais am-

124 PIERRE BOURDIEU

plo, especialmente para as mulheres, ao ensino supe- rior. A elevação generalizada do nível de instrução está na origem de uma transformação da oferta de bens e serviços de salvação das almas e dos *corpos* (com a intensificação da concorrência, que é correlativa da multiplicação de produtores) e de uma transformação da procura (com o surgimento de uma demanda maciça de "religiosidade de virtuoses"). As novas seitas religiosas de grande importe intelectual que floresceram em particular nos Estados Unidos, e sobre as quais Jacques Gutwirth falou aqui (há um lado PSU em certas seitas, um lado "sectário" no PSU ou nos grupelhos trotskistas), têm a ver com o fato de que um certo número de pessoas, graças à elevação do nível de instrução, tiveram condição de ter acesso pessoalmente à produção cultural, à autogestão espiritual. A recusa da delegação baseada no sentimento de ser o melhor porta-voz de si mesmo leva a todos os tipos de agrupamentos que são ajuntamentos de pequenos profetas carismáticos. Outro traço do funcionamento dessas seitas que está muito ligado ao nível de instrução: todas as técnicas de manifestação. O movimento estudantil renovou o arsenal das técnicas de protesto, que não havia se alterado desde o século XIX. Tudo isso supõe um sólido capital cultural incorporado, e, em termos mais gerais, uma boa parte do que descrevemos não pode ser compreendida sem fazer com que o efeito da elevação do nível de instrução intervenha ao mesmo tempo sobre os produtores (por exemplo, os clérigos católicos) e também sobre os consumidores. A mesma causa age simultaneamente sobre a oferta e a procura; disso resulta um ajustamento da oferta e da procura, que não é buscada enquanto tal nas e pelas estratégias de transação (o que constitui uma outra ruptura fundamental com Weber).

Com certeza, pode ser visto um outro fator de explicação, evocado por Thomas Gannon, na derrocada dos controles coletivos, ligada a fenômenos como a urbanização e a privatização da vida. Isso diria respeito em particular à pequena burguesia: o retiramento para o privado, que é acompanhado de uma psicologização da experiência e do nascimento de uma demanda de serviços de salvação de um tipo novo, está estreitamente ligado à derrocada dos quadros coletivos que controlavam os cléri-

A DISSOLUÇÃO DO RELIGIOSO

gos, mas também sustentavam os leigos correspondentes e tornavam possível a religião que os sociólogos da religião designaram como "popular", essa religião ritualista sobre a qual todo mundo está de acordo para dizer que ela está em vias de desaparecimento. O clérigo tradicional só conserva o monopólio sobre o ritual social: ele tende a não ser mais do que o organizador das cerimônias sociais - enterros, casamentos, etc. -, sobretudo no campo. Também esse ritual está se intelectualizando: ele se torna cada vez mais verbal, isto é, reduzido às palavras, e palavras que funcionam cada vez menos na lógica da coerção mágica, como se a eficácia da linguagem ritual devesse se reduzir à ação do sentido, isto é, à compreensão.

Concluindo, parece-me que é preciso levar a sério o fato de que o clérigo tradicional está inserido num campo pelo qual é coagido, bem como o fato de que a estrutura desse campo mudou e, simultaneamente, o posto. Na luta pela imposição da boa maneira de viver e ver a vida e o mundo, o clérigo religioso, de dominante tende a se tornar dominado, em proveito de clérigos que se autorizam junto à ciência para impor verdades e valores que evidentemente não são nem mais nem menos científicos do que as verdades e valores das autoridades religiosas do passado.

O interesse do sociólogo*

Por que o diálogo entre economistas e sociólogos implica tantos mal-entendidos? Certamente porque o encontro entre duas disciplinas é o encontro entre duas histórias diferentes, logo, entre duas culturas diferentes: cada um decifra o que o outro diz a partir de seu próprio código, de sua própria cultura. [...]

Em primeiro lugar, a noção de *interesse*. Recorri a essa palavra de preferência a outras mais ou menos equivalentes, como "investimento", *"illusio"*, para assinalar a ruptura com a tradição ingenuamente idealista que estava presente na ciência social e em seu léxico mais comum (motivações, aspirações, etc.). Banal em economia, a palavra produzia em sociologia um efeito de ruptura. Dito isto, não lhe dei o sentido que comumente lhe é atribuído pelos economistas. Longe de ser urna espécie de dado antropológico, natural, o interesse, em sua especificação histórica, é uma instituição arbitrária. Não existe um interesse, mas *interesses,* variáveis segundo o tempo e o lugar, quase ao infinito. Em minha linguagem, eu diria que há tantos interesses quantos campos, enquanto espaços de jogo historicamente constituídos, com suas instituições específicas e suas leis próprias de funcionamento. A

---

* Conferência apresentada ao colóquio sobre "O modelo econômico nas ciências sociais" (Paris, Universidade de Paris - I, 1981) e publicada em *Économies et Sociétés,* XVIII, 10 de outubro de 1984.

O INTERESSE DO SOCIÓLOGO 127

existência de um campo especializado e relativamente autônomo é correlativa à existência de alvos que estão em jogo e de interesses específicos: através dos investimentos indissoluvelmente econômicos e psicológicos que eles suscitam entre os agentes dotados de um determinado *habitus,* o campo e aquilo que está em jogo nele (eles próprios produzidos enquanto tal pelas relações de força e de luta para transformar as relações de força constitutivas do campo) produzem investimentos de tempo, de dinheiro, de trabalho, etc. (diga-se de passagem que há tantas formas de trabalho quantos campos, e é preciso saber considerar as atividades mundanas do aristocrata ou as atividades religiosas do padre ou do rabino como formas específicas de trabalho orientadas para a conservação ou para o aumento de formas específicas de capital).

Em outros termos, o interesse é simultaneamente condição de funcionamento de um campo (campo científico, campo da alta-costura, etc.), na medida em que isso é o que estimula as pessoas, o que as faz concorrer, rivalizar, lutar, e produto do funcionamento do campo. Para compreender a forma particular de que se reveste o interesse econômico (no sentido restrito do termo), não basta interrogar uma natureza, não basta colocar, como faz Becker (com uma bela inconsciência que supõe uma bela incultura), a equação fundamental das trocas matrimoniais, ignorando tudo do trabalho dos etnólogos e dos sociólogos sobre a questão. Trata-se, em cada caso, de observar a forma de que se reveste, num dado momento da história, esse conjunto de instituições históricas que constituem um campo econômico determinado, e a forma de que se reveste o interesse econômico dialeticamente ligado a esse campo. Por exemplo, seria uma ingenuidade tentar compreender as condutas econômicas dos trabalhadores da indústria francesa de hoje sem incluir na definição do interesse que os orienta e motiva não somente o estágio da instituição jurídica (direito de propriedade, direito do trabalho, convenções coletivas, etc.), mas também o sentido das vantagens e dos direitos adquiridos nas lutas anteriores que pode, em certos pontos, antecipar- o estágio das normas jurídicas, do direito trabalhista, por exemplo, e, em outros pontos, estar atrasado em

128   PIERRE BOURDIEU

relação às aquisições expressamente codificadas, e que está na origem das indignações ou das reivindicações, etc. O interesse assim definido é produto de uma determinada categoria de condições sociais: construção histórica, ele só pode ser conhecido mediante o conhecimento histórico, *ex post,* empiricamente, e não deduzido *a priori* de uma natureza trans-histórica.

Todo campo, enquanto produto histórico, gera o interesse, que é a condição de seu funcionamento. Isso é válido para o próprio campo econômico, que, enquanto espaço relativamente autônomo, obedecendo a leis próprias, dotado de uma axiomática específica ligada a uma história original, produz uma forma particular de interesse, que é um caso particular do universo das formas de interesse possíveis. A magia social pode constituir praticamente tudo como interessante, · e instituí-lo como alvo de lutas. Pode-se levar até para o terreno da economia a interrogação de Mauss a propósito da magia; e, renunciando a procurar o princípio do poder (ou do capital) econômico nesse ou naquele agente ou sistema de agentes, nesse ou naquele mecanismo, nessa ou naquela instituição, perguntar se o princípio gerador desse poder não é o próprio campo, isto é, o sistema de diferenças constitutivas de sua estrutura e as disposições diferentes, os interesses diferentes, e mesmo antagônicos, que ele gera entre agentes situados em diferentes posições desse campo e empenhados em conservá-lo ou transformá-lo. Isso significa, entre outras coisas, que a disposição para jogar o jogo econômico, para investir no jogo econômico que é produto de certo jogo econômico, está na própria base da existência desse jogo. Coisa que todas as espécies de economicismo esquecem. A produção econômica só funciona na medida em que produz em primeiro lugar a crença no valor de seus produtos (como testemunha o fato de que hoje, na própria produção, a parte do trabalho destinada a produzir a necessidade do produto não pára de crescer); e também a crença no valor da própria atividade de produção, isto é, por exemplo, o interesse maior pelo *negotium* do que pelo *otium.* Problema que surge concretamente quando as contradições entre a lógica da instituição responsável pela produção de produtores, a escola, e a lógica da instituição econômica favorecem o surgimento de atitudes novas no que se refere

O INTERESSE DO SOCIÓLOGO

ao trabalho, atitudes que às vezes são descritas, com toda a ingenuidade, como "alergia ao trabalho", e que se manifestam no enfraquecimento do orgulho profissional, do ponto de honra profissional, do gosto pelo trabalho bem-feito, etc. Descobrem-se então, retrospectivamente - porque deixam de ser óbvias -, disposições que faziam parte das condições tácitas, e portanto esquecidas nas equações científicas, do funcionamento da economia.

Se fossem desenvolvidas, essas proposições relativamente triviais levariam a conclusões que não são tão triviais assim. Desse modo, veríamos que, através, por exemplo, da estrutura, juridicamente garantida, da distribuição da propriedade, e portanto do poder sobre o campo, a estrutura do campo econômico determina tudo o que acontece no campo, e em particular a formação de preços e salários. De modo que a luta dita política para modificar a estrutura do campo econômico é parte integrante do objeto da ciência econômica. Não há nada, até mesmo o critério de valor, alvo central dos conflitos entre os economistas, que não seja um alvo de lutas na própria realidade do mundo econômico. De modo que, rigorosamente, a ciência econômica deveria inscrever na própria definição de valor o fato de que o critério de valor é um alvo de lutas, em vez de pretender resolver essa luta através de um veredicto pretensamente objetivo e tentar encontrar a verdade da troca em uma propriedade substancial das mercadorias trocadas. De fato, não é um paradoxo insignificante encontrar o modo de pensamento substancialista, com a noção de valor-trabalho, no próprio Marx, que criticava no fetichismo o produto por excelência da inclinação para imputar a propriedade de ser uma mercadoria à coisa física e não às relações que ela mantém com o produtor e com os compradores potenciais.

Não posso ir mais longe, como seria preciso, dentro dos limites de uma breve intervenção semi-improvisada. Devo então passar à segunda noção discutida, a noção de *estratégia*. É também um termo que não emprego sem hesitação. Ela estimula o paralogismo fundamental, aquele que consiste em considerar o modelo que explica a realidade como constitutivo da realidade descrita, esquecendo o "tudo se passa como se" que define o estatuto próprio do discurso teórico. Em termos mais precisos,

PIERRE BOURDIEU

ela predispõe a uma concepção ingenuamente finalista da prática (a que sustenta o emprego corrente de noções como interesse, cálculo racional, etc.). Na verdade, todo o meu esforço visa, ao contrário - com a noção de *habitus,* por exemplo -, explicar o fato de as condutas (econômicas e outras) adquirirem a forma de seqüências objetivamente orientadas em referência a um fim, sem serem necessariamente produto nem de uma estratégia consciente, nem de uma determinação mecânica. Os agentes de algum modo *caem* na sua própria prática, mais do que a escolhem de acordo com um livre projeto, ou do que são empurrados para ela por uma coação mecânica. Se isso acontece dessa maneira, é porque o *habitus,* sistema de disposições adquiridas na relação com um determinado campo, torna-se eficiente, operante, quando encontra as condições de sua eficácia, isto é, condições idênticas ou análogas àquelas de que ele é produto. O *habitus* torna-se gerador de práticas imediatamente ajustadas ao presente, e mesmo ao futuro inscrito no presente (daí a ilusão de finalidade), quando encontra um espaço que propõe, a título de chances objetivas, aquilo que ele carrega consigo a título de *propensão* (para poupar, investir, etc.), de disposição (para o cálculo, etc.), porque se constituiu pela incorporação das estruturas (cientificamente apreendidas como probabilidades) de um universo semelhante. Nesse caso, basta que os agentes se deixem levar por sua "natureza", isto é; pelo que a história fez deles, para estarem como que "naturalmente" ajustados ao mundo histórico com o qual se defrontam, para fazerem o que é preciso, para realizarem o futuro potencialmente inscrito nesse mundo em que eles estão como peixes dentro d'água. O contra-exemplo é o de Dom Quixote, que coloca em ação num espaço econômico e social transformado um *habitus* que é produto de um estado anterior desse mundo. Mas bastaria pensar no envelhecimento. Sem esquecer todos os casos de *habitus* discordantes porque produtos de condições diferentes das condições em que devem funcionar como acontece com os agentes oriundos de sociedades pré-capitalistas ao serem atirados na economia capitalista.

A maior parte das ações é objetivamente econômica sem ser econômica subjetivamente, sem ser produto de um cálculo

O INTERESSE DO SOCIÓLOGO 131

econômico racional. Elas são produto do encontro entre um *habitus* e um campo, ou seja, entre duas histórias mais ou menos ajustadas integralmente. Basta pensar no caso da linguagem e das situações de bilingüismo em que um locutor bem-constituído, porque adquiriu simultaneamente sua competência lingüística e o conhecimento prático das condições de utilização ótima dessa competência, antecipa as ocasiões nas quais pode empregar uma ou outra de suas linguagens com o máximo de proveito. O mesmo locutor muda suas expressões, passando de uma língua à outra, sem nem mesmo se dar conta disso, em virtude de um domínio prático das leis de funcionamento do campo (que funciona como mercado) onde ele vai colocar seus produtos lingüísticos. Assim, enquanto o *habitus* e o campo estiverem afinados, o *habitus* "cai bem" e, à margem de qualquer cálculo, suas antecipações precedem a lógica do mundo objetivo.

É aqui que precisa ser colocada a questão do *sujeito* do cálculo. O *habitus,* que é o princípio gerador de respostas mais ou menos adaptadas às exigências de um campo, é produto de toda a história individual, bem como, através das experiências formadoras da primeira infância, de toda a história coletiva da família e da classe; em particular, através das experiências em que se exprime o declínio da trajetória de toda uma linhagem e que podem tomar a forma visível e brutal de uma falência ou, ao contrário, manifestar-se apenas como regressões insensíveis. Isso significa que estamos tão longe do atomismo walrasiano, que não destina nenhum lugar a uma estrutura econômica e socialmente alicerçada de preferências, quanto dessa espécie de culturalismo frouxo que, num sociólogo como Parsons, leva a postular a existência de uma comunidade de preferências e interesses: na verdade, todo agente econômico age em função de um sistema de preferências que lhe é próprio, mas que se distingue somente por diferenças secundárias dos sistemas de preferências comuns a todos os agentes colocados em condições econômicas e sociais equivalentes. As diferentes classes de sistema de preferências correspondem a classes de condições de existência, logo, de condicionamentos econômicos e sociais que impõem esquemas de percepção, apreciação e ação diferentes. Os *habitus* individuais são produto da interseção

132 PIERRE BOURDIEU

de séries causais parcialmente independentes. Percebe-se que o sujeito não é o *ego* instantâneo de uma espécie de *cogito* singular, mas o traço individual de toda uma história coletiva. Além disso, a maior parte das estratégias econômicas de alguma importância, como o casamento nas sociedades pré-capitalistas ou a compra de um bem imobiliário em nossas sociedades, são produto de uma deliberação coletiva em que podem estar refletidas as relações de força entre as partes interessadas (os cônjuges, por exemplo) e, através deles, entre os grupos em confronto (as linhagens de origem dos côn1uges ou os grupos definidos pelo capital econômico, cultural e social que cada um deles detém). De fato, já não se sabe quem é o sujeito da decisão final. Isso também é válido quando se estudam empresas que funcionam como campos, de modo que o lugar da decisão está em toda parte e em parte alguma (isso apesar da ilusão da "instância decisória", que está na origem de inúmeros estudos de caso sobre o poder).

Para finalizar, seria preciso perguntar se a ilusão do cálculo econômico universal não tem um fundamento na realidade. As economias mais diferentes - a economia da religião com a lógica da oferenda, a economia da honra com a troca de dons e contradons, de desafios e respostas, de assassinatos e vinganças, etc. - podem obedecer, em parte ou na totalidade, ao princípio de economia, e fazer intervir uma forma de cálculo, de *ratio,* visando assegurar a otimização do balanço custo benefício. Assim, descobrem-se condutas que podem ser entendidas como investimentos orientados para a maximização da utilidade nos mais diferentes universos econômicos (em sentido amplo), na prece ou no sacrifício, que obedecem, às vezes explicitamente, ao princípio do *do ut des,* mas também na lógica das trocas simbólicas, com todas as condutas que são percebidas como *desperdício* enquanto forem avaliadas pelos princípios da economia em sentido restrito. A universalidade do princípio de economia, isto é, da *ratio* no sentido de cálculo do ótimo, que faz com que se possa *racionalizar* qualquer conduta (basta pensar no moinho de preces), leva a crê que se pode reduzir todas as economias à lógica de *uma* economia: por uma universalização do caso particular, reduzem-se todas as lógicas econômicas, e em particular a lógica das economias

O INTERESSE DO SOCIÓLOGO 133

baseadas na indiferenciação das funções econômicas, políticas e religiosas, à lógica absolutamente singular da economia econômica, na qual o cálculo econômico é explicitamente orientado em relação aos fins exclusivamente econômicos colocados, por sua própria existência, por um campo econômico constituído enquanto tal, sobre a base do axioma contido na tautologia "negócio é negócio". Nesse caso, e somente nesse caso, o cálculo econômico está subordinado aos fins propriamente econômicos da maximização do lucro propriamente econômico, e a economia é formalmente racional, nos fins e nos meios. Na verdade, essa racionalização perfeita nunca se realiza, e seria fácil mostrar, como pretendi fazer em meu trabalho sobre o patronato, que a lógica da acumulação de capital simbólico está presente até nos setores mais racionalizados do campo econômico. Sem falar do universo do "sentimento" (do qual a família é evidentemente um dos lugares privilegiados), que escapa ao axioma "negócio é negócio" ou "negócio, negócio, amigos à parte".

Enfim, restaria examinar por que a economia econômica continuou ganhando terreno em relação às economias orientadas para fins não econômicos (em sentido restrito) e por que, em nossas próprias sociedades, o capital econômico é a espécie dominante, em relação ao capital simbólico, ao capital social e mesmo ao capital cultural. Isso exigiria uma longa análise, e seria preciso, por exemplo, analisar os fundamentos da instabilidade essencial do capital simbólico, que, baseando-se na reputação, na opinião, na representação ("A honra", dizem os cabilas, "é como a semente de nabo"), pode ser destruído pela suspeita, pela crítica, e se revela particularmente difícil de ser transmitido, objetivado, tem pouca liquidez, etc. De fato, a "potência" particular do capital econômico poderia estar relacionada ao fato de ele permitir uma economia de cálculo econômico, uma economia de economia, isto é, de gestão racional, de trabalho de conservação e transmissão, ao fato de ele ser, em outros termos, mais fácil de gerir racionalmente (o que se percebe com sua realização, a moeda), de calcular e de prever (o que faz com que ele esteja intimamente ligado ao cálculo e à ciência matemática).

Leitura, leitores, letrados, literatura*

Estudei durante muitos anos uma determinada tradição, a tradição cabila, que apresenta a originalidade de ter práticas rituais e pouquíssimos discursos propriamente míticos. O fato de me ver confrontado com práticas relativamente pouco verbalizadas, ao contrário da maioria dos etnólogos, que, no momento em que comecei a trabalhar, lidavam com *corpus* de mitos, em geral coletados por outros (de tal sorte que, apesar de sua preocupação metodológica, muitas vezes faltava-lhes o contexto de utilização), muito cedo obrigou-me a refletir sobre o problema que desejo lhes propor como tema de reflexão, de discussão. Será que se pode ler um texto sem se interrogar sobre o que significa ler? A condição preliminar de toda construção de objeto é o controle da relação muitas vezes inconsciente, obscura, com o objeto a ser construído (muitos discursos sobre o objeto na verdade não passam de projeções da relação objetiva do sujeito com o objeto). É aplicando esse princípio muito geral que pergunto: será que se pode ler qualquer coisa sem se perguntar o que significa ler, sem se perguntar quais são as condições sociais de possibilidade da leitura? Houve muitas obras, em certo momento, nas quais inter-

---

* Conferência pronunciada em Grenoble em 1981 e publicada em *Recherches sur la Philosophie et le Langage,* Grenoble, Universidade das Ciências Sociais, Cahier du Groupe de Recherches sur la Philosophie et le Langage, 1981.

LEITURA, LEITORES, LETRADOS, LITERATURA   135

vinha a palavra "leitura". Chegava a ser uma espécie de senha do idioleto intelectual. E, talvez por eu ser impertinente, fui levado a me interrogar sobre essa coisa não interrogada. Por exemplo, a tradição medieval opunha o *lector,* que comenta o discurso já estabelecido, e o *auctor,* que produz um discurso novo. Essa distinção equivale, na divisão do trabalho intelectual, à distinção entre o profeta e o padre na divisão do trabalho religioso. O profeta é um *auctor* que é filho de suas obras, alguém que não tem outra legitimidade, outra *auetoritas,* além de sua própria pessoa *(seu* carisma) e de sua prática de *auctor,* alguém que é, portanto, o *auctor* de sua própria *auctoritas,* o padre, ao contrário, é um *lector,* detentor de uma legitimidade que lhe é delegada pelo corpo de *lectores,* pela Igreja, e que está fundada em última análise na *auctoritas* do *auctor* original, a quem os *lectores* ao menos simulam referir-se.

Mas isso não basta. Interrogar-se sobre as condições de possibilidade da leitura significa interrogar-se não só sobre as condições sociais de possibilidade das situações em que se lê (e imediatamente se percebe que uma dessas condições é a *schole,* a forma escolar do ócio, ou seja, o tempo de ler, o tempo de aprender a ler), mas também sobre as condições sociais de produção de *lectores.* Uma das ilusões do *lector* é a que consiste em esquecer suas próprias condições sociais de produção, em universalizar inconscientemente as condições de possibilidade de sua leitura. Interrogar-se sobre as condições desse tipo de prática que é a leitura significa perguntar-se como são produzidos os *lectores,* como são selecionados, como são formados, em que escolas, etc. Seria preciso fazer uma sociologia do sucesso, na França, do estruturalismo, da semiologia e de todas as formas de leitura, "sintomal" e outras. Seria preciso perguntar-se, por exemplo, se a semiologia não foi um modo de operar um *aggiornamento* da velha tradição da explicação de textos e, ao mesmo tempo, de permitir a reconversão de uma determinada espécie de capital literário. Eis algumas das perguntas que precisariam ser colocadas.

Mas, dirá alguém, em que e como essas condições sociais de formação dos leitores - e, em termos mais genéricos, dos intérpretes. - podem afetar a leitura que eles fazem dos textos e documentos que utilizam? Em seu livro sobre a linguagem, Bakhtin

136   PIERRE BOURDIEU

critica o que ele chama de filologismo, espécie de perversão inscrita na lógica de um pensamento de tipo objetivista e, em particular, na definição saussuriana da linguagem: o filologismo consiste em se colocar na posição de leitor que trata a língua como língua morta, letra morta, e que constitui como propriedades da língua propriedades que são as propriedades da língua morta, ou seja, não falada, projetando no objeto língua a relação do filólogo com a língua morta, a do decifrador colocado em presença de um texto ou de um fragmento obscuro do qual se deve encontrar a chave, a cifra, o código.

Parece-me ser isso o que Bally pretendia lembrar quando dizia: o ponto de vista da língua, no sentido saussuriano, é um ponto de vista de ouvinte, isto é, o ponto de vista de alguém que ouve a língua, que não a fala. O leitor é alguém que não tem nada a ver com a linguagem que ele toma como objeto, a não ser estudá-la. Eis aí a origem de um viés absolutamente comum, que muitas vezes lembrei e que está inscrito no que é chamado de relação "teórica" com o objeto: o etnólogo aborda as relações de parentesco como um puro objeto de conhecimento e, por não saber que a teoria das relações de parentesco que ele vai produzir supõe na verdade sua própria relação "teórica" com as relações de parentesco, toma como verdade das relações de parentesco a verdade da relação "teórica" com as relações de parentesco; esquece que os parentes reais não são posições em um diagrama, não são uma genealogia, mas relações que precisam ser cultivadas, que precisam ser mantidas. Da mesma forma, os filólogos, cuja tarefa é fixar o sentido das palavras, tendem a esquecer que, como lembra a experiência das sociedades ágrafas, os ditados, os provérbios, sentenças e por vezes os nomes próprios, quer se trate de nomes de lugares, de terras que podem ser reivindicadas, ou de pessoas, constituem alvos que estão em jogo numa luta permanente; e penso que, se um verso qualquer de Simônidas atravessou toda a história da Grécia, é justamente porque ele era tão importante para o grupo que ao apropriar-se dele apropriava-se de um poder sobre o grupo. O intérprete que impõe sua interpretação não é apenas alguém que dá a última palavra numa querela filológica (objetivo que equivale a um outro), mas também, com muita freqüência, é alguém que dá a última palavra numa luta política, alguém que, apropriando-se da palavra, coloca o *senso comum* do seu lado. (Basta pensar nas palavras de ordem - democracia, liberdade, liberalismo hoje em dia-e na energia que os políticos despendem com vistas a se apropriar desses categoremas que, enquanto princípios de estruturação, constituem o sentido do mundo, e em particular do mundo social, e o consenso sobre o sentido desse mundo.) Mouloud Mammeri, falando da poesia berbere, lembrava que os poetas profissionais, que as pessoas chamam de sábios, *imusnawen,* empenham-se em se apropriar dos ditados que são conhecidos de todo mundo operando ligeiros deslocamentos de som e sentido. "Dar um sentido mais puro às palavras da tribo." E Jean Bollack mostrou que os présocráticos Empédocles, por exemplo - fazem um trabalho semelhante com a linguagem, renovando por completo o sentido de um ditado ou de um verso de Homero, ao fazer com que o sentido mais freqüente da palavra *phôs* - luz, brilho - deslize sutilmente para um sentido mais raro, geralmente mais arcaico - o mortal, o homem. São efeitos que os poetas cabilas operavam sistematicamente: apropriando-se do senso comum, asseguravam para si um poder sobre o grupo, o qual, por definição, se reconhece nesse senso comum; em determinadas circunstâncias, em épocas de guerra ou nos momentos de crise aguda, isso podia lhes assegurar um poder de tipo profético sobre o presente e o futuro do grupo. Em outros termos, essa poesia nada tinha de uma poesia pura; o poeta era aquele que resolvia as situações muito difíceis, nas quais haviam sido ultrapassados os limites da moral comum e nas quais, por exemplo, os dois lados acreditavam ter razão segundo os princípios dessa moral.

O sentido desse exemplo manifesta-se por si mesmo: por não se interrogarem sobre os pressupostos implícitos na operação que consiste em decifrar, em procurar o sentido das palavras, o "verdadeiro" sentido das palavras, os filólogos correm o risco de projetar nas palavras que estão estudando a filosofia das palavras implicada no fato de estudar as palavras, e de assim deixar escapar o que constitui a verdade das palavras, quando, no uso político, por exemplo - que joga sabiamente com a polissemia -,

138 PIERRE BOURDIEU

elas têm como verdade o fato de terem diversas verdades. Se o filólogo se engana quando quer dar a última palavra sobre o sentido das palavras é porque, com freqüência, grupos diferentes podem vincular seus interesses a este ou àquele sentido possível das palavras. *As* palavras que estão em jogo nas lutas políticas ou religiosas, à semelhança dos acordes musicais, podem se apresentar no estado fundamental, tendo na base, em primeiro plano, um sentido fundamental, aquele que os dicionários apresentam em primeiro lugar, depois um sentido que se ouve apenas em segundo plano, e em seguida um terceiro. As lutas a propósito das palavras - as que são travadas no século XVIII a propósito da idéia de natureza, por exemplo - vão consistir na tentativa de operar o que os músicos chamam de inversão do acorde, na tentativa de alterar a hierarquia comum dos sentidos para constituir como sentido *fundamental,* como fundamental do acorde semântico, um sentido até então secundário, ou melhor, *subentendido,* operando assim uma revolução simbólica que pode estar na origem de revoluções políticas.

Percebe-se que, se o filólogo refletisse sobre o que é ser filólogo, seria obrigado a se perguntar se o uso que ele faz da linguagem por ele estudada coincide com o uso que dela faziam os que a produziram; e se não há o risco de que o descompasso entre os usos e os interesses lingüísticos introduza na interpretação um viés essencial, muito mais radical do que o simples anacronismo ou qualquer outra forma de interpretação etnocêntrica, posto que esse descompasso deve-se ao próprio ato de interpretação. O intérprete - filólogo ou etnólogo · - situa-se à margem do que interpreta; ele apreende a ação como um espetáculo, uma *representação,* uma realidade que ele mantém à distância e que se mantém diante dele como um *objeto,* porque ele dispõe de instrumentos de objetivação - fotografia, esquema, diagrama, genealogia ou, simplesmente, escrita. Ora, sabe-se que muitos trabalhos, em particular os de Havelock *(Preface to Plato),* deram ênfase à noção de *mimesis* e lembraram que o que Platão critica na poesia é o fato de que a relação mimética, com a linguagem que ela implica, envolve todo o corpo: o poeta, o aedo, evoca a poesia como se evocam os espíritos, e a evocação (isso vale também para os poetas

LEITURA, LEITORES, LETRADOS, LITERATURA   139

berberes) é inseparável de toda uma ginástica corporal. É preciso dar à tese de Havelock toda a sua generalidade: além do fato de muitos textos sobre os quais trabalham os hermeneutas - e não apenas a poesia - terem sido feitos originalmente para serem dançados, representados, operados, muitas das indicações que eles oferecem sob a forma de discurso, de narrativa, de *logos* ou de *muthos,* na verdade tinham como referente, ao menos na origem, uma *práxis,* uma prática religiosa, ritual - penso, por exemplo, no que diz Hesíodo sobre Dioniso, Hécate e Prometeu, ou na profecia de Tirésias na *Odisséia.* E quando nos comportamos como leitores inconscientes da verdade da leitura, como filólogos logocêntricos, corremos sempre o risco de esquecer que o pensamento práxico, prático, mimético não encerra o domínio simbólico de seus próprios princípios. Os etnólogos que chamo de objetivistas, aqueles que, por não analisarem a relação do etnólogo com o objeto, projetam no objeto a relação que mantêm com esse objeto, descreveram os mitos e ritos como práticas lógicas, como uma espécie de álgebra, ao passo que eles estavam lidando com espécies de danças por vezes retraduzidas (no caso do mito) em discurso. A prática ritual é uma dança: gira-se sete vezes da esquerda para a direita; lança-se a mão direita por sobre o ombro esquerdo; sobe-se, desce-se, etc. Todas as operações fundamentais de um ritual são movimentos do corpo, os quais são descritos pelo objetivismo não como movimentos, mas como estados (onde eu diria: subir/descer, o objetivista dirá: alto/baixo - isso muda tudo). Assim, seria possível recompor todo o ritual cabila a partir de um pequeno número de esquemas geradores, ou seja, exatamente a partir daquilo que Platão, como lembra Henri Joly, denominava *schemata tou sômatos.* A palavra *schemata* convém particularmente ao que quero dizer, visto que os autores antigos (Ateneu, por exemplo, que viveu na primeira metade do século III) empregam-na para designar os gestos miméticos da dança que eles catalogam (assim como aos *phorai,* movimentos significativos): por exemplo, mãos estendidas voltadas para o céu, gesto do suplicante, ou mãos estendidas em direção ao espectador, apóstrofe ao público, mãos estendidas voltadas para o chão, gesto de tristeza, etc. Os esquemas práticos do ritual são realmente *schemata*

140 PIERRE BOURDIEU

tou sômatos, esquemas geradores de movimentos fundamentais, como ir para cima ou para baixo, erguer-se ou deitar-se, etc. E é apenas sob o olhar do observador que o ritual passa de dança a álgebra, de ginástica simbólica a cálculo lógico. Por não se objetivar a verdade da relação objetivante com a prática, projeta-se nas práticas aquilo que é a função das práticas para alguém que as estuda como alguma coisa a ser decifrada. E os etnólogos e filólogos não são os primeiros a cometer esse erro: ao trabalharem com mitos, estão lidando com objetos que são eles próprios produto dessa alteração logocêntrica; por exemplo, no mito de Prometeu segundo a versão de Hesíodo, imediatamente se reconhece toda espécie de ritos, mas ritos que já foram narrados e reinterpretados por letrados, isto é, por leitores. De modo que, desconhecendo o que é uma tradição letrada e a transformação que esta opera mediante a transcrição e a reinterpretação permanente, oscila-se entre dois erros: o etnologismo - que ignora o ato de interpretação erudita - e a neutralização acadêmica - que, aderindo de cheio à lógica letrada da reinterpretação, ignora o fundo ritual. De fato, os letrados nunca entregam ritos em estado bruto (o ferreiro talha, corta, aniquila, separa o que está reunido, logo, é especialmente indicado para operar todas as separações rituais, etc.). Eles já saíram do silêncio da práxis ritual que não tem por finalidade ser interpretada, e situam-se numa lógica hermenêutica: quando Hesíodo narra um rito, seu registro encontra sua razão de ser num universo em que o rito já não é uma seqüência de práticas regradas que são realizadas para conformar-se com um imperativo social ou para produzir efeitos práticos, mas uma · tradição que se pretende transmitir e codificar mediante um trabalho de racionalização que implica uma reinterpretação em função de novas interrogações, isto é, ao preço de uma completa mudança das funções. A partir do momento em que um rito é narrado, ele muda de sentido, e passa-se de uma práxis mimética, de uma lógica corporal orientada para algumas funções, a uma relação filológica: os ritos tomam-se textos a serem decifrados, pretextos para a decifração. Surge a preocupação de coerência, de lógica, ligada à comunicação, à discussão, à confrontação. O senso analógico, que resolve os problemas um a um, passo a passo, sucumbe ao esforço de manter juntas as analogias já efetuadas. O mitopoeta torna-se mitólogo, isto é, como já dizia Platão, filósofo; o falante torna-se gramático a rito já não serve para nada, senão para ser interpretado.

Mudam os interesses e os alvos que estão em jogo, ou, para dizer as coisas de um modo simples: acredita-se neles de forma diferente. Hesíodo acredita nos ritos que ele narra? Acredita neles como acreditavam os que efetivamente os praticavam? A pergunta talvez não seja tão vazia quanto parece. Há muito tempo se sabe que, quando os princípios deixam de agir praticamente na prática, passa-se do *ethos* à ética; as normas começam a ser consignadas quando estão a ponto de morrer a que implica, do ponto de vista da crença, da prática, da aplicação da crença, a passagem de esquemas aplicados no nível prático (sob a forma: subir é bom; descer é mau, significa ir em direção ao oeste, ao feminino, etc.) para um quadro de oposições, como os *sustoichiai* (onde já aparecem oposições relativamente abstratas, como limitado e ilimitado) dos pitagóricos? O que fazem os etnólogos (releiam Hertz a propósito da mão direita e da mão esquerda), senão quadros de oposições? a filólogo estuda obras de filólogos que, na origem, ignoraram-se enquanto filólogos e, portanto, ignoraram a alteração essencial a que submetiam o objeto e ao término da qual o mito deixa de ser uma solução prática de problemas práticos e torna-se uma solução intelectual de problemas intelectuais. A alteração que a objetivação da prática submete à prática (por exemplo, a operação que consiste em distribuir propriedades em quadros com duas colunas, esquerda/direita, feminino/masculino, úmido/seco, etc.) está destinada a passar despercebida, por ser constitutiva da própria operação que o etnólogo deve realizar para constituir a prática como objeto etnológico. A operação inaugural que constitui a prática - o rito, por exemplo - como espetáculo, como representação passível de ser objeto de uma narrativa, de uma descrição, de um comentário e, secundariamente, de uma interpretação, produz uma alteração essencial cuja teoria precisa ser feita, sob pena de registrar na teoria os efeitos do registro e da teoria.

É nesse caso que a palavra "crítica", que emprego com freqüência; ganha seu sentido mais clássico em filosofia: determinadas operações que a ciência social não pode deixar de realizar sob pena de não ter objeto - como o fato de fazer um esquema, de montar uma genealogia, de traçar um diagrama, de estabelecer um quadro estatístico, etc. - produzem artefatos, a menos que elas mesmas sejam tomadas como objeto. A filosofia e a lógica com certeza nasceram de uma reflexão sobre as dificuldades surgidas de todo começo de objetivação de um sentido prático que não toma como objeto a própria operação de objetivação. Compreendi isso porque a lógica do trabalho de · teorização de um conjunto de práticas e símbolos rituais conduziu-me a me ver colocado numa situação perfeitamente análoga, a meu ver, à dos grandes magos pré-socráticos. Na análise da lógica dos rituais, por exemplo, eu me defrontava com oposições com as quais não sabia muito o que fazer, não conseguia inseri-las na série das grandes oposições fundamentais (seco/úmido, temperado/insípido, masculino/feminino, etc.), sendo que todas elas estavam relacionadas à união e à separação, *philia* e *neikos,* como dizia Empédocles. É preciso unir o arado e a terra; é preciso separar a colheita e o campo. Eu tinha símbolos e operadores: separar e unir. Ora, esses dois operadores já haviam sido abstraídos por Empédocles, que os fazia funcionar como princípios lógicos. Isso significa que, quando trabalhamos com um objeto como a obra de Empédocles, devemos nos interrogar sobre o estatuto teórico da operação de que o texto é produto. Nossa leitura é a leitura de um letrado, de um leitor, que lê um leitor, um letrado. E, portanto, há uma grande probabilidade de que tomemos como evidente tudo o que esse letrado tomava como evidente, a menos que se faça uma crítica epistemológica e sociológica da leitura. Situar a leitura e o texto lido numa história da produção e da transmissão culturais significa ter uma possibilidade de controlar não só a relação do leitor com seu objeto, mas também a relação com o objeto que foi investido nesse objeto.

Para provar que essa dupla crítica é a condição para a interpretação adequada do texto, basta evocar alguns dos problemas que; sem os colocar para si mesma, são colocados pela "leitura" estrutural de textos que supõem eles próprios a "leitura". Para tanto, gostaria de voltar rapidamente à profecia de Tirésias e mostrar que, por mais que se recue numa tradição erudita, não há nada que possa ser tratado como puro documento pela etnologia; não há nada, mesmo em Homero, que seja rito em estado puro, isto é, em estado prático. Sabe-se que o *corpus* constituído pelo etnólogo simplesmente pelo fato de fazer um registro sistemático, registro que totaliza e sincroniza (graças, por exemplo, ao esquema sinótico), já é por si mesmo um artefato: nenhum indígena domina enquanto tal o sistema completo de relações que o intérprete tem de constituir para as necessidades do deciframento. Mas isso é ainda mais verdadeiro no caso do registro operado pela narrativa letrada, sem falar desses *corpus* sociologicamente monstruosos que são constituídos mediante fontes de épocas absolutamente distintas. Não é apenas a defasagem temporal que está em causa: de fato, pode-se lidar, na mesma obra, com estratos semânticos de idades e níveis diferentes, estratos que o texto sincroniza apesar de corresponderem a diferentes gerações e a diferentes usos do material original - o rito, neste caso. Assim, a profecia de Tirésias coloca em jogo um conjunto de significados primários, como a oposição entre o salgado e o insípido, o seco e o úmido, o estéril e o fértil, o remo e a pá de grãos (e depois a árvore), o marinheiro e o camponês, a perambulação (ou a mudança) e o enraizamento (ou o repouso). É possível reconhecer os traços de um rito de fertilidade que mobiliza símbolos agrários e sexuais - o remo enfiado na terra, rito de morte e ressurreição que evoca a descida aos Infernos e o culto dos ancestrais. Mas essa "leitura" etnológica deixaria escapar tudo o que a narrativa deve à reinterpretação a que seu autor submete os elementos primários. Não se compreendem os elementos mítico-rituais apenas em referência ao sistema que eles constituem, isto é, se quisermos, em relação à cultura grega no sentido etnológico; eles recebem um novo sentido a partir de sua inserção não apenas no sistema de relações constitutivo da obra, da narrativa, mas também na cultura erudita, produzida e reproduzida pelos profissionais. Por exemplo, neste caso em particular, o rito adquire valor estrutural no interior da obra pelo fato de ser a condição preliminar para a união de Ulisses e Penélope. Enquanto narrativa que Ulisses deve fazer a Penélope antes de se unir a ela, sugere a relação, introduzida

144 PIERRE BOURDIEU

por Homero, entre o mito escatológico e a perpetuação da linhagem ou da espécie: o retorno à terra, à casa, à agricultura é o fim do ciclo indefinido de reencarnações a que o marinheiro está condenado; é a afirmação aristocrática (reencontrada também em Píndaro) da possibilidade que alguns eleitos possuem de se subtraírem ao dividir é o acesso à permanência do rei agrário (pensamos no palácio de Menelau, evocado na *Odisséia),* que vive uma velhice feliz, cercado pelos seus, longe do mar; é o universo agrário como sede da felicidade, da fertilidade e da prosperidade, da perpetuação da raça, da festa, signo da eleição no além. Em suma, é toda a aventura marítima de Ulisses, como símbolo da existência humana em seu eterno começo e da possibilidade de sair de uma seqüência de reencarnações, que dá o segundo sentido, esotérico, de cada um dos temas primários - o mar, por exemplo, que deixa de ser o salgado, o seco, o estéril, para se tornar o símbolo do devir em sua repetição indefinida e da existência humana como eterno começo. Essa análise, que devo a diversas discussões com Jean Bollack - ficando claro que, como se diz em tais casos, sou responsável pelos eventuais erros -, é importante para compreender a diferença, ignorada pela leitura etnológica, entre uma cultura oral, não letrada, e uma cultura letrada, erudita, bem como a lógica da passagem de uma a outra. A partir do momento em que se está lidando com uma *obra,* isto é, com um sistema expressamente construído por um profissional - e não mais com um sistema objetivamente constituído pelo trabalho das sucessivas gerações, a exemplo da língua e do sistema míticoritual hopi ou cabila -, não se pode, sem operar uma injustificável redução, tratar como simples elementos de informação etnográfica os traços culturais que ela mobiliza. E isso não em nome do preconceito sacralizante que faz da leitura um ato ritual do humanismo acadêmico (sobre esse ponto é preciso reler o Durkheim de *L 'évolution pédagogique en France),* mas por razões estritamente científicas: cada um dos elementos "etnográficos" adquire sentido no contexto da obra em que está inserido e a partir do conjunto das obras presentes ou passadas a que a obra (e, portanto, o seu autor, também ele relacionado com outros autores) faz referência implícita ou explicitamente. A cultura letrada, erudita, define-se pela referência; ela consiste no permanente jogo de referências que dizem respeito mutuamente umas às outras; ela não é nada mais do que esse universo de referências que são indissoluvelmente diferenças e reverências, distanciamentos e atenções. Para quem se sente em casa nesse universo, como o letrado original ou o intérprete, Ulisses poderá evocar Dioniso, viajante dos mares - que navega no mar sombrio como o vinho -, mas também deus da fertilidade, e lembrar que Ulisses desce aos Infernos como Dioniso. A propósito da plantação do remo, não deixará de evocar a luta de Atena e Posêidon. Mas é provável - e aqui retoma o problema da modalidade própria da crença - que Homero não mantenha com os temas culturais a relação lúdica, helenística, que define o jogo cultural nas fases mais acadêmicas. De fato, não se pode compreender a significação secundária, escatológica, a menos que se desperte, como faz Homero, a significação primária, propriamente ritual, que se pode considerar evidente porque o autor e seu público estão nivelados com ela. O retomo à terra é imediatamente aceito, por uma dessas teses não téticas que são constitutivas da prática ritual, como o equivalente a um retomo ao mundo dos ancestrais, ao pilar central que simboliza a perpetuidade da linhagem, que mergulha na terra, no mundo dos ancestrais (estamos pensando na descida aos Infernos), etc. Seria possível fazer a mesma demonstração com Hesíodo e sua narrativa do mito de Prometeu, que encerra a evocação quase etnográfica de um rito de casamento e a reinterpretação filosófica desse rito. O jogo da reinterpretação não é inteiramente livre; ele supõe, da parte do narrador hermeneuta (Homero, Hesíodo ou o poeta cabila), uma familiaridade imediata com a estrutura de primeiro grau, uma espécie de intuição estrutural dessa estrutura, característica da relação viva com uma cultura viva.

Mas esse senso prático, esse domínio prático do sentido investido nas práticas rituais deteriora-se com o tempo ou, mais exatamente, definha entre os agentes que, embora participando · da mesma tradição cultural, situam-se, enquanto *lectores,* numa relação absolutamente diferente com essas práticas. E *sem terem conhecimento disso.* É por esse motivo que o anacronismo está inscrito na atitude tradicional com respeito à cultura; o letrado tradicional

146 PIERRE BOURDIEU

vive sua cultura como viva e se percebe como contemporâneo de todos os seus predecessores. A cultura e a língua mudam porque sobrevivem num mundo que muda: o sentido de um verso, de uma máxima ou de uma obra muda pelo simples fato de se achar mudado o universo das máximas, versos ou obras simultaneamente propostos àqueles que o apreendem, o que se pode chamar de espaço dos compossíveis. O anacronismo destemporaliza a obra, arranca-a do tempo (como também o fará a leitura universitária), ao mesmo tempo em que a temporaliza ao "atualizá-la" continuamente pela permanente reinterpretação, ao mesmo tempo fiel e infiel. Esse processo conclui-se quando a reinterpretação letrada do *lector* aplica-se às obras de uma tradição letrada e quando a lógica da reinterpretação é a mesma lógica da coisa interpretada.

O que coloca a questão das condições sociais e epistemológicas da passagem da reinterpretação analógica do mito, na qual se mitologiza sobre a mitologia, ao uso paradigmático do mito, como em Platão, ou da passagem do uso prático da analogia à interrogação sobre a analogia enquanto tal, como em Aristóteles.

Terceira Parte:

ABERTURAS

Espaço social e poder simbólico*

Eu gostaria, nos limites de uma *leitura,* de tentar apresentar os princípios teóricos que estão na base da pesquisa, cujos resultados são apresentados em *La distinction,* e extrair certas implicações teóricas com mais probabilidade de escapar ao leitor, sobretudo aqui, em virtude dos descompassos entre as tradições culturais. Se eu tivesse que caracterizar meu trabalho em duas palavras, ou seja, como se faz muito hoje em dia, se tivesse que lhe aplicar um rótulo, eu falaria de *constructivist structuralism* ou de *structuralist constructivism,* tomando a palavra "estruturalismo" num sentido daquele que lhe é dado pela tradição saussuriana e lévi-straussiana. Por estruturalismo ou estruturalista, quero dizer que existem, no próprio mundo social e não apenas nos sistemas simbólicos - linguagem, mito, etc. -, estruturas objetivas, independentes da consciência e da vontade dos agentes, as quais são capazes de orientar ou coagir suas práticas e representações. Por construtivismo, quero dizer que há, de um lado, uma gênese social dos esquemas de percepção, pensamento e ação que são constitutivos do que chamo de *habitus* e, de outro, das estruturas sociais, em particular do que chamo de campos e grupos, e particularmente do que se costuma chamar de classes sociais.

---

* Texto francês da conferência pronunciada na Universidade de San Diego, em março de 1986.

150　　　PIERRE BOURDIEU

Penso que esse esclarecimento se impõe particularmente aqui: de fato, o acaso das traduções faz com que se conheça *A reprodução,* por exemplo, o que levará, como alguns comentadores não hesitaram em fazer, a me classificar entre os estruturalistas, ao passo que não se conhecem trabalhos bem anteriores (tão antigos que são até mesmo anteriores ao surgimento dos trabalhos tipicamente "construtivistas" sobre os mesmos temas) que com certeza me valeriam ser percebido como "construtivista": assim, num livro intitulado *Rapport pédagogique et communication,* mostramos como se constrói uma relação social de compreensão no e pelo mal-entendido, ou apesar do mal-entendido; como professores e alunos põem-se de acordo, mediante uma espécie de transação tácita e tacitamente orientada pela preocupação de minimizar os custos e os riscos, para aceitar uma definição mínima da situação de comunicação. Do mesmo modo, num outro estudo, intitulado "Les catégories de l'entendement professoral", tentamos analisar a gênese e o funcionamento das categorias de percepção e apreciação através das quais os professores constroem a imagem de seus alunos, de suas *performances,* de seu valor, e produzem, mediante práticas de cooptação orientadas por essas mesmas categorias, o próprio grupo de seus colegas e o corpo de professores. Depois desse parêntese, volto à minha questão inicial.

Em termos muito gerais, a ciência social, tanto a antropologia como a sociologia e a história, oscila entre dois pontos de vista aparentemente incompatíveis, entre duas perspectivas aparentemente inconciliáveis: o objetivismo e o subjetivismo, ou, se preferirem, o fisicalismo e o psicologismo (que pode tomar diversas colorações - fenomenológica, semiológica, etc.). De um lado, ela pode "tratar os fatos sociais como coisas", segundo a velha máxima durkheimiana, e assim deixar de lado tudo o que eles devem ao fato de serem objetos de conhecimento - ou de desconhecimento - na existência social. De outro lado, ela pode reduzir o mundo social às representações que dele se fazem os agentes, e então a tarefa da ciência social consistiria em produzir uma "explicação das explicações" *(account of the accounts)* produzidas pelos sujeitos sociais.

ESPAÇO SOCIAL E PODER SIMBÓLICO 151

Raramente essas duas posições se exprimem e sobretudo se concretizam na prática científica de maneira tão radical e tão contrastada. Sabe-se que Durkheim, juntamente com Marx, é com certeza quem expressou de maneira mais conseqüente a posição objetivista. "Acreditamos fecunda", dizia ele, "esta idéia de que a vida social deva ser explicada não pela concepção dos que dela participam, mas pelas causas profundas que escapam à consciência." Mas ele não ignorava, como bom kantiano, que só é possível apreender essa realidade empregando instrumentos lógicos. Dito isto, o fisicalismo objetivista costuma associar-se à inclinação positivista para conceber as classificações como recortes "operatórios" ou como um registro mecânico de cortes ou descontinuidades "objetivas" (por exemplo, nas distribuições). É certamente em Schütz e nos etnometodólogos que poderiam ser encontradas as expressões mais puras da visão subjetivista. Assim, Schütz vai exatamente na direção oposta a Durkheim: "O campo observacional do *social scientist*, a realidade social, possui um sentido e uma estrutura de pertinência específicos para os seres humanos que nela vivem, agem e pensam. Mediante uma série de construções de senso comum, eles pré-selecionaram e pré-interpretaram esse mundo que apreendem como a realidade de sua vida cotidiana. São esses objetos de pensamento que determinam seu comportamento, motivando-o. Os objetos de pensamento construídos pelo *social scientist* a fim de apreender essa realidade social devem se basear nos objetos de pensamento construídos pelo pensamento de senso comum dos homens que vivem sua vida cotidiana em seu mundo social. Assim, as construções das ciências sociais são, por assim dizer, construções de segundo grau, isto é, construções das construções feitas pelos atores da cena social". A oposição é total: no primeiro caso, o conhecimento científico só é obtido mediante uma ruptura com as representações primeiras - chamadas "prenoções" em Durkheim e "ideologia" em Marx - que conduz às causas inconscientes. No outro caso, ele está em continuidade com o conhecimento de senso comum, já que não passa de uma "construção das construções".

---

* A Schütz, *Collected papers,* I, The *problem of social reality,* La Haye, Martinus Nijhoff, s.d., p. 59.

152   PIERRE BOURDIEU

Se abordei de maneira um pouco pesada essa oposição um dos mais funestos pares de conceitos *(paired concepts)* que, como Richard Bendix e Bennett Berger mostraram, abundam nas ciências sociais -, é porque a intenção mais constante e, a meu ver, mais importante de meu trabalho foi superá-la. Embora com o risco de parecer muito obscuro, poderia resumir em uma frase toda a análise que estou propondo hoje: de um lado, as estruturas objetivas que o sociólogo constrói no momento objetivista, descartando as representações subjetivistas dos agentes, são o fundamento das representações subjetivas e constituem as coações estruturais que pesam nas interações mas, de outro lado, essas representações também devem ser retidas, sobretudo se quisermos explicar as lutas cotidianas, individuais ou coletivas, que visam transformar ou conservar essas estruturas. Isso significa que os dois momentos, o objetivista e o subjetivista, estão numa relação dialética e que, por exemplo, mesmo se o momento subjetivista parece muito próximo quando o tomamos isoladamente nas análises interacionistas ou etnometodológicas, ele está separado do momento objetivista por uma diferença radical: os pontos de vista são apreendidos enquanto tal e relacionados a posições dos respectivos agentes na estrutura.

Para realmente superar a oposição artificial que se estabelece entre as estruturas e as representações, também é preciso romper com o modo de pensamento que Cassirer denomina substancialista e que leva a não reconhecer nenhuma outra realidade além das que se oferecem à intuição direta na experiência cotidiana os indivíduos e os grupos. A contribuição maior daquilo que realmente se deve chamar de revolução estruturalista consistiu em aplicar ao mundo social um modo de pensamento relacional, que é o modo de pensamento da matemática e da física modernas e que identifica o real não a substâncias, mas a relações. A "realidade social" de que falava Durkheim é um conjunto de relações invisíveis, aquelas mesmas relações que constituem um espaço de posições exteriores umas às outras, definidas umas em relação às outras, não só pela proximidade, pela vizinhança ou pela distância, mas também pela posição relativa - acima ou abaixo ou ainda entre, no meio. A sociologia, em seu momento objetivista, é uma topologia social,

ESPAÇO SOCIAL E PODER SIMBÓLICO 153

uma *analysis situs,* como era chamado esse novo ramo da matemática na época de Leibniz, uma análise das posições relativas e das relações objetivas entre essas posições.

Esse modo de pensamento relacional está no ponto de partida da construção apresentada em *La distinction.* Mas há uma grande probabilidade de que o espaço, isto é, as relações, escape ao leitor, apesar do recurso a diagramas (e à análise fatorial): de um lado, porque o modo de pensamento substancialista é mais fácil, mais "natural"; e, depois, porque, como muitas vezes acontece, os meios que se é obrigado a empregar para construir o espaço social e para tomá-lo manifesto podem esconder os resultados que eles permitem alcançar. Os grupos que se devem construir para objetivar as posições que eles ocupam escondem essas posições, e então, por exemplo, o capítulo do *La distinction* consagrado às frações da classe dominante é lido como uma descrição dos diferentes estilos de vida dessas frações, em vez de se verem ali posições no espaço das posições de poder - que chamo de campo do poder. (Parênteses: as mudanças de vocabulário, como se vê, são ao mesmo tempo a condição e o produto da ruptura com a representação corrente, associada à idéia de *ruling class.)*

É possível, a esta altura da exposição, comparar o espaço social a um espaço geográfico no interior do qual se recortam regiões. Mas esse espaço é construído de tal maneira que, quanto mais próximos estiverem os grupos ou instituições ali situados, mais propriedades eles terão em comum; quanto mais afastados, menos propriedades em comum eles terão. As distâncias espaciais - no papel - coincidem com as distâncias sociais. Isso não acontece no espaço real. Embora se observe praticamente em todos os lugares uma tendência para a segregação no espaço, as pessoas próximas no espaço social tendem a se encontrar próximas - por opção ou por força - no espaço geográfico, as pessoas muito afastadas no espaço social podem se encontrar, entrar em interação, ao menos por um breve tempo e por intermitência, no espaço físico. As interações, que proporcionam uma satisfação imediata' às disposições empiristas- podemos observá-las, filmá-las, registrá-las em suma, tocá-las com a mão -, escondem as estruturas que se concretizam nelas. Esse é um daqueles casos em que o visível, o

154 PIERRE BOURDIEU

que é dado imediatamente, esconde o invisível que o determina. Assim, esquece-se de que a verdade da interação nunca está ·inteira na interação tal como esta se oferece à observação. Bastará um exemplo para mostrar a diferença entre a estrutura e a interação, e, simultaneamente, entre a visão estruturalista, que defendo como um momento necessário da pesquisa, e todas as formas da visão dita interacionista (em particular, a etnometodologia). Estou pensando no que chamo de estratégias de condescendência, através das quais agentes que ocupam uma posição superior em uma das hierarquias do espaço objetivo negam simbolicamente a distância social, que nem por isso deixa de existir, garantindo assim as vantagens do reconhecimento concedido a uma denegação puramente simbólica da distância ("ele é uma pessoa simples", "ele não é orgulhoso") que implica o reconhecimento da distância (as frases que citei implicam sempre um subentendido: "ele é uma pessoa simples, para um duque", "ele não é orgulhoso, para um professor de faculdade"). Em suma, podem-se usar as distâncias objetivas de maneira a obter as vantagens da proximidade e as vantagens da distância, isto é, à distância e o reconhecimento da distância assegurados pela denegação simbólica da distância.

Como é possível apreender concretamente essas relações objetivas, irredutíveis às interações em que se manifestam? Essas relações objetivas são as relações entre as posições ocupadas nas distribuições dos recursos que são ou podem se tornar operantes, eficientes, a exemplo dos trunfos em um jogo, na concorrência pela apropriação dos bens raros que têm lugar nesse universo social. Esses poderes sociais fundamentais são, de acordo com minhas pesquisas empíricas, o capital econômico, em suas diferentes formas, e o capital cultural, além do capital simbólico, forma de que se revestem as diferentes espécies de capital quando percebidas e reconhecidas como legítimas. Assim, os agentes estão distribuídos no espaço social global, na primeira dimensão de acordo com o volume global de capital que eles possuem sob diferentes espécies, e, na segunda dimensão, de ·acordo com a estrutura de seu capital, isto é, de acordo com o peso relativo das diferentes espécies de capital, econômico e cultural, no volume total de seu capital.

ESPAÇO SOCIAL E PODER SIMBÓLICO 155

O mal-entendido na leitura das análises que proponho, especialmente no *IA distinction,* resulta, portanto, do fato que as classes no papel correm o risco de serem apreendidas como grupos reais. Essa leitura realista é objetivamente estimulada pelo fato de que o espaço social está construído de tal modo que os agentes que ocupam posições semelhantes ou vizinhas estão colocados em condições semelhantes e submetidos a condicionamentos semelhantes, e têm toda a possibilidade de possuírem disposições e interesses semelhantes, logo, de produzirem práticas também semelhantes. As disposições adquiridas na posição ocupada implicam um ajustamento a essa posição, o que Goffman chamava de *sense* of *one's place*. É este *sense* of *one's place* que, nas interações, leva as pessoas que em francês são chamadas de "pessoas modestas" a se manterem "modestamente" em seu lugar, e os outros a "guardarem as distâncias" ou a "manterem sua posição", a "não terem intimidades". De passagem, é preciso dizer que essas estratégias podem ser perfeitamente inconscientes e adquirir a forma daquilo que é chamado de timidez ou arrogância. De fato, as distâncias sociais estão inscritas nos corpos, ou, mais exatamente, na relação com o corpo, com a linguagem e com o tempo (outros aspectos estruturais da prática que a visão subjetivista ignora).

Se acrescentarmos que esse *sense* of *one's place,* bem como as afinidades de *habitus* vividas como simpatia ou antipatia, estão na origem de todas as formas de cooptação - amizades, amores, casamentos, associações, etc. -, logo, de todas as ligações duráveis e às vezes juridicamente sancionadas, perceberemos que tudo nos leva a pensar que as classes no papel são grupos reais, e tanto mais reais quanto mais bem construído for o espaço e menores as unidades recortadas nesse espaço. Se você quiser fundar um movimento político ou mesmo uma associação, terá mais possibilidades de agrupar pessoas que estão no mesmo setor do espaço (por exemplo, no nordeste do diagrama, do lado dos intelectuais) do que se quiser reunir pessoas situadas em regiões localizadas nos quatro cantos do diagrama.

Porém, assim como o subjetivismo predispõe a reduzir as estruturas às interações, o objetivismo tende a deduzir as ações e interações da estrutura. Assim, o erro maior, o erro teoricista encontrado em Marx, consistiria em tratar as classes no papel como classes reais, em concluir, da homogeneidade objetiva das condições, dos condicionamentos e portanto das disposições, que decorre da identidade de posição no espaço social, a existência enquanto grupo unificado, enquanto classe. A noção de espaço social permite escapar à alternativa do nominalismo e do realismo em matéria de classes sociais: o trabalho político destinado a produzir classes sociais enquanto *corporate bodies,* grupos permanentes, dotados de órgãos permanentes de representação, de siglas, etc., tem muito mais possibilidade de ser bem-sucedido na medida em que os agentes que se pretendem reunir, unificar, constituir como grupo, estiverem mais próximos no espaço social (logo, pertencentes à mesma classe no papel). As classes no sentido de Marx estão por fazer-se mediante um trabalho político que possui tanto mais possibilidades de ser bem-sucedido quanto mais se munir de uma teoria bem fundada na realidade, logo, mais capaz de exercer um efeito de teoria - *theorien,* em grego, quer dizer "ver" -, isto é, de impor uma visão das divisões.

Com o efeito de teoria, saímos do puro fisicalismo, mas sem abandonar as aquisições da fase objetivista: os grupos as classes sociais, por exemplo - estão *por fazer.* Não estão dados na "realidade social". Deve-se tomar ao pé da letra o título do famoso livro de E. P. Thompson, *A formação da classe operária inglesa:* a classe operária tal como hoje ela pode aparecer para nós, através da palavra para designá-la "classe operária", "proletariado", "trabalhadores", "movimento operário", etc. -, através das organizações que supostamente a exprimem - as siglas, os escritórios, os secretariados, as bandeiras, etc. -, é um artefato histórico bem-fundado (no sentido em que Durkheim dizia que a religião é uma ilusão bem-fundada). Mas isso não quer dizer que seja possível construir qualquer coisa, de qualquer modo, nem na teoria nem na prática.

Passamos então da física social para a fenomenologia social. A "realidade social" de que falam os objetivistas também é um objeto de percepção. E a ciência social deve tomar como objeto não apenas essa realidade, mas também a percepção dessa realidade, as perspectivas, os pontos de vista que, em função da posição que ocupam no espaço social objetivo, os agentes têm sobre

ESPAÇO SOCIAL E PODER SIMBÓLICO   157

essa realidade. Tanto as visões espontâneas do mundo social, as *folk theories* de que falam os etnometodólogos, ou o que chamo de sociologia espontânea, bem como as teorias eruditas e a sociologia, fazem parte da realidade social e, como a teoria marxista, por exemplo, podem adquirir um poder de construção absolutamente real.

A ruptura objetivista com as prenoções, com as ideologias, com a sociologia espontânea, com as *folk theories,* é um momento inevitável, necessário, do trabalho científico - não se pode dispensá-lo, como fazem o interacionismo, a etnometodologia e todas as formas de psicologia social, que se apegam a uma visão fenomenal do mundo social, sem se expor a graves erros. Mas é preciso operar uma segunda ruptura, mais difícil, com o objetivismo, reintroduzindo, num segundo momento, o que se precisou descartar para construir a realidade objetiva.

A sociologia deve incluir uma sociologia da percepção do mundo social, isto é, uma sociologia da construção das visões de mundo, que também contribuem para a construção desse mundo. Porém, dado que nós construímos o espaço social, sabemos que *esses* pontos de vista são, como a própria palavra diz, visões tomadas a partir de um ponto, isto é, a partir de uma determinada posição no espaço social. E sabemos também que haverá pontos de vista diferentes, e mesmo antagônicos, já que os pontos de vista dependem do ponto a partir do qual são tomados, já que a visão que cada agente tem do espaço depende de sua posição nesse espaço.

Ao fazer isso, repudiamos o sujeito universal, o ego transcendental da fenomenologia que os etnometodólogos retomam por conta própria. Os agentes certamente têm uma apreensão ativa do mundo. Certamente constroem sua visão de mundo: Mas essa construção é operada sob coações estruturais. E pode-se inclusive explicar em termos sociológicos aquilo que aparece como uma propriedade universal da experiência humana, a saber, o fato de que o mundo familiar tende a ser *taken for granted,* percebido como evidente. Se o mundo *so*cial tende a ser percebido como evidente e a ser apreendido, para empregar os termos de Husserl, segundo uma modalidade dóxica, é porque as disposições dos agentes, o seu *habitus,* isto é, as estruturas mentais através das quais eles apreendem o mundo social, são em essência produto da interiorização das estruturas do mundo social. Como as disposições perceptivas tendem a ajustar-se à posição, os agentes, mesmo os mais desprivilegiados, tendem a perceber o mundo como evidente e a aceitá-lo de modo muito mais amplo do que se poderia imaginar, especialmente quando se olha a situação dos dominados com o olho social de um dominante.

Assim, a busca de formas invariantes de percepção ou de construção da realidade social mascara diversas coisas: primeiro, que essa construção não é operada num vazio social, mas está submetida a coações estruturais; segundo, que as estruturas estruturantes, as estruturas cognitivas, também são socialmente estruturadas, porque têm uma gênese social; terceiro, que a construção da realidade social não é somente um empreendimento individual, podendo também tomar-se um empreendimento coletivo. Mas a chamada visão microssociológica esquece muitas outras coisas: como acontece quando se quer olhar de muito perto, a árvore esconde a floresta; e sobretudo, por não se ter construído o espaço, não se tem nenhuma chance de ver de onde se está vendo o que se vê.

Assim, as representações dos agentes variam segundo sua posição (e os interesses que estão associados a ela) e segundo seu *habitus* como sistema de esquemas de percepção e apreciação, como estruturas cognitivas e avaliatórias que eles adquirem através da experiência durável de uma posição do mundo social. O *habitus* é ao mesmo tempo um sistema de esquemas de produção de práticas e um sistema de esquemas de percepção e apreciação das práticas. E, nos dois casos, suas operações exprimem a posição social em que foi construído. Em conseqüência, o *habitus* produz práticas e representações que estão disponíveis para a classificação, que são objetivamente diferenciadas; mas elas só são imediatamente percebidas enquanto tal por agentes que possuam o código, os esquemas classificatórios necessários para compreender-lhes o sentido social. Assim, o *habitus* implica não apenas um *sense of one's place,* mas também um *sense of other's place.* Por exemplo, a propósito de uma roupa, de um móvel ou de um livro, nós dizemos:

"Isso é coisa de pequeno burguês", ou: "Isso é coisa de intelectual". Quais são as condições sociais de possibilidade de um tal juízo? Em primeiro lugar, isso supõe que o gosto (ou o *habitus)* enquanto sistema de esquemas de classificação está objetivamente referido, através dos condicionamentos sociais que o produziram, a uma condição social: os agentes se auto-classificam, eles mesmos se expõem à classificação ao escolherem, em conformidade com seus gostos, diferentes atributos, roupas, alimentos, bebidas, esportes, amigos, que combinam entre si e combinam com eles, ou, mais exatamente, que convêm à sua posição. Mais exatamente: ao escolherem, no espaço dos bens e serviços disponíveis, bens que ocupam nesse espaço uma posição homóloga à posição que eles ocupam no espaço social. Isso faz com que nada classifique mais uma pessoa do que suas classificações.

Em segundo lugar, um juízo classificatório como "isso é coisa de pequeno burguês" supõe que, enquanto agentes socializados, somos capazes de perceber a relação entre as práticas ou representações e as posições no espaço social (como quando adivinhamos a posição social de uma pessoa pela sua maneira de falar). Assim, através do *habitus,* temos um mundo de senso comum, um mundo social que parece evidente.

Até aqui, coloquei-me do lado dos sujeitos perceptivos e abordei o principal fator das variações das percepções, ou seja, a posição no espaço social. Mas o que acontece com as variações cujo princípio se situa do lado do objeto, do lado desse mesmo espaço? É verdade que a correspondência que se estabelece, pela intermediação dos *habitus,* das disposições, dos gostos, entre as posições e as práticas, as preferências manifestadas, as opiniões expressas, etc., faz com que o mundo social não se apresente como um puro caos, totalmente desprovido de necessidade e passível de ser construído não importa como. Mas esse mundo também não se apresenta como totalmente estruturado e capaz de impor a todo sujeito perceptivo os princípios de sua própria construção. O mundo social pode ser dito e construído de diferentes maneiras, de acordo com diferentes princípios · de visão e divisão - por exemplo, as divisões econômicas e as divisões étnicas. Se é verdade que, nas sociedades mais avançadas do ponto de vista econômico, o poder de diferenciação dos fatores econômicos e culturais é maior, ainda permanece o fato de que a força das diferenças econômicas e sociais nunca é tamanha a ponto de impedir que se possa organizar os agentes segundo outros princípios de divisão - étnicos, religiosos ou nacionais, por exemplo.

Apesar dessa pluralidade potencial de estruturações possíveis - o que Weber chamava de *Vielseitigkeit* do dado -, permanece o fato de que o mundo social apresenta-se como uma realidade solidamente estruturada. E isso pelo efeito de um mecanismo simples que quero assinalar rapidamente. O espaço social tal como o descrevi acima apresenta-se sob a forma de agentes dotados de propriedades diferentes e sistematicamente ligadas entre si: quem bebe champanha opõe-se a quem bebe uísque, mas estes também se opõem, diferentemente, a quem bebe vinho tinto; mas quem bebe champanha tem muito mais chances do que quem bebe uísque, e infinitamente mais do que quem bebe vinho tinto, de ter móveis antigos, praticar golfe, equitação, freqüentar o teatro de bulevar, etc. Tais propriedades, ao serem percebidas por agentes dotados das categorias de percepção pertinentes - capazes de perceber que jogar golfe "é coisa" de grande burguês tradicional -, funcionam na própria realidade da vida social como signos: as diferenças funcionam como signos distintivos - e como signos de distinção, positiva ou negativa -, e isso inclusive à margem de qualquer intenção de distinção, de qualquer busca de *conspicuous consumption* (isso para dizer de passagem que minhas análises nada têm a ver com Veblen: na medida em que a distinção, do ponto de vista dos critérios indígenas, exclui a busca de distinção). Em outros termos, através da distribuição das propriedades, o mundo social apresenta-se, objetivamente, como um sistema simbólico que é organizado segundo a lógica da diferença, do desvio diferencial. O espaço social tende a funcionar como um espaço simbólico, um espaço de estilos de vida e de grupos de estatuto, caracterizados por diferentes estilos de vida.

Assim, a percepção do mundo social é produto de uma dupla estruturação: do lado objetivo, ela é socialmente estruturada porque as propriedades atribuídas aos agentes e instituições apresentam-se em combinações com probabilidades muito desiguais:

ESPAÇO SOCIAL E PODER SIMBÓLICO   161

assim como os animais com penas têm mais possibilidade de ter asas do que os animais com pêlo, assim também os possuidores de um domínio refinado da língua têm mais possibilidade de serem vistos nos museus do que aqueles que são desprovidos desse domínio. Do lado subjetivo, ela é estruturada porque os esquemas de percepção e apreciação, em especial os que estão inscritos na linguagem, exprimem o estado das relações de poder simbólico: penso, por exemplo, nos pares de adjetivos: pesado/leve, brilhante/apagado, etc., que estruturam o juízo de gosto nos mais diferentes domínios. Esses dois mecanismos concorrem para produzir um mundo comum, um mundo de senso comum, ou, pelo menos, um consenso mínimo sobre o mundo social.

Mas os objetos do mundo social, como assinalei, podem ser percebidos e expressos de diversas maneiras, porque sempre comportam uma parcela de indeterminação e fluidez, e, ao mesmo tempo, um certo grau de elasticidade semântica: de fato, mesmo as mais constantes combinações de propriedades estão sempre fundadas em conexões estatísticas entre traços intercambiáveis; e, além disso, estão sujeitas a variações no tempo, de modo que seu sentido, na medida em que depende do futuro, está ele próprio em expectativa e é relativamente indeterminado. Esse elemento objetivo de incerteza - que é muitas vezes reforçado pelo efeito da categorização, podendo a mesma palavra englobar práticas diferentes - fornece uma base para a pluralidade de visões de mundo, também ela ligada ã pluralidade de pontos de vista. E, ao mesmo tempo, uma base para as lutas simbólicas pelo poder de produzir e impor a visão de mundo legítima. (É nas posições intermediárias do espaço social, especialmente nos Estados Unidos, que a indeterminação e a incerteza objetiva das relações entre as práticas e as posições chegam ao máximo; e também, por conseguinte, a intensidade das estratégias simbólicas. Compreende-se que seja este o universo que fornece o terreno privilegiado para os interacionistas, e em particular Goffman.)

As lutas simbólicas a propósito da percepção do mundo social podem adquirir duas formas diferentes. Do lado objetivo, pode-se agir através de ações de representação, individuais ou coletivas, destinadas a mostrar e a fazer valerem determinadas realidades: penso, por exemplo, nas manifestações que têm como objetivo tornar manifesto um grupo, seu número, sua força, sua coesão, fazê-lo existir visivelmente; e, ao nível individual, em todas as estratégias de apresentação de si, tão bem analisadas por Goffman, e destinadas a manipular a imagem de si e sobretudo - isso Goffman esqueceu - de sua posição no espaço social. Do lado subjetivo, pode-se agir tentando mudar as categorias de percepção e apreciação do mundo social, as estruturas cognitivas e avaliatórias: as categorias de percepção, os sistemas de classificação, isto é, em essência, as palavras, os nomes que constroem a realidade social tanto quanto a exprimem, constituem o alvo por excelência da luta política, luta pela imposição do principio de visão e divisão legítimo, ou seja, pelo exercício legítimo do efeito de teoria. Mostrei, no caso de Cabília, que os grupos, famílias, clãs ou tribos, e os nomes que os designam, são os instrumentos e os alvos de incontáveis estratégias e que os agentes estão continuamente ocupados em negociar a propósito de sua identidade: por exemplo, eles podem manipular a genealogia, como nós manipulamos, e com os mesmos fins, os textos dos *founding fathers* da disciplina. Do mesmo modo, ao nível da luta de classes cotidiana que os agentes sociais travam de maneira isolada e dispersa, estão os insultos, enquanto tentativas mágicas de categorização *(kathegoresthai,* de onde vêm as nossas "categorias", significa, em grego, "acusar publicamente"), os mexericos, os boatos, as calúnias, as insinuações, etc. Ao nível coletivo, mais propriamente político, há todas as estratégias que visam impor urna nova construção da realidade social rejeitando o velho léxico político, ou que visam conservar a visão ortodoxa conservando as palavras, que muitas vezes são eufemismos (lembrei agora mesmo a expressão "classes modestas"), destinadas a designar o mundo social. As mais típicas dessas estratégias de construção são as que visam reconstruir retrospectivamente um passado ajustado às necessidades do presente - como quando o general Flemming diz ao desembarcar em 1917: "La Fayette, aqui estamos!" - ou construir o futuro, por meio de uma predição criadora, destinada a delimitar o sentido, sempre aberto, do presente.

ESPAÇO SOCIAL E PODER SIMBÓLICO 163

Essas lutas simbólicas, tanto as lutas individuais da existência cotidiana como as lutas coletivas e organizadas da vida política, têm uma lógica específica, que lhes confere uma autonomia real em relação às estruturas em que estão enraizadas. Pelo fato de que o capital simbólico não é outra coisa senão o capital econômico ou cultural quando conhecido e reconhecido, quando conhecido segundo as categorias de percepção que ele impõe, as relações de força tendem a reproduzir e reforçar as relações de força que constituem a estrutura do espaço social. Em termos mais concretos, a legitimação da ordem social não é produto, como alguns acreditam, de uma ação deliberadamente orientada de propaganda ou de imposição simbólica; ela resulta do fato de que os agentes aplicam às estruturas objetivas do mundo social estruturas de percepção e apreciação que são provenientes dessas estruturas objetivas e tendem por isso a perceber o mundo como evidente.

As relações objetivas de poder tendem a se reproduzir nas relações de poder simbólico. Na luta simbólica pela produção do senso comum ou, mais exatamente, pelo monopólio da nominação legítima, os agentes investem o capital simbólico que adquiriram nas lutas anteriores e que pode ser juridicamente garantido. Assim, os títulos de nobreza, bem como os títulos escolares, representam autênticos títulos de propriedade simbólica que dão direito às vantagens de reconhecimento. Ainda aqui, é preciso se afastar do subjetivismo marginalista: a ordem simbólica não se constitui, à maneira de um preço de mercado, pelo simples somatório mecânico das ordens individuais. De um lado, na determinação da classificação objetiva e da hierarquia dos valores atribuídos aos indivíduos e aos grupos, nem todos os juízos têm o mesmo valor, e os detentores de um sólido capital simbólico, os *nobiles,* isto é, etimologicamente, aqueles que são conhecidos e reconhecidos, têm condição de impor a escala de valores mais favorável a seus produtos - especialmente porque, nas nossas sociedades, eles detêm um quase monopólio de fato das instituições que, a exemplo do sistema escola!"estabelecem e garantem oficialmente os postos. De outro lado, o capital simbólico pode ser oficialmente sancionado e garantido, além de instituído juridicamente pelo efeito de nominação oficial. A nominação oficial, isto

164 PIERRE BOURDIEU

é, o ato pelo qual se outorga a alguém um título, uma qualificação socialmente reconhecida, é uma das manifestações mais típicas do monopólio da violência simbólica legítima, monopólio que pertence ao Estado ou a seus mandatários. Um título como o título escolar é capital simbólico universalmente reconhecido e garantido, válido em todos os mercados. Enquanto definição oficial de uma identidade oficial, ele liberta seu detentor da luta simbólica de todos contra todos, impondo a perspectiva universalmente aprovada.

O Estado, que produz a classificação oficial, é em certo sentido o supremo tribunal a que Kafka se refere em O *processo* quando Block diz ao advogado que se pretende um dos "grandes" advogados: "Naturalmente, qualquer um pode se dizer 'grande', se quiser, mas, nesses casos, são as práticas do tribunal que decidem". A ciência não tem de escolher entre o relativismo e o absolutismo: a verdade do mundo social está em jogo nas lutas entre agentes que estão equipados de modo desigual para alcançar uma visão absoluta, isto é, autoverificante. A legalização do capital simbólico confere a uma perspectiva um valor absoluto, universal, livrando-a assim da relatividade que é inerente, por definição, a qualquer ponto de vista, como visão tomada a partir de um ponto particular do espaço social.

Há um ponto de vista oficial, que é o ponto de vista das autoridades e que se exprime no discurso oficial. Esse discurso, como Aaron Cicourel mostrou, preenche três funções: em primeiro lugar, ele opera um diagnóstico, isto é, um ato de conhecimento que obtém o reconhecimento e que, com muita freqüência, tende a afirmar o que uma pessoa ou uma coisa é, e o que ela é universalmente, para qualquer homem possível, logo, objetivamente. Trata-se, como Kafka percebeu bem, de um discurso quase divino, que consigna a cada um uma identidade. Em segundo, o discurso administrativo, através das diretivas, ordens, prescrições, etc., diz o que as pessoas têm de fazer, considerando o que elas são. Em terceiro, ele diz o que as pessoas realmente fizeram, como nos relatórios oficiais, a exemplo dos relatórios de polícia. Em cada caso, ele impõe um ponto de vista, o da instituição, especialmente através de questionários, formulários, etc. Esse ponto de

ESPAÇO SOCIAL E PODER SIMBÓLICO   165

vista está instituído enquanto ponto de vista legítimo, isto é, enquanto ponto de vista que todo mundo deve reconhecer, pelo menos dentro dos limites de uma determinada sociedade. O mandatário do Estado é o depositário do senso comum: as nominações oficiais e os certificados escolares tendem a ter um valor universal em todos os mercados. O efeito mais típico da "razão de Estado" é o efeito de codificação que atua o em operações tão simples como a outorga de um certificado: um *expert*, doutor, jurista, etc., é alguém que recebeu um mandato para produzir um ponto de vista que é reconhecido como transcendente em relação aos pontos de vista singulares, sob a forma de certificados de doença, de inabilitação ou de · habilitação, um ponto de vista que confere direitos universalmente reconhecidos ao detentor do certificado. O Estado aparece assim como o banco central que garante todos os certificados. Pode-se dizer do Estado, nos termos que Leibniz empregava a propósito de Deus, que ele é o "geometral de todas as perspectivas". É por essa razão que se pode generalizar a famosa fórmula de Weber e ver no Estado o detentor do monopólio da violência simbólica legítima. Ou, mais precisamente, um árbitro, porém muito poderoso, nas lutas por esse monopólio.

Porém, na luta pela produção e imposição da visão legítima do mundo social, os detentores de uma autoridade burocrática nunca obtêm um monopólio absoluto, mesmo quando aliam a autoridade da ciência, como os economistas estatais, á autoridade burocrática. De fato, sempre existem, numa sociedade, conflitos entre poderes simbólicos que visam impor a visão das divisões legítimas, isto é, construir grupos. O poder simbólico, nesse sentido, é um poder de *worldmaking*. *Worldmaking*, a construção do mundo, consiste, segundo Nelson Goodman, "em separar e unir, freqüentemente na mesma operação", em realizar uma decomposição, uma análise, e uma composição, uma síntese, freqüentemente graças aos rótulos. As classificações sociais, como acontece nas sociedades arcaicas, que operam sobretudo através de oposições dualistas - masculino/feminino, alto/baixo, forte/fraco, etc. -, organizam a percepção do mundo social e, em determinadas condições, podem realmente organizar o próprio mundo.

166   PIERRE BOURDIEU

Pode-se assim examinar agora em que condições um poder simbólico pode se tornar um poder de constituição, tomando a palavra, juntamente com Dewey, tanto no sentido filosófico como no sentido político: isto é, um poder de conservar ou transformar os princípios objetivos de união e separação, de casamento e divórcio, de associação e dissociação que atuam no mundo social, um poder de conservar ou transformar as classificações atuais em matéria de sexo, nação, região, idade e estatuto social, e isso através das palavras que são utilizadas para designar ou descrever os indivíduos, os grupos ou as instituições.

Para mudar o mundo, é preciso mudar as maneiras de fazer o mundo, isto é, a visão de mundo e as operações práticas pelas quais os grupos são produzidos e reproduzidos. O poder simbólico, cuja forma por excelência é o poder de fazer grupos (grupos já estabelecidos que é preciso consagrar, ou grupos a serem estabelecidos, como proletariado marxista), está baseado em duas condições. Primeiramente, como toda forma de discurso performativo, o poder simbólico deve estar fundado na posse de um capital simbólico. O poder de impor às outras mentes uma visão, antiga ou nova, das divisões sociais depende da autoridade social adquirida nas lutas anteriores. O capital simbólico é um crédito, é o poder atribuído àqueles que obtiveram reconhecimento suficiente para ter condição de impor o reconhecimento: assim, o poder de constituição, poder de fazer um novo grupo, através da mobilização, ou de fazer existir por procuração, falando por ele enquanto porta-voz autorizado, só pode ser obtido ao término de um longo processo de institucionalização, ao término do qual é instituído um mandatário, que recebe do grupo o poder de fazer o grupo.

Em segundo lugar, a eficácia simbólica depende do grau em que a visão proposta está alicerçada na realidade; Evidentemente, a construção dos grupos não pode ser uma construção *ex nihilo*. Ela terá tanto mais chances de sucesso quanto mais estiver alicerçada na realidade: isto é, como eu disse, nas afinidades objetivas entre as pessoas que se quer reunir. Quanto mais adequada for a teoria, mais poderoso será o efeito de teoria. O poder simbólico é um poder de fazer coisas com palavras. É somente na

ESPAÇO SOCIAL E PODER SIMBÓLICO   167

medida em que é verdadeira, isto é, adequada às coisas, que a descrição faz as coisas. Nesse sentido, o poder simbólico é um poder de consagração ou de revelação, um poder de consagrar ou de revelar coisas que já existem. Isso significa que ele não faz nada? De fato, como uma constelação que, segundo Nelson Goodman, começa a existir somente quando é selecionada e designada como tal, um grupo - classe, sexo *(gender)*, região, nação - só começa a existir enquanto tal, para os que fazem parte dele e para os outros, quando é distinguido, segundo um princípio qualquer, dos outros grupos, isto é, através do conhecimento e do reconhecimento.

Desse modo, compreende-se melhor, assim espero, o que está em jogo na luta a respeito da existência ou da não-existência das classes. A luta das classificações é uma dimensão fundamental da luta de classes. O poder de impor uma visão das divisões, isto é, o poder de tornar visíveis, explícitas, as divisões sociais implícitas, é o poder político por excelência: é o poder de fazer grupos, de manipular a estrutura objetiva da sociedade. Como acontece com as constelações, o poder performativo de designação, de nominação, faz existir no Estado instituído, constituído, isto é, enquanto *corporate body*, corpo constituído, enquanto *corporatio*, como diziam os canonistas medievais estudados por Kantorovicz, o que até então existia apenas como *collectio personarum plurium*, coleção de pessoas múltiplas, série puramente aditiva de indivíduos simplesmente justapostos.

Aqui, se tivermos em mente o problema maior que tentei resolver hoje - o de saber como é possível fazer coisas, isto é, grupos, com palavras -, defrontamo-nos com uma última questão, a questão do mistério do ministério, o *mysterium* do *ministerium*, como os canonistas gostavam de dizer: como o porta-voz se vê investido do pleno poder de agir e falar em nome do grupo que ele produz pela magia do *slogan*, da palavra de ordem, da ordem e por sua simples existência enquanto encarnação do grupo? A exemplo do rei nas sociedades arcaicas, *Rex*, que, segundo Benveniste, é encarregado de *regere fines* e *regere sacra*, de traçar e dizer as fronteiras entre os grupos e, por essa via, de fazê-los existir enquanto tal, o dirigente de um sindicato ou de um partido,

168 PIERRE BOURDIEU

o funcionário ou o *expert* investidos de uma autoridade estatal são igualmente personificações de uma ficção social a que eles dão existência, na e por sua própria existência, e da qual recebem de volta seu próprio poder. O porta-voz é substituto do grupo que existe somente através dessa delegação e que age e fala através dele. Ele é o grupo feito homem. Como dizem os canonistas: o *status,* a posição, é o *magistratus,* o magistrado que a ocupa; ou, como dizia Luís XIV, "O Estado sou eu"; ou ainda Robespierre: "Eu sou o povo". A classe (ou o povo, ou a nação, ou qualquer outra realidade social de outro modo inapreensível) existe se existirem pessoas que possam dizer que elas são a classe, pelo simples fato de falarem publicamente, oficialmente, no lugar dela, e de serem reconhecidas como legitimadas para fazê-lo por pessoas que, desse modo, se reconhecem como membros da classe, do povo, da nação ou de qualquer outra realidade social que uma construção do mundo realista possa inventar e impor.

Espero tê-los convencido, dentro dos limites de minhas capacidades lingüísticas, de que a complexidade está na realidade social e não numa vontade, um pouco decadente, de dizer coisas complicadas. "O simples", dizia Bachelard, "nunca é mais do que o simplificado." E ele demonstrou que a ciência só progrediu questionando as idéias simples. Semelhante questionamento se impõe de maneira toda especial, a meu ver, nas ciências sociais, visto que, por todas as razões que mencionei, temos uma tendência para nos satisfazer muito facilmente com as evidências que nos oferece nossa experiência de senso comum ou a familiaridade com uma tradição erudita.

O campo intelectual:
um mundo à parte*

P - Vamos tomar um domínio específico do espaço social que o senhor abordou num artigo em alemão: o campo literário. "É surpreendente", escreve o senhor, "que todos os que se dedicaram à ciência das obras literárias ou artísticas [...] sempre tenham negligenciado considerar o espaço social onde estão situados os que produzem obras e seu valor." Uma análise que apreenda esse espaço social apenas enquanto "meio", "contexto" ou "pano de fundo social" parece-lhe insuficiente. O que é então um "campo literário", quais são os seus princípios de construção?

R. - A noção de campo de produção cultural (que se especifica como campo artístico, campo literário, campo científico, etc.) permite romper com as vagas referências ao mundo social (através de palavras como "contexto", "meio", "fundo social", *"social background"*) com que normalmente a história social da arte e da literatura se contenta. O campo de produção cultural é este mundo social absolutamente particular que a velha noção de república das letras evocava. Mas não se deve ficar limitado ao que não passa de uma imagem cômoda. E se é possível observar todos os tipos de homologias estruturais e funcionais entre o campo social como um todo ou o campo político, e o campo literário,

---

* Entrevista com Karl Otto Maue, para a *Norddeutschen Rundfunk,* realizada em Hamburgo, em dezembro de 1985.

170 PIERRE BOURDIEU

que como eles têm seus dominantes e seus dominados, seus conservadores e sua vanguarda, suas lutas subversivas e seus mecanismos de reprodução, ainda é verdade que cada um desses fenômenos reveste-se de uma forma inteiramente específica no interior do campo literário. A homologia pode ser descrita como uma semelhança na diferença. Falar de homologia entre o campo político e o campo literário significa afirmar a existência de traços estruturalmente equivalentes - o que não quer dizer idênticos - em conjuntos diferentes. Relação complexa que vão se apressar em destruir os que têm o hábito de pensar em termos de tudo ou nada. De um certo ponto de vista, o campo literário (ou o científico) é um campo como os outros (contra todas as formas de hagiografia ou, simplesmente, contra a tendência de pensar que os universos sociais onde são produzidas essas realidades de exceção que são a arte, a literatura ou a ciência só podem ser totalmente diferentes, diferentes sob todos os aspectos): trata-se de uma questão de poder - o poder de publicar ou de recusar a publicação, por exemplo -, de capital - o do autor consagrado que pode ser parcialmente transferido para a conta de um jovem escritor ainda desconhecido, por meio de um comentário elogioso ou de um prefácio; - aqui como em outros lugares observam-se relações de força, estratégias, interesses, etc. Mas não há um só traço designado por esses conceitos que não se revista no campo literário de uma forma específica, absolutamente irredutível. Por exemplo, se é verdade que o campo literário é, como todo campo, o lugar de relações de força (e de lutas que visam transformálas ou conservá-las), permanece o fato de que essas relações de força que se impõem a todos os agentes que entram no campo - e que pesam com especial brutalidade sobre os novatos - revestem-se de uma forma especial: de fato, elas têm por princípio uma espécie muito particular de capital, que é simultaneamente o instrumento e o alvo das lutas de concorrência no interior do campo, a saber, o capital simbólico como capital de reconhecimento ou consagração, institucionalizada ou não, que os diferentes agentes e instituições conseguiram acumular no decorrer das lutas anteriores, ao preço de um trabalho e de estratégias específicas. Ainda seria preciso determinar a natureza desse reconheci-

O CAMPO INTELECTUAL   171

mento, que não se mede nem pelo sucesso comercial - na verdade, seria o oposto deste -, nem pela simples consagração social - pertencer às academias, obter prêmios, etc. -, nem mesmo pela simples notoriedade, que, mal adquirida, pode levar ao descrédito. Mas o que eu disse já será suficiente para mostrar que se trata de alguma coisa muito particular. Em suma, com a noção de campo obtém-se o meio de apreender a particularidade na generalidade, a generalidade na particularidade. Pode-se exigir da monografia mais idiográfica (sobre o campo literário francês na época de Flaubert, sobre a revolução efetivada por Manet no campo artístico, sobre as lutas no campo literário no fim do século XIX, estudos que estou fazendo no momento) proposições gerais sobre o funcionamento dos campos e pode-se levantar, a partir de uma teoria geral do funcionamento dos campos, hipóteses muito poderosas sobre o funcionamento de um estágio particular de um campo particular (por · exemplo, o campo dos produtores de casas individuais, que estou estudando). Mas os hábitos mentais são tão fortes - e sobretudo nos que negam sua existência -, que a noção de campo literário (ou artístico) está fadada a duas reduções de sentido oposto: pode-se considerá-la como uma reafirmação da irredutibilidade do mundo da arte ou da literatura, constituído assim como universo de exceção, ignorandose as estratégias, os interesses e as lutas da existência comum, ou, em sentido inverso, pode-se reduzi-la justamente àquilo contra o que ela foi construída, reduzindo essas estratégias, esses interesses e essas lutas às estratégias, interesses e lutas que acontecem no campo político ou na existência comum. Para dar, ao menos uma vez, um exemplo dessas críticas da incompreensão, que destroem uma noção complexa achatando-a, muitas vezes como toda a boa-fé, ao plano do senso comum, cotidiano ou científico, contra o qual ela foi conquistada - o que lhes dá todas as chances de receber a aprovação de todos os que se sentem seguros com o retorno às evidências -, eu gostaria de me referir rapidamente a um artigo de Peter Bürger*, que escreve: "Bourdieu, ao contrário [de Adorno], defende uma abordagem funcionalista"

---

* "On the literary history", *Poetics,* agosto de 1985, pp.199-207 [a rotulação, que é o equivalente "científico" do insulto, também é uma estratégia comum, e quanto mais estigmatizante e vago, logo, irrefutável, for o rótulo, como neste caso, mais poderoso o insulto se toma - P. B.]. "Ele analisa as ações dos sujeitos no que chama de 'campo cultural', levando em conta exclusivamente as chances de conquistar poder e prestígio, e considera os objetos simplesmente como meios estratégicos que os produtores empregam na luta pelo poder." Peter Bürger acusa de reducionismo uma teoria que ele previamente reduziu: fala como se eu reduzisse o funcionamento do campo literário ao do campo político (acrescentando "exclusivamente" e "simplesmente"). Na verdade, digo que, a exemplo do campo político ou de qualquer outro campo, o campo literário é o lugar de lutas (e quem poderia negá-la? Em todo caso, não Peter Bürger, dada a estratégia que ele acaba de empregar contra mim...), mas que essas lutas possuem alvos específicos, e que o poder e prestígio que elas perseguem é de um tipo absolutamente particular (se você prestou atenção, deve ter reparado que tive de empregar umas vinte vezes, em detrimento da elegância, o adjetivo "específico"!). Em suma, Peter Bürger me acusa de ignorar a especificidade das lutas artísticas e dos interesses envolvidos nelas, justo o que ele de saída excluiu, por meio de uma estranha escotomização, da noção de campo, e que visava precisamente explicá-las. Esse tipo de cegueira seletiva, da qual meus escritos costumam ser vítima, parece-me atestar as resistências que a análise científica do mundo social suscita.

Para voltar à sua questão - mas penso que esse preâmbulo crítico não foi inútil -, eu diria que o campo literário é simultaneamente um campo de forças e um campo de lutas que visa transformar ou conservar a relação de forças estabelecida: cada um dos agentes investe a força (o capital) que adquiriu pelas lutas anteriores em estratégias que dependem, quanto à orientação, da posição desse agente nas relações de força, isto é, de seu capital específico. Em termos concretos, trata-se, por exemplo, das lutas permanentes que opõem as vanguardas sempre renascentes à vanguarda consagrada (e que não devem ser confundidas com a luta que opõe a vanguarda como um todo aos "artistas burgueses", como se dizia no século XIX). Assim, na França, desde a metade

O CAMPO INTELECTUAL 173

do século XIX, a poesia é o lugar de uma permanente revolução (os ciclos de renovação da escola dominante são muito curtos): os novatos, que são também os mais jovens, questionam o que foi contraposto pela revolução precedente à ortodoxia anterior (é o caso, por exemplo, da revolta dos parnasianos contra o "lirismo" romântico). Essa incessante contestação se traduz, em relação às obras, por um processo de depuração. A poesia se reduz cada vez mais à sua "essência", isto é, à quintessência, no sentido da alquimia, à medida que vai sendo despojada pelas sucessivas revoluções de tudo aquilo que, embora acessório, parecia definir propriamente o "poético" - lirismo, rima, metro, a chamada metáfora poética, etc.

Quanto à questão dos limites, é preciso tomar cuidado com a visão positivista, que, pelas necessidades da estatística, por exemplo, determina limites mediante uma decisão dita operatória que decide arbitrariamente, em nome da ciência, uma questão que não está definida na realidade: saber quem é intelectual e quem não é, quem são os "verdadeiros" intelectuais, aqueles que verdadeiramente realizam a essência do intelectual. De fato, um dos alvos mais importantes que estão em jogo nas lutas que se desenrolam no campo literário ou artístico é a definição dos limites do campo, ou seja, da participação legítima nas lutas. Dizer a propósito dessa ou daquela corrente, desse ou daquele grupo, que "isso não é poesia", ou "literatura", significa recusar-lhe uma existência legítima, significa excluí-lo do jogo, excomungá-lo. Essa exclusão simbólica não é senão o inverso do esforço no sentido de impor uma definição da prática legítima, no sentido, por exemplo, de constituir como essência eterna e universal uma definição histórica de tal arte ou de tal gênero que corresponda aos interesses específicos dos detentores de um determinado capital específico. Quando bem-sucedida, essa estratégia, que, assim como a competência que ela coloca em jogo, é inseparavelmente artística e política (no sentido específico), consegue garantir-lhes um poder sobre o capital detido por todos os demais produtores, na medida em que, através da imposição de uma definição da prática legítima, é a regra do jogo mais favorável a seus trunfos que acaba se impondo a todos (e sobretudo, pelo menos no limite, aos

174   PIERRE BOURDIEU

consumidores), são as suas realizações que se tornam a medida de todas as realizações. De passagem, percebe-se que os conceitos estéticos que certa teoria estética se esforça para fundamentar racionalmente, dedutivamente, segundo o modelo aristotélico, cuja inconsistência, incoerência ou, no mínimo, cujo caráter vago já foram apontados por outros, antes de mim (eu aqui poderia invocar Wittgenstein), paradoxalmente só recuperam sua necessidade se os recolocarmos na lógica, puramente sociológica, do campo onde foram gerados e onde funcionaram enquanto estratégias simbólicas nas lutas pela dominação simbólica, ou seja, pelo poder sobre um uso particular de uma categoria particular de signos e, desse modo, sobre a visão do mundo natural e social.

Essa definição dominante se impõe a todos, e em particular aos novatos, como um direito de entrada mais ou menos absoluto. Compreende-se então que as lutas a propósito da definição dos gêneros, da poesia na virada do século, do romance a partir da Segunda Guerra Mundial e com os defensores do *"nouveau roman"* sejam qualquer coisa menos guerras fúteis a respeito de palavras: a derrubada da definição dominante é a forma específica que tomam as revoluções nesses universos. E pode-se compreender melhor que os confrontos que se tornarão objeto de análises e debates acadêmicos, a exemplo de todas as querelas entre os Antigos e os Modernos e de todas as revoluções românticas ou outras, sejam vividos pelos protagonistas como questões de vida ou morte.

P. - Na medida em que exerce seu domínio no interior da totalidade dos campos, o campo do poder exerce influência sobre o campo literário. No entanto, o senhor atribui uma "autonomia relativa" a este último e avalia seu processo histórico de formação. Atualmente, em termos concretos, como se dá essa autonomia do campo literário?

R. - Os campos de produção cultural ocupam uma posição dominada no campo do poder: este é um fato capital que as teorias comuns da arte e da literatura ignoram, Ou, para retraduzir numa linguagem mais corrente (porém, inadequada), eu poderia dizer que os artistas e os escritores, e de modo mais geral os

O CAMPO INTELECTUAL 175

intelectuais, são uma fração dominada da classe dominante. Dominantes - enquanto detentores do poder e dos privilégios conferidos pela posse do capital cultural e mesmo, pelo menos no caso de alguns deles, pela posse de um volume de capital cultural suficiente para exercer um poder sobre o capital cultural -, os escritores e os artistas são dominados nas suas relações com os detentores do poder político e econômico. Para evitar qualquer mal-entendido, devo precisar que essa dominação já não se exerce, como em outras épocas, através das relações pessoais (como a relação entre o pintor e o comanditário ou entre o escritor e o mecenas), mas toma a forma de uma dominação estrutural exercida através de mecanismos muito gerais como os do mercado. Essa posição contraditória de dominantes-dominados, de dominados entre os dominantes ou, para explorar a homologia com o campo político, de esquerda entre a direita, explica a ambigüidade de suas tomadas de posição, que está ligada a essa posição de apoio em falso. Revoltados contra o que eles chamam de "burgueses", são solidários com a ordem burguesa; como se vê em todos os períodos de crise em que seu capital específico e sua posição na ordem social encontram-se realmente ameaçados (basta pensar nas tomadas de posição dos escritores, incluindo os mais "progressistas", como Zola, diante da Comuna).

A autonomia dos campos de produção cultural, fator estrutural que comanda a forma das lutas internas ao campo, varia consideravelmente não só de acordo com as épocas de uma mesma sociedade, mas também de acordo com as sociedades. E, concomitantemente, variam a força relativa dos dois pólos no interior do campo e o peso relativo dos papéis atribuídos ao artista e ao intelectual. De um lado, num extremo, com a função de *expert*, ou de técnico, que oferece seus serviços simbólicos aos dominantes (a produção cultural também possui seus técnicos, como os operários do teatro burguês e os fazedores de literatura industrial), e de outro, no outro extremo, o papel, conquistado e definido contra os dominantes, de pensador livre e crítico, de intelectual que usa seu capital específico, conquistado por meio da autonomia e garantido pela própria autonomia do campo, para intervir no terreno da política, conforme o modelo de Zola e Sartre.

176 PIERRE BOURDIEU

P. - Na Alemanha Federal, os intelectuais se definem, pelo menos desde o movimento de 68, como estando de preferência à esquerda, eles se pensam por oposição à classe dominante. Isso é o que comprova, por exemplo, o impacto relativamente grande da "teoria crítica" da escola de Frankfurt e de filósofos como Ernst Bloch. Na sua análise das lutas simbólicas, o senhor destina aos intelectuais um lugar no interior das classes dominantes. O teatro dessas lutas simbólicas, como o senhor diz, é "a própria classe dominante"; trata-se então de "lutas de frações" no interior de uma classe da qual os intelectuais constituem uma parte. Como o senhor chega a essa análise? Para o campo literário ou para algumas de suas parcelas, não se coloca a questão das possibilidades de exercer uma ação sobre o campo do poder? Essa não é justamente a pretensão de uma literatura engajada, ativa ou realista?

R. - Os produtores culturais detêm um poder específico, o poder propriamente simbólico de fazer com que se veja e se acredite, de trazer à luz, ao estado explícito, objetivado, experiências mais ou menos confusas, fluidas, não formuladas, e até não formuláveis, do mundo natural e do mundo social, e, por essa via, de fazê-las existir. Eles podem colocar esse poder a serviço dos dominantes. Eles também podem, de acordo com a lógica de sua luta no interior do campo do poder, colocá-lo a serviço dos dominados no campo social como um todo: é sabido que os "artistas", de Hugo a Mallarmé, de Courbet a Pissarro, muitas vezes identificaram suas lutas de dominantes-dominados contra os "burgueses" com as lutas dos dominados *tout court*. Porém, e isso vale também para os que se pretendem "intelectuais orgânicos" dos movimentos revolucionários, as alianças baseadas na homologia de posição (dominante-dominado = dominado) são sempre mais instáveis, mais frágeis, do que as solidariedades baseadas na identidade de posição e, conseqüentemente, de condição e de *habitus*.

Em todo caso, os interesses específicos dos produtores culturais, na medida em que estão ligados a campos que, pela própria lógica de seu funcionamento, estimulam, favorecem ou impõem a superação do interesse pessoal no sentido comum, podem levá-los a ações políticas, ou intelectuais, que se pode chamar de universais.

O CAMPO INTELECTUAL　　177

P. - Que mudança a sua teoria traz para a ciência da literatura, para a interpretação da obra, para o espaço tradicional da ciência da literatura? O senhor rejeita tanto a hermenêutica interna quanto a intertextualidade, e também a análise essencialista como a "filosofia da biografia", para retomar os termos críticos que foram utilizados pelo senhor para qualificar o trabalho de Sartre sobre Flaubert. Ao tomar "a obra de arte enquanto expressão da totalidade do campo", que tipo de conseqüências isso tem?

R. - A teoria do campo realmente faz com que se recuse tanto o estabelecimento de uma relação direta entre a biografia individual e a obra (ou entre a "classe social" de origem e a obra) como a análise interna de uma obra em particular ou mesmo a análise intertextual, isto é, o relacionamento de um conjunto de obras. Porque é preciso fazer tudo isso ao mesmo tempo. Postulo que existe uma correspondência bastante rigorosa, uma homologia, entre o espaço das obras consideradas nas suas diferenças, nos seus desvios (à maneira da intertextualidade), e o espaço dos produtores e das instituições de produção, revistas, editoras, etc. Às diferentes posições no campo de produção, tais como estas podem ser definidas levando-se em conta não só o gênero praticado, a categoria nesse gênero, identificada através dos lugares de publicação (editora, revista, galeria, etc.) e dos índices de consagração ou, simplesmente, da antiguidade de entrada no jogo, mas também os indicadores mais exteriores, como a origem social e geográfica, que se retraduzem nas posições ocupadas no interior do campo, correspondem as posições tomadas no espaço dos modos de expressão, das formas literárias e artísticas (alexandrino ou um outro metro, rima ou verso livre, soneto ou balada, etc.), dos temas e, evidentemente, de todos os tipos de índices formais mais sutis que a análise literária tradicional há muito tempo assinalou. Em outros termos, para ler adequadamente uma obra na singularidade de sua textualidade, é preciso lê-la consciente ou inconscientemente na sua intertextualidade, isto é, através do sistema de desvios pelo qual ela se situa no espaço das obras contemporâneas; mas essa leitura diacrítica é inseparável de uma apreensão estrutural do respectivo autor, que é definido, quanto às suas disposições e tomadas de posição, pelas relações objetivas que definem e determinam sua posição no espaço de produção e que determinam ou orientam as relações de concorrência que ele mantém com os demais autores e o conjunto das estratégias, sobretudo formais, que o torna um verdadeiro artista ou um verdadeiro escritor - por oposição ao artista ou ao escritor "ingênuo", como o *douanier* Rousseau e Brisset, que, propriamente falando, não sabem o que fazem. Isso não significa que os artistas não ingênuos, cujo paradigma é, a meu ver, Duchamp, saibam realmente tudo o que fazem, o que também os tornaria cínicos ou impostores. É necessário e suficiente que "acompanhem o lance", que estejam a par do que se fez e se faz no campo, que tenham o "senso da história" do campo, de seu passado e também de seu futuro, de seus desenvolvimentos futuros, do que está por fazer. Tudo isso é uma forma de sentido do jogo, que exclui o cinismo, que exige inclusive que se esteja tomado pelo jogo, tomado pelo jogo a ponto de antecipar seu futuro. Mas que de modo algum implica uma teoria do jogo enquanto jogo (o que bastaria para transformar a *illusio* como investimento no jogo, como interesse pelo jogo, em ilusão pura e simples) e nem mesmo uma teoria do jogo, das leis segundo as quais ele funciona e das estratégias racionais que são necessárias para se triunfar nele. A não-ingenuidade não exclui uma forma de inocência... Em suma, a natureza essencialmente diacrítica da produção que se realiza no interior de um campo faz com que seja possível e necessário ler todo o campo, tanto o campo das tomadas de posição quanto o campo das posições, em cada obra produzida nessas condições. Isso implica que todas as oposições que costumam ser feitas entre o interno e o externo, entre a hermenêutica e a sociologia, entre o texto e o contexto são totalmente fictícias; elas se destinam a justificar recusas sectárias, preconceitos inconscientes (e sobretudo o aristocratismo do *lector,* que não deseja sujar as mãos estudando a sociologia dos produtores) ou, simplesmente, a busca do menor esforço. Porque o método de análise que proponho só pode ser realmente aplicado ao preço de um enorme trabalho. Ele exige que se faça tudo o que é feito pelos adeptos de cada um dos métodos conhecidos (leitura interna, análise biográfica, etc.), em geral na escala de um só autor, e tudo o que é necessário fazer

O CAMPO INTELECTUAL   179

para realmente construir o campo das obras e o campo dos produtores, bem como o sistema das relações que se estabelecem entre esses dois conjuntos de relações.

P. - No seu modo de ver, que lugar cabe ao sujeito que produz literatura ou arte? A velha imagem do escritor como "criador simbólico", como aquele que "nomeia" ou "vê", no sentido em que Cassandra vê essa imagem velha, mas intata e ativa, parece-lhe importante? Que proveito um escritor pode tirar de sua teoria?

R. - O autor é realmente um criador, mas num sentido muito diferente do que a hagiografia literária e artística entende por isso. Manet, por exemplo, opera uma autêntica revolução simbólica, à semelhança de alguns grandes profetas religiosos e políticos. Ele transforma profundamente a visão do mundo, ou seja, as categorias de percepção e de apreciação do mundo, os princípios de construção do mundo social, a definição do que é importante e do que não é, do que merece ser representado e do que não merece. Por exemplo, ele introduz e impõe a representação do mundo contemporâneo, os homens com cartola e guarda-chuva, a paisagem urbana, na sua trivialidade do dia-a-dia. Isso em ruptura com todas as hierarquias, ao mesmo tempo intelectuais e sociais, que identificam o mais nobre (digno enquanto tal de ser representado) ao mais antigo, às roupas à antiga, aos gessos dos ateliês de pintura, aos temas obrigatórios da tradição grega ou bíblica, etc. Nesse sentido, a revolução simbólica, que transtorna as estruturas mentais, que incomoda profundamente os cérebros - o que explica a violência das reações da crítica e do público burguês -, pode ser considerada a revolução por excelência. Os críticos que percebem e denunciam o pintor de vanguarda como um revolucionário político não estão inteiramente errados, ainda que a revolução simbólica esteja fadada, na maior parte do tempo, a permanecer acantonada no domínio simbólico. O poder de nomear, sobretudo o de nomear o inominável, o que ainda não foi percebido ou que está recalcado, é um poder considerável. As palavras, dizia Sartre, podem causar estragos. Isso é o que ocorre, por exemplo, quando elas fazem existir publicamente, logo, abertamente, oficialmente, quando fazem com que sejam vistas ou previstas coisas que só existiam no estado implícito, confuso, quando não recalcado. Representar, trazer à luz, produzir, isso não é pouca coisa. E então é possível, nesse sentido, falar de criação.

Os usos do "povo" *

Para lançar uma luz sobre as discussões a propósito do "povo" e do "popular", basta ter em mente que o "povo" ou o "popular" ("arte popular", "religião popular", "medicina popular") é um dos alvos que estão em jogo na luta entre os intelectuais. O fato de estar ou de se sentir autorizado a falar do "povo" ou para o "povo" (no duplo sentido: *para* o "povo" e *no lugar* do "povo") pode constituir, por si só, uma força nas lutas internas dos diferentes campos, político, religioso, artístico, etc. - força tanto maior quanto menor for a autonomia do campo considerado. Máxima no campo político, onde se pode jogar com todas as ambigüidades da palavra "povo" ("classes populares", proletariado ou nação, *Volk),* essa força é mínima no campo literário ou artístico que tenha conquistado um alto grau de autonomia onde o sucesso "popular" acarreta uma forma de desvalorização, e mesmo de desqualificação, do produtor (sabe-se, por exemplo, dos esforços de Zola no sentido de reabilitar o "popular" e derrubar a imagem dominante no campo). O campo religioso situa-se entre os dois, mas não ignora completamente a contradição entre as exigências internas que levam a buscar o raro, o distinto, o separado - por exemplo, uma religião purificada e

---

* Conferencia apresentada em Lausanne no colóquio sobre sociologia e história da arte, 4-5 de fevereiro de 1982.

182   PIERRE BOURDIEU

espiritualizada -, e as exigências externas, em geral descritas como "comerciais", que levam a oferecer à clientela leiga mais despossuída culturalmente uma religião ritualista com fortes conotações mágicas (por exemplo, a das grandes peregrinações populares, Lourdes, Lisieux, etc.).

Segunda proposição: as tomadas de posição em relação ao "povo" e ao "popular" dependem, na sua forma e conteúdo, dos interesses específicos ligados primeiro ao fato de se pertencer ao campo de produção cultural e em seguida á posição ocupada no interior desse campo. Para além de tudo o que os opõe, os especialistas pelo menos estão de acordo quanto a reivindicar o monopólio da competência legítima que os define como coisa particular e quanto a lembrar a fronteira que separa os profissionais e os leigos. O profissional tende a "odiar" o "leigo vulgar" que o nega enquanto profissional, dispensando seus serviços: ele está pronto a denunciar todas as formas de "espontaneísmo" (político, religioso, filosófico, artístico), capaz de despossuí-lo do monopólio da produção legítima de bens e serviços. Os detentores da competência legítima estão prontos para se mobilizar contra tudo o que possa favorecer o autoconsumo popular (magia, "medicina popular", automedicação, etc.). Assim, os clérigos estão sempre propensos a condenar como magia ou superstição ritualista e a submeter a uma "purificação" as práticas religiosas que, do ponto de vista dos virtuoses religiosos, não manifestam o "desprendimento" ou, como se diz em outro lugar, a "distância" associada ã idéia que eles fazem para si da prática aceitável.

Assim, se o "popular" negativo, isto é, "vulgar", define-se antes de tudo como o conjunto de bens e serviços culturais que representam obstáculos à imposição de legitimidade pela qual os profissionais visam produzir o mercado (assim como conquistálo), criando a necessidade de seus próprios produtos, o "popular" positivo (por exemplo, a pintura "primitiva" ou a música *"folk"*) é o produto de uma troca de sinal que alguns clérigos, geralmente dominados no campo dos especialistas (e provenientes das regiões dominadas do espaço social), operam com uma preocupação de reabilitação que é inseparável da preocupação de seu próprio enobrecimento. Por exemplo, nos anos 30, tanto a

OS USOS DO "POVO"   183

"escola populista" de Louis Lemonnier, André Thérive e Eugéne Dabit (todos de origem social muito baixa e despossuídos em termos escolares) define-se contra o romance psicológico, aristocrático e mundano (e também contra o naturalismo, cujos excessos ela critica) quanto a "escola proletária" de Remi Poulaille se definirá contra o populismo, cujo espírito pequeno-burguês ela critica. A maior parte dos discursos que foram ou são pronunciados em favor do "povo" são obra de produtores que ocupam posições dominadas no campo de produção. E, como Rémy Ponton mostrou muito bem a propósito dos romancistas regionalistas, o "povo", mais ou menos idealizado, costuma ser um refúgio contra o fracasso e a exclusão. Observa-se inclusive que a relação que os produtores provenientes do "povo" mantêm com este mesmo "povo" tende a variar, no próprio curso de suas vidas, de acordo com as flutuações de seu capital simbólico no interior do campo (poderíamos demonstrar isso com o caso exemplar de Léon Cladel).

As diferentes representações do povo aparecem assim como expressões transformadas (em função das censuras e normas de formalização próprias de cada campo) de uma relação fundamental com o povo, que depende tanto da posição ocupada no campo dos especialistas - e, em termos mais amplos, no campo social - quanto da trajetória que conduziu a essa posição. Os escritores provenientes das regiões dominadas do espaço social podem, com chances de sucesso tanto menores quanto maior for a autonomia do campo considerado, jogar com sua suposta proximidade com o povo, à semelhança de Michelet, que tenta converter o estigma em emblema, reivindicando orgulhosamente suas origens, e que usa o "seu" "povo" e seu "senso do povo" para se impor no campo intelectual. Intelectual consagrado (ao contrário, por exemplo, dos populistas e da maior parte dos romancistas regionalistas, devolvidos à sua região e ao seu "país" pelo fracasso), ele está em condição de reivindicar com orgulho suas origens pobres, sabendo que com isso só irá aumentar seu mérito e sua singularidade (o que o obriga a se desculpar junto às suas tias, que não gostam de ver a família assim desvalorizada...). Dito isto, sua exaltação do povo exprime menos o "povo" do que a experiência de um duplo corte, com o "povo" (Michelet sente isso muito cedo, como bem mostra Viallaneix) e com o mundo intelectual.

Mas evidentemente é no campo político que o uso do "povo" e do "popular" é mais diretamente rentável, e a história das lutas no interior dos partidos progressistas e dos sindicatos operários testemunha a eficácia simbólica do obreirismo: essa estratégia permite que aqueles que podem reivindicar uma forma de proximidade com os dominados apresentem-se como detentores de uma espécie de · direito de preempção sobre o "povo" e, desse modo, de uma missão exclusiva, e, ao mesmo tempo, que instaurem como norma universal os modos de pensamento e expressão que lhes foram impostos por condições de aquisição pouco favoráveis ao refinamento intelectual; mas ele é também o que lhes permite simultaneamente assumir e reivindicar tudo o que os separa de seus concorrentes e mascarar - em primeiro lugar para si mesmos - o corte com o "povo" que está inscrito no acesso ao papel de porta-voz.

Nesse caso, como em todos os outros, a relação com as origens é vivida de maneira muito visceral - e dramática para que se possa descrever essa estratégia como resultado de um cálculo cínico. De fato, o princípio das diferentes maneiras de se situar em relação ao "povo", quer se trate do obreirismo popular ou do humor *volkisch* do "revolucionário conservador", bem como de todos os "direitos populares", reside ainda e sempre na lógica da luta no interior do campo dos especialistas, isto é, nesse caso, nessa forma muito particular de antiintelectualismo que às vezes inspira nos intelectuais de primeira geração o horror ao estilo de vida artística (Proudhon, Pareto e muitos outros denunciam a "pornocracia") e ao jogo intelectual, de longe idealizado, que pode chegar até o ódio revanchista de todos os Hussonnet jdanovistas, quando se alimenta do ressentimento suscitado pela falência dos empreendimentos intelectuais ou pelo fracasso da integração ao grupo intelectual dominante (pode-se pensar aqui no caso de Céline).

Compreende-se que a análise preliminar da relação objetiva com o objeto se imponha de maneira particularmente imperativa ao pesquisador, se ele quiser escapar à alternativa do etnocentrismo

OS USOS DO "POVO" 185

de classe e do populismo, que é a sua forma invertida. Inspirado pela preocupação de reabilitar, o populismo, que também pode tomar a forma de um relativismo, tem como efeito anular os efeitos da dominação: esforçando-se para mostrar que o "povo" nada tem a invejar aos "burgueses" em matéria de cultura e de distinção, ele esquece que suas buscas cosméticas ou estéticas são de antemão desqualificadas como excessivas, mal colocadas, ou descolocadas, num jogo em que os dominantes determinam a todo momento a regra do jogo (coroa, ganho eu; cara, você perde) por sua própria existência, avaliando essas buscas pela regra da discrição e a simplicidade pela norma do refinamento.

Pode-se objetar que é possível sair desse jogo de espelhos pela pesquisa direta. E pedir ao "povo" que de algum modo seja o árbitro nas lutas dos intelectuais a seu respeito. Mas tudo o que dizem as pessoas comumente designadas como "o povo" é realmente "popular"? E tudo o que sai da boca do "verdadeiro" "povo" é a verdade verdadeira do "povo"? Com o risco de dar aos fariseus da "causa do povo" uma oportunidade para afirmar seus bons sentimentos, condenando esse atentado iconoclasta contra o imaginário populista, eu diria que nada é mais improvável. Percebe-se bem' isso quando os camponeses, em quem a tradição "revolucionária conservadora" sempre quis ver a encarnação do autêntico, recitam com toda a boa-fé os clichês repisados das redações de escola primária ou da vulgata ruralista, paleo ou neo-ecológica, que lhes foi transmitida e inculcada pelo trabalho de várias gerações de intermediários culturais, professores, padres, educadores, JAC, etc., e que, se for feita a sua genealogia, remonta até aquela categoria muito particular de autores que freqüentam os manuais de escola primária, romancistas regionalistas, poetas menores, freqüentemente devolvidos à celebração do "povo" e das virtudes "populares" por sua incapacidade (muitas vezes imputável a origens "populares" ou pequeno-burguesas) de triunfar nos gêneros maiores. E a mesma coisa é válida para o discurso operário, mesmo se, por intermédio do sindicalista ou da escola de partido, ele deva mais a Marx ou a Zola do que a Jean Aicard, Ernest Perrochon, Jean Richepin ou François Coppée. Para compreender esse discurso, que o registro populista (consagrado pelo triunfo da literatura de gravador e da moda das histórias de vida) constitui como substância última, é preciso retomar todo o sistema de relações do qual é produto, todo o conjunto de condições sociais de produção dos produtores do discurso (em particular a escola primária) e do próprio discurso, logo, todo o campo de produção do discurso sobre o "povo" particularmente as regiões dominadas do campo literário e do campo político. E desse modo nos vemos de novo no ponto de partida, bem longe, em todo caso, do "povo" tal como o concebe a imaginação populista.

Em suma, a "cultura popular" é um saco de gatos... As próprias categorias empregadas para pensá-la, as questões que lhe são colocadas são inadequadas. Em vez de falar sobre a "cultura popular" em geral, darei o exemplo daquilo que é chamado de "língua popular". Aqueles que se insurgem contra os efeitos de dominação exercidos através do emprego da língua legítima costumam chegar a uma espécie de inversão da relação de força simbólica e acreditam agir bem ao consagrar como tal a língua dominada - por exemplo, em sua forma mais autônoma, isto é, a gíria. Essa passagem do a favor para o contra, que também se observa em matéria de cultura quando se fala de "cultura popular", ainda é um efeito da dominação. De fato, é paradoxal definir a língua dominada em relação à língua dominante, que só se define ela mesma por referência à língua dominada. Efetivamente não há outra definição de língua legítima, senão que ela é uma recusa da língua dominada, com a qual ela institui uma relação que é a relação da cultura com a natureza: não é por acaso que se fala de palavras "cruas" e "língua verde". Aquilo que é chamado de "língua popular" são modos de falar que, do ponto de vista da língua dominante, aparecem como naturais, selvagens, bárbaros, vulgares. E aqueles que, por uma preocupação de reabilitação, falam de língua ou de cultura populares são vítimas da lógica que leva os grupos estigmatizados a reivindicar o estigma como signo de sua identidade.

Forma distinta da língua "vulgar" - aos próprios olhos de alguns dos dominantes -, a gíria é produto de uma busca de distinção, porém dominada, e condenada, por essa razão, a produzir

OS USOS DO "POVO"

efeitos paradoxais, que não podem ser compreendidos quando se quer encerrá-los na alternativa da resistência ou da submissão que comanda a reflexão corrente sobre a "língua popular". Quando a busca dominada de distinção leva os dominados a afirmarem o que os distingue, isto é, aquilo mesmo em nome do que eles são dominados e constituídos como vulgares, deve-se falar de resistência? Em outros termos, se, para resistir, não tenho outro recurso a não ser reivindicar aquilo em nome do que eu sou dominado, isso é resistência? Segunda questão: quando, ao contrário, os dominados se esforçam por perder aquilo que os marca como "vulgares" e por se apropriar daquilo em relação a que eles aparecem como vulgares (por exemplo, na França, o sotaque parisiense), isso é submissão? Acho que essa é uma contradição insolúvel: é uma contradição que está inscrita na própria lógica da dominação simbólica, mas as pessoas que falam de "cultura popular" não querem admiti-la. A resistência pode ser alienante e a submissão pode ser libertadora. Tal é o paradoxo dos dominados, e não há escapatória. De fato, é mais complicado ainda, mas creio que isso já é suficiente para embaralhar um pouco as categorias simples, em particular a oposição entre resistência e submissão, com as quais se costuma pensar essas questões. A resistência situa-se em terrenos muito diferentes do terreno da cultura em sentido estrito - onde ela nunca é obra dos mais despossuídos, o que testemunham todas as formas de "contracultura", que, como eu poderia mostrar, supõem sempre um determinado capital cultural. E ela adquire as formas mais inesperadas, a ponto de permanecer quase invisível para um olho cultivado.

A delegação e o fetichismo político*

A delegação pela qual uma pessoa dá poder, como se diz, a outra pessoa, a transferência de poder pela qual um mandante autoriza um mandatário a assinar em seu lugar, a agir em seu lugar, a falar em seu lugar, pela qual lhe dá uma procuração, isto é, a *plena potentia agendi,* o pleno poder de agir por ela, é um ato complexo que merece reflexão. O plenipotenciário, ministro, mandatário, delegado, porta-voz, deputado, parlamentar, é uma pessoa que possui um mandato, uma comissão ou uma procuração para representar - palavra extraordinariamente polissêmica -, quer dizer, para mostrar e fazer valerem os interesses de uma pessoa ou de um grupo. Mas, se é verdade que delegar é encarregar alguém de uma função, de uma missão, transmitindo-lhe o próprio poder que se tem, deve-se perguntar como é possível que o mandatário possa ter poder sobre quem lhe dá poder. Quando o ato de delegação é realizado por uma única pessoa em favor de uma única pessoa, as coisas são relativamente claras. Porém, quando uma única pessoa é depositária dos poderes de uma multidão de pessoas, ela pode estar investida de um poder transcendente a cada um dos mandantes. E, simultaneamente, ela de certo modo pode ser uma

---

* Conferência apresentada na Associação dos Estudantes Protestantes de Paris, em 7 de junho de 1983, publicada em *Actes de la Recherche en Sciences Sociales,* 52-53, junho de 1984.

A DELEGAÇÃO E O FETICHISMO POLÍTICO

encarnação dessa espécie de transcendência do social que os durkheimianos muitas vezes nomearam.

Mas isso não é tudo, não só há o risco de que a delegação dissimule a verdade da relação de representação, como também o paradoxo das situações em que um grupo só pode existir pela delegação a uma pessoa singular - o secretário-geral, o papa, etc. - habilitada a agir como pessoa moral, isto é, como substituto do grupo. Em todos esses casos, segundo a equação que estabeleciam os canonistas - a Igreja é o papa -, *em aparência* o grupo faz o homem que fala em seu lugar, em seu nome - esse é o pensamento em termos de delegação -, ao passo que *na realidade* é quase tão verdadeiro dizer que é o porta-voz quem faz o grupo. É porque o representante existe, porque *representa* (ação simbólica), que o grupo representado, simbolizado, existe e faz existir, em retorno, seu representante como representante de um grupo. Percebe-se nessa relação circular a raiz da ilusão que, no limite, permite ao porta-voz ser considerado e considerar-se *causa sui,* já que ele é a causa do que produz o seu poder, já que o grupo que o investe de poderes não existiria - ou, em todo caso, não existiria plenamente, enquanto grupo representado - se ele não estivesse ali para encarná-lo.

Essa espécie de círculo original da representação foi ocultada: substituíram-no por uma infinidade de questões, das quais a mais comum é a questão da tomada de consciência. Ocultou-se a questão do fetichismo político e o processo ao fim do qual os indivíduos se constituem (ou são constituídos) enquanto grupo, mas perdendo o controle sobre o grupo no e pelo qual eles se constituem. Há uma espécie de antinomia inerente ao político que se deve ao fato de os indivíduos só poderem se constituir (ou ser constituídos) enquanto grupo, vale dizer, enquanto força capaz de se fazer entender, de falar e ser ouvida, na medida em que se despossuírem em proveito de um porta-voz. E isso tanto mais quanto mais despossuídos forem eles. É preciso sempre correr o risco da alienação política para escapar à alienação política. (Na verdade, essa antinomia só existe realmente para os dominados. Poderíamos dizer, para simplificar, que os dominantes existem sempre, ao passo que os dominados só existem quando se mobi-

190 PIERRE BOURDIEU

lizam ou se munem de instrumentos de representação. Salvo talvez nos períodos de restauração que se seguem às grandes crises, os dominantes têm interesse no *laisser-faire,* nas estratégias independentes e isoladas de agentes aos quais basta serem razoáveis para serem racionais e reproduzirem a ordem estabelecida.)

É o trabalho de delegação que, sendo esquecido e ignorado, toma-se o princípio da alienação política. Os mandatários e os ministros - tanto no sentido de ministros do culto como de ministros de Estado - são, segundo a fórmula de Marx a propósito do fetichismo, um desses "produtos da cabeça do homem que aparecem como que dotados de vida própria". Os fetiches políticos são pessoas, coisas, seres que parecem não · dever senão a si mesmos uma existência que lhes foi dada pelos agentes sociais; os mandantes adoram sua própria criatura. A idolatria política reside justamente no fato de que o valor que existe na personagem política, esse produto da cabeça do homem, aparece como uma misteriosa propriedade objetiva da pessoa, um encanto, um carisma o *ministerium* aparece como *mysterium.* Também aqui eu poderia citar Marx, *cum grana salis,* claro, porque evidentemente suas análises do fetichismo não visavam (não sem motivo) o fetichismo político. Marx dizia, na mesma passagem célebre: "O valor não traz escrito na testa o que ele é". Essa é a própria definição de carisma, essa espécie de poder que parece ter origem em si mesmo.

Assim, a delegação é o ato pelo qual um grupo se constitui, dotando-se desse conjunto de coisas que constitui os grupos, isto é, uma sede e militantes profissionais, um *bureau* em todos os sentidos do termo, e primeiro no sentido de modo de organização burocrática, com marca, sigla, assinatura, delegação de assinatura, carimbo oficial, etc. O grupo existe a partir do momento em que se dotou de um órgão permanente de representação dotado de *plena potentia agendi* e de *sigillum authenticum,* logo, capaz de substituir ("falar por" significa "falar no lugar de") o grupo serial feito de indivíduos separados e isolados, em constante renovação, que só podem agir e falar por si mesmos. O segundo ato de delegação, que é muito mais camuflado e ao qual precisarei voltar, é o ato pelo qual a realidade social assim constituída, o partido, a Igreja, etc., concede um mandato a um indivíduo.

A DELEGAÇÃO E O FETICHISMO POLÍTICO 191

Emprego a expressão "mandato burocrático" de propósito. Esse indivíduo será o secretário - escritório combina muito bem com secretário -, será o ministro, o secretário-geral, etc. Já não é o mandante quem designa um delegado, mas o escritório que concede um mandato a um plenipotenciário. Vou explorar essa espécie de caixa preta: em primeiro lugar, a passagem dos sujeitos atomísticos para o escritório; em seguida, a passagem do escritório para o secretário. Para analisar esses dois mecanismos, temos um paradigma que é o da Igreja. A Igreja, e através dela cada um de seus membros, detém o "monopólio da manipulação legitima dos bens de salvação". A delegação, neste caso, é o ato pelo qual a Igreja (e não os simples fiéis) delega ao ministro o poder de agir em seu lugar.

Em que consiste o mistério do ministério? O mandatário torna-se, pela delegação inconsciente - falei como se ela fosse consciente, para atender as necessidades da exposição, por meio de um artifício análogo à idéia de contrato social -, capaz de agir como substituto do grupo de mandantes. Em outros termos, o mandatário de certa forma está numa relação de metonímia com o grupo, ele é uma parte do grupo que pode funcionar enquanto signo no lugar do grupo como um todo. Pode funcionar enquanto signo passivo, objetivo, que significa, que torna manifesta a presença dos mandantes, enquanto representante, enquanto grupo *in effigie* (dizer que a CGT foi recebida no Eliseu significa dizer que o signo foi recebido no lugar da coisa significada). Mas, além disso, trata-se de um signo que fala que, enquanto porta-voz, pode dizer o que é o que faz o que representa o que imagina representar. E quando se diz que a CGT foi recebida no Eliseu, o que se está querendo dizer é que o conjunto dos membros da organização foi expresso de dois modos: pelo ato de manifestação, pela presença do representante, e, eventualmente, pelo discurso do representante. E, ao mesmo tempo, percebe-se claramente como a possibilidade de deturpação inscreve-se no próprio ato de delegação. Na medida em que na maioria dos atos de delegação os mandantes passam um cheque em branco ao mandatário, nem que seja pelo fato de que muitas vezes ignoram as questões às quais o mandatário terá de responder, eles se colocam nas suas

192 PIERRE BOURDIEU

mãos. Na tradição medieval, essa fé dos mandatários que confiam na instituição chamava-se *fides implícita*. Expressão magnífica, que se transpõe com muita facilidade para a política. Quanto mais despossuídas são as pessoas, sobretudo culturalmente, mais elas se vêem obrigadas e inclinadas a confiar em mandatários para ter voz política. De fato, os indivíduos em condição isolada, silenciosos, sem palavra, sem ter nem a capacidade nem o poder de se fazerem ouvir, de se fazerem entender, estão diante da alternativa de calar ou de ser falados.

No caso limite dos grupos dominados, o ato de simbolização pelo qual se constitui o porta-voz, a constituição do "movimento", é contemporâneo à constituição do grupo; o signo faz a coisa significada, o significante identifica-se à coisa significada, que não existiria sem ele, que se reduz a ele. O significante não é apenas aquele que exprime e representa o grupo significado; ele é aquilo que declara que ele existe, que tem o poder de chamar à existência visível, mobilizando-o, o grupo que ele significa. É o único que, em determinadas condições, usando o poder que lhe confere a delegação, pode mobilizar o grupo: é a manifestação. Ao dizer: "Vou lhes mostrar que sou representativo, apresentando-lhes as pessoas que represento" (esse é o eterno debate sobre o número de manifestantes), o porta-voz manifesta sua legitimidade tornando manifestos aqueles que lhe conferem a delegação. Mas ele tem esse poder de tomar manifestos os manifestantes porque ele é, de certa forma, o grupo que ele manifesta.

Em outros termos, pode-se demonstrar tanto em relação aos funcionários graduados, a exemplo do que fez Luc Boltanski, como em relação ao proletariado, ou aos professores, que, em muitos casos, para sair da existência que Sartre chamava de serial e chegar à existência coletiva, não há outra via senão passar pelo porta-voz. É a objetivação num "movimento", numa "organização", o que, por uma *fictio juris* típica da magia social, permite a uma simples *collectio personarum plurium* existir como pessoa moral, como *agente social*.

Darei um exemplo tomado à política mais cotidiana, mais comum, a que está diante de nós todos os dias. Isso para me fazer compreender, embora com o risco de ser compreendido

A DELEGAÇÃO E O FETICHISMO POLÍTICO   193

de uma maneira fácil demais, com essa semicompreensão comum que é o principal obstáculo à verdadeira compreensão. O difícil, em sociologia, é conseguir pensar de modo completamente assombroso, desconcertado, coisas que acreditávamos compreendidas havia muito tempo. É por isso que às vezes é preciso começar pelo mais difícil para realmente compreender o mais fácil. Voltando ao exemplo: durante os acontecimentos de maio de 68, surgiu um certo sr. Bayet, que, ao longo das "jornadas", não deixou de falar em nome dos *agrégés* enquanto presidente da Société des Agrégés, sociedade que, pelo menos na época, praticamente não tinha base. Temos aqui um caso típico de usurpação, com uma personagem que faz crer (a quem? no mínimo, á imprensa, que só reconhece e conhece porta-vozes, condenando os demais á "livre opinião"), que possui "atrás de si" um grupo, pelo fato de poder falar em seu nome, enquanto pessoa moral, sem ser desmentido por ninguém (tocamos aqui nos limites: quanto menos adeptos ele tiver, menor será o risco de ser desmentido; a ausência de desmentido manifesta, na verdade, a ausência de adeptos). O que se pode fazer contra um homem como esse? Pode-se protestar publicamente, pode-se abrir uma petição. Quando membros do Partido Comunista querem se livrar da direção, eles são devolvidos á série, á recorrência, ao estatuto de indivíduos isolados que devem dotar-se de um porta-voz, de uma direção, de um grupo para se livrarem do porta-voz, da direção, do grupo (o que a maior parte dos movimentos, em particular os movimentos socialistas, sempre denunciou como pecado capital o "fracionismo"). Em outros termos, o que se pode fazer para combater a usurpação dos porta-vozes autorizados? Claro, existem respostas individuais contra todas as formas de esmagamento pelo coletivo, *exit and voice,* como diz Albert Hirschman, a saída ou o protesto. Mas pode-se também fundar uma outra sociedade. Se vocês consultarem os jornais da época, verão que, por volta de 20 de maio de 1968, apareceu uma outra Société des Agrégés, com secretário-geral, timbre, escritório, etc. Não há escapatória.

Portanto, essa espécie de ato original de constituição, no duplo sentido, filosófico e político, que a delegação representa é um

194 PIERRE BOURDIEU

ato de magia que permite fazer existir o que não passava de uma coleção de pessoas plurais, uma série de indivíduos justapostos, sob a forma de uma pessoa fictícia, urna *corporatio,* um corpo, um corpo místico encarnado num corpo (ou corpos) biológico(s), *corpus corporatum in corpore corporato.*

A autoconsagração do mandatário

Tendo mostrado como a usurpação está presente em estado potencial na delegação, como o fato de falar por - isto é, em favor e em nome de alguém - implica a propensão para falar no lugar de, gostaria de abordar as estratégias universais através das quais o mandatário tende a se autoconsagrar. Para poder se identificar com o grupo e dizer "eu sou o grupo", "eu sou, logo, o grupo é", o mandatário deve de certa forma anular-se no grupo, doar-se ao grupo, clamar e proclamar: "Eu existo somente pelo grupo". A usurpação do mandatário é necessariamente modesta, supõe a modéstia. Com certeza, é por isso que todos os dirigentes partidários têm uni ar de família. Existe uma espécie de má-fé estrutural no mandatário, que, para se apropriar da autoridade do grupo, deve se identificar com o grupo, reduzir-se ao grupo que o autoriza. Mas eu gostaria de citar Kant, quando ele observa, em *La religion dans les limites de la simple raison*,* que uma Igreja fundada na fé incondicionada e não em uma fé racional não teria "servidores" *(ministri),* mas "funcionários de alto escalão que ordenam *(officiales),* e que, mesmo quando não aparecem com todo o brilho da hierarquia", como na Igreja protestante, e mesmo quando "se erguem em palavras contra uma tal pretensão, querem não obstante ser considerados os únicos exegetas autorizados das Santas Escrituras" e assim transformam "o serviço da Igreja *(ministerium)* em dominação sobre seus membros *(imperium),* ainda que, para dissimular a usurpação, valham-se do modesto título de servidores". O mistério do ministério só pode agir caso o ministro dissimule a

---

*Vrin, 1979, pp. 217-218

A DELEGAÇÃO E O FETICHISMO POLÍTICO 195

usurpação, bem como o *imperium* que ela lhe confere, afirmando-se como simples e humilde ministro. O desvio das propriedades da posição social em proveito da pessoa só é possível na medida em que é dissimulado: essa é a própria definição de poder simbólico. Um poder simbólico é um poder que supõe o reconhecimento, isto é, o desconhecimento da violência que se exerce através dele. Logo, a violência simbólica do ministro só pode se exercer com essa espécie de cumplicidade que lhe concedem, pelo efeito de desconhecimento que a denegação estimula, aqueles sobre os quais se exerce a violência.

Nietzsche diz isso muito bem em O *Anticristo,* que é menos uma crítica do cristianismo do que uma crítica do mandatário, do delegado, sendo o ministro católico a encarnação do mandatário: é por isso que nesse livro ele ataca obstinadamente o padre e a hipocrisia sacerdotal, bem como as estratégias por meio das quais o mandatário se absolutiza, se auto-consagra. O primeiro procedimento que o ministro pode empregar consiste em fazer com que o considerem necessário. Kant já lembrava a invocação da necessidade de exegese, da leitura legítima. Nietzsche a designa com todas as letras: "Não é possível ler esses Evangelhos senão com a máxima prudência, eles apresentam uma dificuldade atrás de cada palavra" (p. 69). O que Nietzsche sugere é que, para se autoconsagrar como intérprete necessário, o intermediário deve produzir a necessidade de seu próprio produto. E, para isso, precisa produzir a dificuldade que somente ele poderá resolver. O mandatário opera assim - ainda estou citando Nietzsche - uma "transformação de si mesmo em sagrado". Para fazer com que sintam essa necessidade, o mandatário recorre também à estratégia da "abnegação impessoal". "Nada é mais profunda e intimamente destrutivo do que o 'dever impessoal', o sacrifício junto ao Moloch da abstração" (p. 19). O mandatário é aquele que consigna a si mesmo tarefas sagradas: "Entre quase todos os povos, o filósofo não é mais do que o prolongamento do tipo sacerdotal, de modo que essa herança do padre - recompensar-se com moeda falsa - não nos surpreenderá mais. Quando se têm tarefas sagradas, por exemplo, emendar, salvar, redimir o homem, [...] não se é igualmente salvo por semelhante tarefa?" (p. 21).

196   PIERRE BOURDIEU

Todas essas estratégias do sacerdócio têm como fundamento a má-fé no sentido sartriano, a mentira para si mesmo, a "mentira sagrada" através da qual o padre decide sobre o valor das coisas dizendo que são absolutamente boas as coisas que são boas para ele (p. 41): o padre, diz Nietzsche, é aquele que "chama Deus á sua própria vontade" (p. 77). (Da mesma forma, poderíamos dizer: o político chama povo, opinião, nação ã sua própria vontade.) Cito Nietzsche mais uma vez: "A lei, a vontade de Deus, o livro santo, a inspiração - outras tantas palavras para designar as condições segundo as quais o padre alcança o poder, com as quais ele mantém o poder -, esses conceitos estão na base de todas as organizações sacerdotais, de todas as formas de dominação sacerdotal ou, antes, filosófico-sacerdotais" (p. 94). O que Nietzsche quer dizer é que os delegados reduzem a si mesmos os valores universais, apropriam-se dos valores, "requisitam a moral" (p. 70), e, portanto, açambarcam as noções de Deus, de Verdade, de Sabedoria, de Povo, de Mensagem, de Liberdade, etc. E as transformam em sinônimos de quê? De si mesmos. "Eu sou a verdade." Eles se tornam sagrados, autoconsagram-se e, simultaneamente, traçam o limite entre eles e os simples profanos; tornam-se assim, como diz Nietzsche, "a medida de todas as coisas".

É no que eu chamaria de *efeito de oráculo,* graças ao qual o porta-voz faz com que fale o grupo em nome do qual ele fala, falando assim com toda a autoridade desse ausente impalpável, que melhor se percebe a função da humildade sacerdotal: é anulando-se completamente em benefício de Deus ou do Povo que o sacerdote se faz Deus ou Povo. É quando me torno Nada - e porque sou capaz de me tornar Nada, de me anular, de me esquecer, de me sacrificar, de me dedicar que me torno Tudo. Sou apenas o mandatário de Deus ou do Povo, mas aquilo em nome do que eu falo é tudo, e nessa condição eu sou tudo. O efeito de oráculo é uma autêntica duplicação da personalidade: a pessoa individual, o eu, anula-se em proveito de uma pessoa moral transcendente ("Entrego minha pessoa ã França"). A condição para o acesso ao sacerdócio é uma autêntica *metanoia,* uma conversão; o indivíduo comum deve morrer para que nasça a pessoa moral. Morre e torna-se uma instituição (é isso o que fazem os ritos de

A DELEGAÇÃO E O FETICHISMO POLÍTICO 197

instituição). Paradoxalmente, os que se fizeram nada para se tornar tudo podem inverter os termos da relação e censurar os que são apenas eles mesmos, que falam apenas por si mesmos, por não serem nada de fato e de direito (porque incapazes de abnegação, etc.). É o direito de reprimenda, de culpabilização - uma das vantagens do militante.

Em suma, o efeito de oráculo é um desses fenômenos que temos a ilusão de compreender rápido demais - todos nós ouvimos falar de Pítia, dos sacerdotes que interpretam o discurso oracular - e não sabemos reconhecê-lo no conjunto de situações em que alguém fala em nome de alguma coisa a que esse alguém dá existência por meio de seu próprio discurso. Toda Uma série de efeitos simbólicos que se exercem diariamente na política repousa nessa espécie de ventriloquia usurpadora, que consiste em fazer com que falem aqueles em nome de quem se fala, em fazer com que falem aqueles em nome de quem se tem o direito de falar, em fazer com que fale o povo em nome de quem se está autorizado a falar. Quando um político diz "o povo, as classes populares, as massas populares", etc., ele raramente deixa de produzir o efeito de oráculo, isto é, o efeito que consiste em produzir simultaneamente a mensagem e o deciframento da mensagem, em fazer com que se acredite que "eu sou um outro", que o porta-voz, mero substituto simbólico do povo, é realmente o povo no sentido em que tudo o que ele diz é a verdade e a vida do povo.

A usurpação que reside no fato de alguém se afirmar como capaz de falar "em nome de" é o que autoriza a passagem do indicativo ao imperativo. Se eu, Pierre Bourdieu, átomo singular, em condição isolada, falando apenas por mim mesmo, se eu digo: é preciso fazer isso ou aquilo, derrubar o governo, rejeitar os foguetes Pershing, quem me seguirá? Mas, se me encontro colocado em condições estatutárias que me permitam aparecer falando "em nome das massas populares" ou, *a fortiori,* "em nome das massas populares e da Ciência, do - socialismo científico", isso muda tudo. A passagem do indicativo ao imperativo - os durkheimianos, que tentaram fundamentar uma moral na ciência dos costumes, compreenderam isso muito bem - supõe a passagem do individual ao coletivo, princípio de toda coação reconhecida ou reconhecível. O efeito de oráculo, forma limite da performatividade, é o que permite ao porta-voz autorizado autorizar-se junto ao grupo que o autoriza para exercer uma coação reconhecida, urna violência simbólica sobre cada um dos membros isolados do grupo. Se eu sou o coletivo feito homem, o grupo feito homem, e se esse grupo é o grupo de que você faz parte, que o define, que lhe dá uma identidade, que faz com que você seja realmente um professor, realmente um protestante, realmente um católico, etc., não há realmente mais nada a fazer senão obedecer. O efeito de oráculo é a exploração da transcendência do grupo em relação ao indivíduo singular operada por um indivíduo que de certa forma é efetivamente o grupo, quando não porque ninguém pode se levantar e dizer: "Você . não é o grupo", a menos que seja para fundar um outro grupo e se fazer reconhecer como mandatário desse novo grupo.

Esse paradoxo da monopolização da verdade coletiva está na origem de todo efeito de imposição simbólica: eu sou o grupo, isto é, a coação coletiva, a coação do coletivo sobre cada membro, sou o coletivo feito homem e, simultaneamente, sou aquele que manipula o grupo em nome do próprio grupo; eu me autorizo junto ao grupo que me autoriza para coagir o grupo. (A violência inscrita no efeito de oráculo nunca se faz sentir com tanta intensidade quanto nas situações de assembléia, situações tipicamente eclesiais, onde os porta-vozes normalmente autorizados e, em situações de crise, os porta-vozes profissionais que se autorizam, podem falar em nome de todo o grupo reunido: ela se sente na impossibilidade quase física de produzir uma fala divergente, dissidente, contra a unanimidade forçada que produzem o monopólio da fala e as técnicas de unanimização, como os votos com a mão levantada ou por aclamação de moções manipuladas.)

Seria preciso fazer uma análise lingüística desse jogo duplo - ou duplo eu - e das estratégias retóricas por meio das quais se exprime a má-fé estrutural do porta-voz, especialmente com a constante passagem do *nós* ao *eu*. No domínio simbólico, os atos de força traduzem-se por "atos de forma" e é com a condição de saber disso que se pode fazer da análise lingüística um instrumento de crítica política e da retórica, uma ciência dos poderes

A DELEGAÇÃO E O FETICHISMO POLÍTICO 199

simbólicos. Quando um dirigente partidário quer empreender um ato de força simbólica, passa do eu ao nós. Ele não diz: "Eu penso que vocês, sociólogos, devem estudar os operários", mas: "Nós pensamos que vocês devem...", *ou:* "A demanda social exige que..." Logo, o *eu* do mandatário, o interesse particular do mandatário deve esconder-se atrás do interesse proclamado do grupo, e o mandatário deve "universalizar seu interesse particular", como dizia Marx, a fim de fazê-lo passar por interesse do grupo. Em termos mais genéricos, o uso de uma linguagem abstrata, das grandes palavras abstratas da retórica política, o verbalismo da virtude abstrata, que, como Hegel percebeu bem, gera o fanatismo e o terrorismo jacobino (é preciso ler a terrível fraseologia da correspondência de Robespierre), tudo isso participa da lógica do "duplo eu" que fundamenta a usurpação subjetiva e objetivamente legítima do mandatário.

Gostaria de tomar o exemplo do debate sobre a arte popular. (Estou um pouco preocupado com a comunicabilidade do que estou dizendo e isso deve estar sendo percebido pela dificuldade em me comunicar.) Vocês conhecem o debate recorrente sobre a arte popular, arte proletária, realismo socialista, cultura popular, etc., debate tipicamente teológico no qual a sociologia não consegue entrar sem cair numa armadilha. Por quê? Porque se trata do terreno por excelência do efeito de oráculo que acabei de descrever. O que é chamado, por exemplo, de realismo socialista é na verdade o produto típico dessa substituição do eu particular dos mandatários políticos, do eu jdanoviano, para chamá-lo pelo nome; ou seja, pequeno burguês intelectual de segunda ordem, que deseja fazer reinar a ordem, sobretudo sobre os intelectuais de primeira ordem, e que se universaliza instituindo-se como povo. E uma análise elementar do realismo socialista mostraria que não há nada de popular nisso que na verdade é um formalismo ou mesmo um academismo, fundado numa iconografia alegórica muito abstrata, o Trabalhador, etc. (ainda que essa arte pareça responder, muito superficialmente, à demanda popular de realismo). O que se exprime nessa arte formalista e pequeno-burguesa que, longe de exprimir o povo, encerra a denegação do povo, sob a forma daquele "povo" de torso nu, musculoso, bronzeado, otimista, olhando para o futuro, etc. - é a. filosofia social, o ideal inconsciente de uma pequena burguesia de homens de aparelho que trai seu medo real do povo real identificando-se com um povo idealizado, segurando tochas, facho da Humanidade... Poderíamos fazer a mesma demonstração: propósito da "cultura popular", etc. Trata-se de casos típicos de substituição de sujeito. O sacerdócio - e isso é o que Nietzsche queria dizer -, padre, Igreja, dirigentes partidários de todos os países, substitui pela sua própria visão de mundo (deformada por sua *libido dominandi,*) a visão de mundo do grupo de que ele supostamente é a expressão. Hoje em dia usa-se o povo como em outras épocas usava-se Deus, para acertar contas entre clérigos.

A homologia e os efeitos de desconhecimento

Mas agora é preciso perguntar como todas essas estratégias de jogo duplo, ou de duplo eu, podem funcionar apesar de tudo: como é possível que o jogo duplo do mandatário não se denuncie a si mesmo? O que precisa ser compreendido é o que constitui o ponto nodal do mistério do ministério, ou seja, a "impostura legítima". De fato, não se trata de sair da representação ingênua do mandatário devotado, do militante desinteressado, do dirigente cheio de abnegação, para cair na visão cínica do mandatário como usurpador consciente e organizado - essa é a visão do século XVIII, á Helvetius e de Holbach, do padre, uma visão muito ingênua na sua aparente lucidez. A impostura legítima só é bemsucedida porque o usurpador não é um calculador cínico que engana conscientemente o povo, mas alguém que com toda a boa-fé *considera-se* uma coisa diferente da que ele é.

Um dos mecanismos que fazem com que a usurpação e o jogo duplo funcionem, se assim posso dizer, com toda a inocência, com a mais perfeita sinceridade, é que em muitos casos os interesses do mandatário e os interesses dos mandantes coincidem em grande parte, de modo que o mandatário pode acreditar e fazer com que acreditem que ele não possui interesses ã margem dos interesses de seus mandantes. Para explicar isso, sou

A DELEGAÇÃO E O FETICHISMO POLÍTICO 201

obrigado a dar uma volta por uma análise um pouco mais complicada. Existe um campo político (assim como existe um espaço religioso, artístico, etc.), isto é, um universo autônomo, um espaço de jogo onde se joga um jogo que possui regras próprias; e as pessoas envolvidas nesse jogo possuem, por esse motivo, interesses específicos, interesses que são definidos pela lógica do jogo e não pelos mandantes. Esse espaço político tem uma esquerda, uma direita, com os porta-vozes dos dominantes e os porta-vozes dos dominados; o espaço social também possui seus dominantes e seus dominados; e esses dois espaços se correspondem. Há uma homologia. Isso quer dizer que, *grosso modo,* aquele que ocupa no jogo político uma posição de esquerda *a* está para aquele que ocupa uma posição de direita *b,* assim como aquele que ocupa uma posição de esquerda *A* está para aquele que ocupa uma posição de direita *B* no jogo social. Quando *a* quer atacar *b* para acertar contas específicas, ele atende aos seus interesses específicos, definidos pela lógica da concorrência no interior do campo político, mas, ao mesmo tempo, atende aos interesses de *A.* Essa coincidência estrutural dos interesses específicos dos mandatários e dos interesses dos mandantes está na base do milagre do ministério sincero e bem-sucedido. As pessoas que atendem bem aos interesses de seus mandantes são pessoas que atendem a si mesmas ao atendê-los.

Se é preciso falar de interesse, é porque essa noção tem uma função de ruptura; ela destrói a ideologia do desprendimento, que é a ideologia profissional dos clérigos de todo gênero. As pessoas que estão no jogo religioso, intelectual ou político possuem interesses específicos que, por mais diferentes que sejam dos interesses do diretor-presidente que joga no campo econômico, não são menos *vitais;* todos esses interesses simbólicos (não dar o braço a torcer, não perder sua circunscrição, calar a boca do adversário, triunfar sobre uma "corrente" adversária, ganhar a presidência, etc.) constituem-se de tal modo que, ao atendê-los, ao obedecer a eles, é comum (existem naturalmente casos de descompasso, nos quais os interesses dos mandatários entram em conflito com os interesses dos mandantes) que os mandatários atendam a seus mandantes; ocorre, em todo caso, e com muito

202 PIERRE BOURDIEU

mais freqüência do que se poderia esperar se tudo acontecesse ao acaso ou segundo a lógica da agregação puramente estatística dos interesses individuais, que, em virtude da homologia, os agentes que se contentam em obedecer ao que lhes impõe sua posição no jogo atendem, justamente por isso e de quebra, às pessoas a que eles supostamente prestam serviços. O efeito de metonímia permite a universalização dos interesses particulares de dirigente partidário, permite atribuir os interesses do mandatário aos mandantes que ele supostamente representa. O principal mérito desse modelo está em explicar o fato de os mandatários não serem cínicos (ou muito menos e com freqüência muito menor do que se poderia esperar), de serem envolvidos pelo jogo e de realmente acreditarem no que fazem.

Há muitos casos como esse, nos quais os mandantes e os mandatários, os clientes e os produtores, estão numa relação de homologia estrutural. É o caso do campo intelectual, do campo do jornalismo: considerando que o jornalista do *Nouvel Obs* está para o jornalista do *Figaro,* assim como o leitor do *Nouvel Obs* está para o leitor do *Figaro,* quando ele se compraz em acertar contas com o jornalista do *Figaro,* ele está agradando ao leitor do *Nouvel Obs,* sem nunca procurar diretamente agradar-lhe. Trata-se de um mecanismo muito simples, mas que desmente a representação comum da ação ideológica como serviço ou servilismo interessados, como submissão interessada a uma função: o jornalista do *Figaro* não é o escrevinhador do episcopado ou o lacaio do capitalismo, etc.; ele é, primeiro, um jornalista que, de acordo com o momento, é obsedado pelo *Nouvel Obseroateur* ou pelo *Libération.*

Os delegados do aparelho

Até aqui dei ênfase à relação entre mandantes e mandatários. Agora é preciso examinar a relação entre o corpo de mandatários, o aparelho - que possui seus interesses e, como diz Weber, suas "tendências próprias", em especial a tendência para a autoperpetuação - e os mandatários individuais. Quando o corpo de mandatários, o corpo sacerdotal, o partido, etc., afirma suas

A DELEGAÇÃO E O FETICHISMO POLÍTICO 203

tendências próprias, os interesses do aparelho prevalecem sobre os interesses dos mandatários individuais, que, por essa razão, deixam de ser responsáveis perante os mandantes para se tomarem responsáveis perante o aparelho: a partir de então, já não é possível compreender as propriedades e as práticas dos mandatários sem passar por um conhecimento do aparelho.

A lei fundamental dos aparelhos burocráticos exige que o aparelho dê tudo (e especialmente o poder sobre o aparelho) àqueles que lhe dão tudo e esperam tudo dele porque não têm nada ou não são nada à margem dele; em termos mais brutais, o aparelho dá mais valor àqueles que lhe dão valor porque são estes que ele domina melhor. Zinoviev, que compreendeu muito bem essas coisas, e não sem motivos, mas que continua preso a juízos de valor, diz: "A origem do sucesso de Stálin reside no fato de ele ser alguém extraordinariamente medíocre" *. Ele passa bem perto do enunciado da lei. Ainda a propósito do dirigente partidário, fala de "uma força extraordinariamente insignificante e, por essa razão, invencível" (p. 307). São belas fórmulas, mas um pouco falsas, porque a intenção polêmica, que lhes dá o encanto, impede considerar o dado tal como ele é (o que não equivale a aceitá-lo). A indignação moral não é capaz de compreender que sejam bem-sucedidos no aparelho aqueles que a intuição carismática percebe como os mais idiotas, os mais ordinários, aqueles que não possuem nenhum valor próprio. De fato, eles são bem-sucedidos não por serem os mais ordinários, mas por não terem nada de extraordinário, nada além do aparelho, nada que os autorize a tomar liberdades em relação ao aparelho, a se fazer de espertos.

Há então uma espécie de solidariedade estrutural, não acidental, entre os aparelhos e determinadas categorias de pessoas, definidas sobretudo negativamente, como não tendo nenhuma das propriedades que é interessante possuir em dado momento no campo em questão. Em termos mais neutros, diremos que os aparelhos consagrarão pessoas confiáveis. Mas confiáveis por quê? Porque não possuem nada que lhes permita se opor ao aparelho. Assim é que, tanto no Partido Comunista Francês dos anos 50

---

* *Les hauters béantes,* ed. Juillaed - L'Age d'Homme, p. 306

204 PIERRE BOURDIEU

como na China da Revolução Cultural, os jovens muitas vezes serviram como comitres simbólicos, como cães de guarda. Ora, os jovens não são apenas o entusiasmo, a ingenuidade, a convicção, tudo aquilo que sem pensar muito associamos à juventude; do ponto de vista do meu modelo, eles são também aqueles que não possuem nada; são os novatos, aqueles que chegam ao campo sem capital. E, do ponto de vista do aparelho, são bucha de canhão para combater os velhos, que, começando a ter capital, seja através do partido, seja por si mesmos, usam esse capital para contestar o partido. Aquele que não possui nada é um incondicional; e ele tem menos ainda a opor na medida em que o aparelho lhe dá muito, de acordo com sua incondicionalidade, e seu nada. Assim é que nos anos 50 este ou aquele intelectual de vinte e cinco anos conseguia *ex officio,* por delegação do aparelho, um público que somente os intelectuais mais consagrados podiam conquistar, mas, nesse caso, se assim posso dizer, por conta do autor.

Essa espécie de lei de ferro dos aparelhos é reforçada por um outro processo que vou abordar muito rapidamente e que eu chamaria de "efeito comitê". Refiro-me à análise feita por Marc Ferro do processo de bolchevização. Nos sovietes de bairro, nos comitês de fábrica, ou seja, nos grupos espontâneos do começo da Revolução Russa, todo mundo comparecia, as pessoas falavam, etc. Depois, a partir do momento em que se designava um militante profissional, as pessoas começavam a comparecer menos. Com a institucionalização encarnada pelo militante profissional e pelo comitê, tudo se inverte: o comitê tende a monopolizar o poder, diminui o número de participantes das assembléias; é o comitê que *convoca* assembléias, e os participantes servem, de um lado, para manifestar a representatividade dos representantes e, de outro, para *ratificar* suas decisões. Os militantes profissionais começam a censurar os membros comuns por não comparecerem com a necessária freqüência às assembléias que os reduzem a tais funções.

Esse processo de concentração do poder nas mãos dos mandatários é uma espécie de realização histórica do que é descrito pelo modelo teórico do processo de delegação. As pessoas estão lá, elas falam. Depois, vem o militante profissional; e as pessoas comparecem menos. Em seguida, há um comitê, que

A DELEGAÇÃO E O FETICHISMO POLÍTICO 205

começa a desenvolver uma competência específica, uma linguagem própria. (Poderíamos lembrar aqui o desenvolvimento da burocracia da pesquisa: há pesquisadores, há administradores científicos que supostamente prestam serviços aos pesquisadores. Os pesquisadores não compreendem sua linguagem burocrática - "verba de pesquisa", "prioridade", etc. - e, nos dias que correm, técnico-burocrática - "demanda social", De repente, eles param de ir, e seu absenteísmo é denunciado. Mas alguns pesquisadores continuam, aqueles que têm tempo. E já se conhece a seqüência.) O militante profissional, como o nome indica, é alguém que consagra todo o seu tempo àquilo que, para os outros, é uma atividade secundária ou, pelo menos, de tempo parcial. Ele tem tempo; e tem o tempo a seu favor. Está em condição de dissolver na duração burocrática, na repetição devoradora de tempo e energia, todos os atos de força proféticos, isto é, descontínuos. É assim que os mandatários concentram um determinado poder, desenvolvem uma ideologia específica, fundada na inversão paradoxal da relação com os mandantes - cujo absenteísmo, incompetência e indiferença aos interesses coletivos são condenados, não se percebendo que eles são produto da concentração do poder nas mãos dos militantes profissionais. O sonho de todos os militantes profissionais é um aparelho sem base, sem fiéis, sem militantes... Eles detêm a permanência contra a descontinuidade; possuem a competência específica, a linguagem própria, uma cultura que lhes é própria, a cultura de dirigente partidário, fundada numa história própria, a de seus pequenos assuntos (Gramsci diz, em algum lugar: "Temos debates bizantinos, conflitos de tendências, de correntes, sobre os quais ninguém entende nada"). E, depois, há uma tecnologia social específica: essas pessoas tornam-se profissionais da manipulação da única situação que poderia lhes trazer problemas, isto é, o confronto com os mandantes. Eles sabem manipular as assembléias gerais, transformar votos em aclamação, etc. E, além disso, têm a lógica social a seu favor, porque - seria ainda bastante demorado demonstrar isso - basta-lhes não fazer nada para que as coisas caminhem ao encontro de seus interesses, e seu poder reside freqüentemente na escolha, 'entrópica, de não fazer, de não escolher.

Já deverá estar claro que o fenômeno central é essa espécie de inversão do quadro de valores que permite, no limite, converter o oportunismo em devotamento militante: existem postos, privilégios, pessoas que se apossam deles; longe de se sentirem culpadas por terem atendido a seus próprios interesses, elas dirão que não os tomam em proveito próprio, mas pelo partido ou pela Causa, assim como invocarão, para mantê-las, a regra segundo a qual não se abandona um posto conquistado. E chegarão até a descrever como abstencionismo ou dissidência culpada a reserva ética perante a tomada de poder.

Existe uma espécie de autoconsagração do aparelho, uma teodicéia do aparelho. O aparelho sempre tem razão (e a autocrítica dos indivíduos fornece-lhe um último recurso contra o questionamento do aparelho enquanto tal). A inversão do quadro de valores, com a exaltação jacobina do político e do sacerdócio político, fez com que a alienação política que apontei no início deixasse de ser percebida e que, ao contrário, tenha se imposto a visão sacerdotal da política, a ponto de fazer se sentirem culpados aqueles que não entram nos jogos políticos. Em outros termos, foi tão interiorizada a representação segundo a qual o fato de não ser militante, de não estar engajado na política, seria uma espécie de pecado a ser eternamente redimido, que a última revolução política, a revolução contra o clericato político, e contra a usurpação inscrita em estado potencial na delegação, continua por fazer.

Programa para uma sociologia do esporte*

Parte dos obstáculos para uma sociologia científica do esporte deve-se ao fato de que os sociólogos do esporte são de algum modo duplamente dominados, tanto no universo dos sociólogos quanto no universo do esporte. Como seria muito demorado desenvolver essa afirmação um pouco brutal, procederei, à maneira dos profetas, mediante uma parábola. Ontem à noite, em uma discussão com um de meus amigos, o sociólogo americano Aaron Cicourel, soube que os grandes atletas negros, que nos Estados Unidos em geral são pagos por grandes universidades, como a Universidade de Stanford, vivem numa espécie de gueto dourado, pelo fato de as pessoas de direita não falarem de bom grado com os negros e as de esquerda não falarem de bom grado com os esportistas. Se refletirmos sobre isso, desenvolvendo-lhe o paradigma, talvez encontremos aqui o princípio das dificuldades particulares que a sociologia do esporte encontra: desdenhada pelos sociólogos, ela é desprezada pelos esportistas. A lógica da divisão social do trabalho tende a se reproduzir na divisão do trabalho científico. Assim, de um lado existem pessoas que conhecem muito bem o esporte na forma prática, mas

---

* Participação no grupo de estudos "Vida física e jogos", CEMEA, novembro de 1980, e conferência introdutória ao VIII Simpósio do ICSS, "Sport, classes sociales et sub-culture", Paris, julho de 1983.

208 PIERRE BOURDIEU

que não sabem falar dele, e, de outro, pessoas que conhecem muito mal o esporte na prática e que poderiam falar dele, mas não se dignam a fazê-la, ou o fazem a torto e a direito. [...]

Para que uma sociologia do esporte possa se constituir, é preciso primeiro perceber que não se pode analisar um esporte particular independentemente do conjunto das práticas esportivas; é preciso pensar o espaço das práticas esportivas como um sistema no qual cada elemento recebe seu valor distintivo. Em outros termos, para compreender um esporte, qualquer que seja ele, é preciso reconhecer a posição que ele ocupa no espaço dos esportes. Este pode ser construído a partir de conjuntos de indicadores, como, de um lado, a distribuição dos praticantes segundo sua posição no espaço social, a distribuição das diferentes federações, segundo o número de adeptos, sua riqueza, as características sociais dos dirigentes, etc., ou, de outro lado, o tipo de relação com o corpo que ele favorece ou exige, conforme implique um contato direto, um corpo-a-corpo, como a luta ou o rúgbi, ou, ao contrário, exclua qualquer contato, como o golfe, ou só o autorize por bola interposta, como o tênis, ou por intermédio de instrumentos, como a esgrima. Em seguida, é preciso relacionar esse espaço de esportes como o espaço social que se manifesta nele. Isso a fim de evitar os erros ligados ao estabelecimento de uma relação direta entre um esporte e um grupo que a intuição comum sugere. De fato, logo de saída sente-se a relação privilegiada estabelecida hoje entre a luta e os membros das classes populares, ou entre o *aikidô* e a nova pequena burguesia. São coisas que as pessoas compreendem até rápido demais. O trabalho do sociólogo consiste em estabelecer as propriedades socialmente pertinentes que fazem com que um esporte tenha afinidades com os interesses, gostos e preferências de uma determinada categoria social. Assim, como bem mostra JeanPaul Clément, no caso da luta, por exemplo, a importância do corpo a corpo, acentuada pela nudez dos lutadores, induz um contato corporal áspero e direto, enquanto no *aikidô* é efêmero, distanciado, e a luta no chão inexiste. Se compreendemos tão facilmente o sentido da oposição entre a luta e o *aikidô*, é porque a oposição entre "terra a terra", "viril", 'corpo a corpo", "direto", etc., e "aéreo", "leve",

PROGRAMA PARA UMA SOCIOLOGIA DO ESPORTE 209

"distanciado", "gracioso", ultrapassa o terreno do esporte e o antagonismo entre duas práticas de luta. Em suma, o elemento determinante do sistema de preferências é aqui a relação com o corpo, com o envolvimento do corpo, que está associada a uma posição social e a uma experiência originária do mundo físico e social. Essa relação com o corpo é solidária com toda a relação com o mundo: as práticas mais distintivas são também aquelas que asseguram a relação mais distanciada com o adversário, são também as mais estetizadas, na medida em que, nelas, a violência está mais eufemizada, e a forma e as formalidades prevalecem sobre a força e a função. A distância social se retraduz muito bem na lógica do esporte: o golfe instaura a distância por toda parte, no que se refere aos não-praticantes, pelo espaço reservado, harmoniosamente ordenado, onde se desenrola a prática esportiva, no que se refere aos adversários, pela própria lógica do confronto, que exclui todo contato direto, ainda que pela intermediação de uma bola.

Mas isso não basta e pode até levar a uma visão realista e substancialista, não só de cada um dos esportes e do conjunto dos respectivos praticantes, mas também da relação entre os dois. Como eu havia tentado mostrar na introdução ao VII Congresso do HISPA, é preciso ter cuidado para não estabelecer uma relação direta, como acabo de fazer, entre um esporte e uma posição social, entre a luta ou o futebol e os operários, entre o judô e os funcionários. Mesmo porque verificaríamos facilmente que os operários estão longe de ser os mais representados entre os futebolistas. Na verdade, a correspondência, que é uma autêntica homologia, estabelece-se entre o espaço das práticas esportivas, ou, mais precisamente, das diferentes modalidades finamente analisadas da prática dos diferentes esportes, e o espaço das posições sociais. É na relação entre esses dois espaços que se definem as propriedades pertinentes de cada prática esportiva. E as próprias mudanças nas práticas só podem ser compreendidas, nessa lógica, na medida em que um dos fatores que as determinam é a vontade de manter no nível das práticas a distância que existe entre as posições. A história das práticas esportivas só pode ser uma história estrutural, levando em conta as transformações sis-

210 PIERRE BOURDIEU

temáticas acarretadas, por exemplo, pelo surgimento de um esporte novo (os esportes californianos) ou a difusão de um esporte existente, como o tênis. Parênteses: uma das dificuldades na análise das práticas esportivas reside no fato de que a unidade nominal (tênis, esqui, futebol) considerada pelas estatísticas (inclusive as melhores e mais recentes delas, como a do Ministério dos Assuntos Culturais) mascara uma dispersão, mais ou menos forte, conforme os esportes, das maneiras de praticá-los, e no fato de que essa dispersão cresce quando o aumento do número de praticantes (que pode ser apenas o efeito da intensificação da prática das categorias já praticantes) é acompanhado de uma diversificação social desses praticantes. É o caso do tênis, cuja unidade nominal mascara que, sob o mesmo nome, coexistem maneiras ˙de praticar tão diferentes quanto são diferentes, em sua categoria, o esqui fora da ˙pista, o esqui de circuito e o esqui comum: o tênis dos pequenos clubes municipais, que se pratica com *jeans* e Adidas, num chão duro, já não tem muito mais em comum com o tênis de traje branco e saia plissada que eram obrigatórios há uns vinte anos e que se perpetuam nos clubes seletos (ainda seria encontrado todo um universo de diferenças ao nível do estilo dos jogadores, de sua relação com a competição, com o treinamento, etc.).

Em suma, a prioridade das prioridades é a construção da estrutura do espaço das práticas esportivas do qual as monografias consagradas a esportes particulares vão registrar os efeitos. Se não sei que as perturbações de Urano são determinadas por Netuno, acreditarei que compreendo o que se passa em Urano, quando na realidade compreenderei os efeitos de Netuno. O objeto da história é a história dessas transformações da estrutura, que só são compreensíveis a partir do conhecimento do que era a estrutura em dado momento (o que significa que a oposição entre estrutura e transformação, entre estática e dinâmica, é totalmente fictícia e que não há outro modo de compreender a transformação a não ser a partir de um conhecimento da estrutura). Eis o primeiro ponto.

O segundo ponto é que esse espaço dos esportes não é um universo fechado sobre si mesmo. Ele está inserido num universo de práticas e consumos, eles próprios estruturados e constituídos como sistema. Há boas razões para se tratar as práticas esportivas

PROGRAMA PARA UMA SOCIOLOGIA DO ESPORTE 211

como um espaço relativamente autônomo, mas não se deve esquecer que esse espaço é o lugar de forças que não se aplicam só a ele. Quero simplesmente dizer que não se pode estudar o consumo esportivo, se quisermos chamá-lo assim, independentemente do consumo alimentar ou do consumo de lazer em geral. As práticas esportivas passíveis de serem registra das pela pesquisa estatística podem ser descritas como a resultante da relação entre uma oferta e uma procura, ou, mais precisamente, entre o espaço dos produtos oferecidos num dado momento e o espaço das disposições (associadas à posição ocupada no espaço social e passíveis de se exprimirem em outros tipos de consumo em relação com um outro espaço de oferta).

Quando se tem em mente a lógica estrutural no interior da qual está definida cada uma das práticas, o que deve ser a prática científica concreta? O trabalho do pesquisador consiste simplesmente em desenhar esse espaço, apoiando-se, por exemplo, na estrutura da distribuição dos lutadores, dos boxeadores, dos jogadores de rúgbi, etc., por sexo, por idade, por profissão? Na verdade, esse quadro estrutural pode, durante certo tempo, continuar grosseiramente desenhado, em função das estatísticas globais que estão disponíveis e sobretudo dos limites dessas estatísticas e dos códigos segundo os quais elas são construídas.

Aí está um princípio de método bem geral: antes de se contentar em conhecer a fundo um pequeno setor da realidade da qual não se sabe muito, por não se ter colocado a questão, como ele se situa no espaço de onde foi destacado e o que o seu funcionamento pode dever a essa posição, é preciso com o risco de contrariar as expectativas positivistas que, seja dito de passagem, tudo parece justificar ("mais vale trazer uma pequena contribuição modesta e precisa do que erguer grandes construções superficiais") -, é preciso, portanto, à maneira dos arquitetos acadêmicos, que apresentavam um esboço em carvão do conjunto do edifício no interior do qual se situava a parte elaborada em detalhe, esforçar-se por construir uma descrição sumária do conjunto do espaço considerado.

Por mais imperfeito que seja esse quadro provisório, sabe-se ao menos que ele deve ser preenchido, e que os próprios trabalhos empíricos que ele orienta contribuirão para preenchê-lo. E ainda permanece o fato de que esses trabalhos são radicalmente diferentes, em sua própria intenção, do que teriam sido na ausência desse quadro, que é a condição de uma construção adequada dos objetos da pesquisa empírica particular. Esse esquema teórico (aqui, a idéia de espaço dos esportes; em outro nível, a noção de campo do poder), mesmo que ele permaneça em grande parte vazio, mesmo que ele forneça sobretudo prevenções e orientações pragmáticas, faz com que eu escolha meus objetos de outro modo e que possa maximizar o rendimento das monografias: se, por exemplo, só podendo estudar três esportes, tenho em mente o espaço dos esportes, e hipóteses referentes aos eixos segundo os quais esse espaço se constrói, poderei escolher maximizar o rendimento dos meus investimentos científicos escolhendo três pontos bem afastados no espaço. Ou, então, poderei como fez, por exemplo, Jean-Paul Clément, optar por estudar um subespaço nesse espaço, o subespaço dos esportes de combate, e fazer, nessa escala, um estudo do efeito de estrutura apreendendo a luta, o judô, o *aikidô* com três pontos de um mesmo subcampo de forças. Poderei, sem correr o risco de me perder em detalhes, ver de muito perto o que me parece ser a condição do trabalho científico, filmar as lutas, cronometrar quanto tempo se passa deitado no chão na luta, no judô, no *aikidô,* em suma, poderei avaliar tudo o que é possível avaliar, mas a partir de uma construção que determina a escolha dos objetos e dos traços pertinentes. Tenho consciência, tendo muito pouco tempo, do caráter um pouco abrupto, peremptório e talvez aparentemente contraditório do que acabo de dizer. Entretanto, acho que dei indicações suficientes sobre o que pode ser um método que vise instaurar a dialética entre o global e o particular, o único que pode permitir conciliar a visão global e sinóptica que a construção da estrutura de conjunto exige com a visão idiográfica, aproximada. O antagonismo entre a grande visão macrossociológica e a visão microscópica de uma microssociologia, ou entre a construção das estruturas objetivas e a descrição das representações subjetivas dos agentes, de suas construções práticas, desaparece, bem como todas as oposições em forma de "par epistenfológico" (entre teoria e empiria, etc.), a partir do momento em que se tenha

PROGRAMA PARA UMA SOCIOLOGIA DO ESPORTE   213

conseguido - o que me parece ser a arte por excelência do pesquisador - investir um problema teórico de grande alcance num objeto empírico bem-construído (por referência ao espaço global no qual está situado) e controlável com os meios disponíveis, isto é, eventualmente, por um pesquisador isolado, sem apoio financeiro, reduzido apenas ã sua própria força de trabalho.

Mas preciso corrigir a impressão de realismo objetivista que pode dar minha referência a um "quadro estrutural" concebido como preliminar ã análise empírica. Eu sempre digo que as estruturas não são outra coisa senão o produto objetivado das lutas históricas tal como se pode apreendê-lo num dado momento do tempo. E o universo das praticas esportivas que a pesquisa estatística fotografa em certo momento não é senão a resultante da relação entre uma oferta, produzida por toda a história anterior, isto é, um conjunto de "modelos", de práticas (regras, equipamentos, instituições especializadas), e uma procura, inscrita nas disposições. A própria oferta tal como se apresenta num dado momento, sob a forma de um conjunto de esportes passíveis de serem praticados (ou vistos), já é produto de uma longa série de relações entre modelos de praticas e disposições para a prática. Por exemplo, como bem mostrou Christian Pociello, o programa de praticas corporais que a palavra "rúgbi" designa não é o mesmo - ainda que, em sua definição formal, técnica, tenha permanecido idêntico, com algumas poucas mudanças de regras - nos anos 30, em 1950 e em 1980. Ele é marcado, na objetividade e nas representações, pelas apropriações de que foi objeto e pelas especificações (por exemplo, a "violência") que recebeu na "realização" concreta operada pelos agentes dotados de disposições socialmente constituídas de uma forma particular (por exemplo, nos anos 30, os estudantes do PUC e do SBUC, ou de Oxford e Cambridge, e, nos anos 80, os mineiros galeses e os agricultores, os pequenos comerciantes ou os funcionários de Romans, de Toulon ou de Béziers). Esse efeito de apropriação social faz com que, a todo momento, cada uma das "realidades" oferecidas sob o nome · de esporte seja marcada, na objetividade, por um conjunto de propriedades que n~o estão inscritas na definição puramente técnica, que podem até ser oficialmente excluídas dela, e que orientam as

214 PIERRE BOURDIEU

práticas e as escolhas (entre outras coisas, dando um fundamento objetivo aos juízos do tipo "isso é coisa de pequeno burguês" ou "coisa de intelectual", etc.). Assim, a distribuição diferencial das práticas esportivas resulta do estabelecimento de uma relação entre dois espaços homólogos, um espaço das práticas possíveis, a oferta, e um espaço das disposições a serem praticadas, a procura: do lado da oferta, temos um espaço dos esportes entendidos como programas de práticas esportivas, que são caracterizadas, em primeiro lugar, em suas propriedades intrínsecas, técnicas (isto é, em particular, as possibilidades e sobretudo as impossibilidades que eles oferecem à expressão das diferentes disposições corporais), e, em segundo lugar, nas suas propriedades relacionais, estruturais, tal como se definem em relação ao conjunto dos outros programas de práticas esportivas simultaneamente oferecidas, mas que só se realiza plenamente num dado momento, recebendo as propriedades de apropriação que sua associação dominante lhes confere, tanto na realidade como na representação, através dos participantes modais, em relação a uma posição no espaço social; por outro lado, da parte da procura, temos um espaço das disposições esportivas que, enquanto dimensão do sistema de disposições (do *habitus*), estão relacionalmente, estruturalmente, caracterizadas, como as posições às quais elas correspondem, e que num dado momento são definidas na particularidade de sua especificação pelo estado atual da oferta (que contribui para produzir a necessidade, apresentando-lhe a possibilidade efetiva de sua realização) e também pela realização da oferta no estado anterior. Acho que este é um modelo bem geral que rege as mais diferentes práticas de consumo. Desse modo, vimos que Vivaldi ganhou, num intervalo de vinte anos, sentidos sociais totalmente opostos, e passou do estado de "redescoberta" musicológica ao estatuto de música de fundo no supermercado Monoprix. Ainda que seguramente um esporte, uma obra musical ou um texto filosófico definam, devido às suas propriedades intrínsecas, os limites dos usos sociais que podem ser feitos deles, eles se prestam a uma diversidade de utilizações e são marcados a cada momento pelo uso dominante que é feito deles. Um autor filosófico, Spinoza ou Kant, por exemplo, na verdade daquilo que se propõe a percepção, nunca se reduz à

PROGRAMA PARA UMA SOCIOLOGIA DO ESPORTE 215

verdade intrínseca da obra, e, em sua verdade social, ele engloba as leituras mais importantes que fazem dela os kantianos e os spinozistas do momento, eles próprios definidos não só por sua relação objetiva ou subjetiva com os kantianos e com os spinozistas do período anterior e suas leituras, mas também com os promotores ou com os defensores de outras filosofias. É contra esse complexo indivisível que é o Kant apropriado por kantianos que projetam em Kant, e não apenas pela leitura que fazem dele, suas propriedades sociais, que Heidegger reage quando opõe um Kant metafísico, quase existencialista (por exemplo, com o tema da finitude), ao Kant cosmopolita, universalista, racionalista, progressista dos neokantianos. Vocês devem estar se perguntando aonde quero chegar. Na verdade, assim como o sentido social de uma obra de filosofia pode se inverter dessa maneira (e a maior parte das obras, Descartes, Kant, ou mesmo Marx, estão sempre mudando de sentido, cada geração de comentadores vem destruir a leitura da geração precedente), do mesmo modo, uma prática esportiva que, em sua definição técnica, "intrínseca", sempre apresenta uma grande elasticidade, logo, oferece uma grande disponibilidade para usos totalmente diferentes, até opostos; também pode mudar de sentido. Mais exatamente, o sentido dominante, isto é, o sentido social que lhes é atribuído por seus usuários sociais dominantes (numérica ou socialmente) pode mudar: com efeito, é freqüente que no mesmo momento, e isso é válido também para uma obra filosófica, um esporte receba dois sentidos muito diferentes, e que o programa objetivado de prática esportiva designado por um termo como corrida a pé ou natação, ou mesmo tênis, rúgbi, luta, judô, seja um alvo de lutas - pelo próprio fato de sua polissemia objetiva, de sua indeterminação parcial, que o toma disponível para vários usos - entre pessoas que se opõem quanto ao uso verdadeiro, do bom uso, da boa maneira de exercitar a prática proposta pelo programa objetivado de prática considerado (ou, no caso de uma obra filosófica ou musical, pelo programa objetivado de leitura ou de execução). Num dado momento, um esporte é um pouco como uma obra musical: uma partitura (uma regra do jogo, etc.), mas também interpretações concorrentes (e todo um conjunto de interpretações do passado sedimentado); e é

216 PIERRE BOURDIEU

com tudo isso que cada novo intérprete se defronta, mais inconsciente do que conscientemente, quando propõe "sua" interpretação. Seria preciso analisar, nessa lógica, os "retornos" (a Kant, aos instrumentos de época, ao boxe francês, etc.). Eu dizia que o sentido dominante pode mudar. De fato, principalmente porque ele se define por oposição a esse sentido dominante, um novo tipo de prática esportiva pode ser construído com elementos do programa dominante de prática esportiva que estavam em estado virtual, implícito ou recalcado (por exemplo, toda a violência que estava excluída de um esporte por imposição do *Jair play*). O princípio dessas reviravoltas, que apenas a lógica da distinção não basta para explicar, certamente reside na reação dos novatos, e das disposições constituídas socialmente que eles introduzem no campo, contra o complexo socialmente marcado que um esporte constitui, ou uma obra filosófica, como programa objetivado de prática, mas socialmente realizado, encarnado em agentes socialmente marcados, logo, marcados pelas características sociais desses agentes, pelo efeito de apropriação. Se, para a visão sincrônica, tal ou tal desses programas, aquele programa que um nome de esporte designa (luta, equitação, tênis) ou um nome próprio de filósofo ou compositor, ou um nome de gênero, ópera, opereta, teatro de bulevar, ou mesmo um estilo, realismo, simbolismo, etc., parece diretamente ligado às disposições inscritas nos ocupantes de uma determinada posição social (é, por exemplo, o vínculo entre a luta ou o rúgbi e os dominantes), uma visão diacrônica pode levar a uma representação diferente, como se o mesmo objeto oferecido pudesse ser apropriado por agentes dotados de disposições muito diversas, em suma, como se qualquer um pudesse se apropriar de qualquer programa e qualquer programa pudesse ser apropriado por qualquer um. (Esse saudável "relativismo" pelo menos tem a virtude de prevenir contra a tendência, recorrente em história da arte, de estabelecer um vínculo direto entre as posições sociais e as tomadas de posição estéticas, entre o "realismo", por exemplo, e os dominados, esquecendo que as mesmas disposições poderão, por referência a espaços de oferta diferentes, exprimir-se em tomadas de posição diferentes.) Na verdade, a elasticidade semântica nunca é infinita (basta pensar no golfe e na luta), e sobretudo, em cada momento, as escolhas entre as diferentes possibilidades oferecidas nunca se distribuem ao acaso, ainda que, quando o espaço dos possíveis é muito restrito (por exemplo, o jovem Marx contra o Marx da maturidade), a relação entre as disposições e as tomadas de posição seja muito obscura, pelo fato de as disposições, que podem projetar diretamente sua estrutura de exigências em universos mais abertos, menos codificados, serem obrigadas, nesse caso, a se limitar a escolhas negativas ou ao menos ruim.

Acho possível dizer que as disposições associadas às diferentes posições no espaço social, e em particular as disposições estruturalmente opostas ligadas às disposições opostas nesse espaço, sempre encontram um meio de se exprimir, mas, às vezes, sob a forma irreconhecível das oposições específicas, ínfimas e imperceptíveis se não tivermos as categorias de percepção adequadas, que organizam um campo determinado num dado momento. Não há nada que impeça pensar que as mesmas disposições que levaram Heidegger a uma forma de pensamento "revolucionário conservador" teriam podido, em referência a outro espaço de oferta filosófica, levá-lo até o jovem Marx; ou que a mesma pessoa (mas ela não seria a mesma) que vê hoje no *aikidô* uma maneira de escapar do judô, naquilo que ele tem de objetivamente limitado, competitivo, pequeno-burguês - é evidente que estou falando do judô socialmente apropriado -, teria exigido, há trinta anos, mais ou menos a mesma coisa do judô.

Eu gostaria ainda de lembrar, mesmo superficialmente, todo o programa de pesquisas que está implicado na idéia de que um campo de profissionais da produção de bens e serviços esportivos está se constituindo progressivamente (entre os quais, por exemplo, os espetáculos esportivos), no interior do qual se desenvolvem interesses específicos, ligados à concorrência, relações de força específica, etc. Eu me contentarei em mencionar, entre outras, uma conseqüência da constituição desse campo relativamente autônomo, a saber, o contínuo aumento da ruptura entre profissionais e amadores, que vai *pari passu* com o desenvolvimento de um esporte-espetáculo totalmente separado d& esporte comum. É notável que se observe um processo semelhante em outras áreas, particularmente na dança. Nos dois casos, a constituição progres-

218   PIERRE BOURDIEU

siva de um campo relativamente autônomo reservado a profissionais é acompanhada de uma despossessão dos leigos, pouco a pouco reduzidos ao papel de espectadores: por oposição à dança camponesa, em geral associada a funções rituais, a dança cortesã, que se torna espetáculo, supõe conhecimentos específicos (é preciso conhecer o compasso e os passos), portanto, mestres de dança são levados a enfatizar a virtuosidade técnica e a operar um trabalho de explicitação e de codificação; a partir do século XIX, aparecem dançarinos profissionais, que se apresentam nos salões diante de pessoas que praticam e ainda podem apreciar como conhecedores; depois, por fim, dá-se a ruptura total entre os dançarinos estrelas e espectadores sem prática reduzidos a uma compreensão passiva. A partir de então, a evolução da prática profissional depende cada vez mais da lógica interna do campo de profissionais, sendo os não-profissionais relegados à categoria dê público cada vez menos capaz da compreensão dada pela prática. Em matéria de esporte, estamos freqüentemente, na melhor das hipóteses, no estágio da dança do século XIX, com profissionais que se apresentam para amadores que ainda praticam ou praticaram; mas a difusão favorecida pela televisão introduz cada vez mais espectadores desprovidos de qualquer competência prática e atentos a aspectos extrínsecos da prática, como o resultado, a vitória. O que acarreta efeitos, por intermédio da sanção (financeira ou outra) dada pelo público, no próprio funcionamento do campo de profissionais (como a busca de vitória a qualquer preço e, com ela, entre outras coisas, o aumento da violência).

Termino por aqui, já que o tempo que me foi concedido está praticamente esgotado. Indico o último ponto em alguns segundos. Falei inicialmente dos efeitos da divisão do trabalho entre os teóricos e os práticos no interior do campo científico. Penso que o esporte é, com a dança, um dos terrenos onde se coloca com acuidade máxima o problema das relações entre a teoria e a prática, e também entre a linguagem e o corpo. Certos professores de educação física tentaram analisar o que é, por exemplo, para um treinador ou para um professor de música comandar o corpo. Como ensinar a alguém, isto é, a seu corpo, a corrigir seu gesto? Os problemas colocados pelo ensino de uma prática corporal me pa-

PROGRAMA PARA UMA SOCIOLOGIA DO ESPORTE   219

recem encerrar um Conjunto de questões teóricas de importância capital, na medida em que as ciências sociais se esforçam por fazer a teoria de condutas, que se produzem, em sua grande maioria, aquém da consciência, que se aprendem, pode-se dizer, por uma comunicação silenciosa, prática, corpo a corpo. E a pedagogia esportiva talvez seja o terreno por excelência para colocar o problema que em geral é exposto no terreno da política: o problema da tomada de consciência. Há um modo de compreensão totalmente particular, em geral esquecido nas teorias da inteligência, e que consiste em compreender com o corpo. Há uma infinidade de coisas que compreendemos somente com nosso corpo, aquém da consciência, sem ter palavras para exprimi-lo. O silêncio dos esportistas de que falei no início deve-se em parte, quando não se é profissional da explicitação, ao fato de haver coisas que não se sabe dizer, e as práticas esportivas são essas práticas nas quais a compreensão é corporal. Em geral, só se pode dizer: "Olhe, faça como eu". Nota-se com freqüência que os livros escritos por grandes dançarinos não transmitem quase nada daquilo que fez o "gênio" de seus autores. E Edwin Denby, pensando em Théophile Gautier ou em Mallarmé, dizia que as observações mais pertinentes sobre a dança partem menos dos dançarinos, ou mesmo dos críticos, do que dos amadores esclarecidos. O que se compreende se sabemos que a dança é a única das artes eruditas cuja transmissão - entre dançarinos e público, mas também entre mestre e discípulo - é inteiramente oral e visual, ou melhor, mimética. Isso em razão da ausência de qualquer objetivação numa escritura adequada (a ausência do equivalente da partitura, que permite distinguir claramente entre partitura e execução, leva a identificar a obra à *performance,* a dança ao dançarino). Poderíamos, nessa perspectiva, tentar estudar o que foram os efeitos, tanto na dança como no esporte, da introdução da filmadora. Uma das questões colocadas é saber se é preciso passar pelas palavras para ensinar determinadas coisas ao corpo, se, quando se fala ao corpo com palavras, são as palavras precisas teoricamente, cientificamente, aquelas que fazem o corpo compreender melhor ou se, às vezes, palavras que não têm nada a ver com a descrição adequada do que se quer transmitir não são mais bem compreendidas pelo corpo. Refletindo sobre essa compreensão

220 PIERRE BOURDIEU

do corpo, talvez fosse possível contribuir para uma teoria da crença. Vocês vão pensar que procedo com botas de sete léguas. Penso que há uma ligação entre o corpo e o que em francês nós chamamos de *esprit de corps*. Se a maioria das organizações, seja a Igreja, o Exército, os partidos, as indústrias, etc., dão tanto espaço às disciplinas corporais, é porque, em grande parte, a obediência é a crença, e porque a crença é o que o corpo admite mesmo quando o espírito diz não (poderíamos, nessa lógica, refletir sobre a noção de disciplina). Talvez seja refletindo sobre o que o esporte tem de mais específico, isto é, a manipulação regrada do corpo, sobre o fato de o esporte, como todas as disciplinas em todas as instituições totais ou totalitárias, os conventos, as prisões, os asilos, os partidos, etc., ser uma maneira de obter do corpo uma adesão que o espírito poderia recusar, que se conseguiria compreender melhor o uso que a maior parte dos regimes autoritários faz do esporte. A disciplina corporal é o instrumento por excelência de toda espécie de "domesticação": sabe-se o uso que a pedagogia dos jesuítas fazia da dança. Seria preciso analisar a relação dialética que une as posturas corporais e os sentimentos correspondentes: adotar certas posições ou certas posturas é, sabe-se desde Pascal, induzir ou reforçar os sentimentos que elas exprimem. O gesto, segundo o paradoxo do comediante ou do dançarino, reforça o sentimento que reforça o gesto. Assim se explica o lugar destinado por todos os regimes de caráter totalitário às práticas corporais coletivas que, simbolizando o social, contribuem para somatizá-lo e que, pela *mimesis* corporal e coletiva da orquestração social, visam reforçar essa orquestração. A *História do soldado* lembra a velha tradição popular: fazer alguém dançar significa possuí-la. Os "exercícios espirituais" são exercícios corporais, e inúmeros treinamentos modernos são uma forma de ascese no século.

Há uma contradição, que sinto muito fortemente, entre o que quero dizer e as condições nas quais digo isso. Teria sido preciso que eu tomasse um exemplo absolutamente preciso e o aprofundasse; ora, devido à aceleração imposta a meu discurso pelas pressões do horário, vocês podem ter a impressão de que propus grandes perspectivas teóricas quando minha intenção era totalmente inversa...

A sondagem - Uma "ciência" sem cientista*

Para começar, um paradoxo: é notável que as mesmas pessoas que olham com suspeita as ciências sociais, e entre elas, a sociologia, acolham com entusiasmo as pesquisas de opinião, que freqüentemente são uma forma rudimentar de sociologia (por razões que se devem menos às qualidades das pessoas encarregadas de concebê-las, realizá-las e analisá-las, do que às coações da encomenda e às pressões da urgência).

A pesquisa responde à idéia comum de ciência: ela dá às perguntas que "todo mundo se faz" (todo mundo ou, pelo menos, o pequeno mundo daqueles que podem financiar pesquisas - diretores de jornais ou semanários, políticos e empresários) respostas rápidas, simples e cifradas, aparentemente fáceis de compreender e comentar. Ora, nessas matérias mais do que em outras, "as verdades primeiras são erros primeiros" e os verdadeiros problemas dos editorialistas e dos comentaristas políticos muitas vezes são falsos problemas que a análise científica precisa destruir para construir seu objeto. Esse questionamento das questões primeiras, as instituições de pesquisas comerciais não têm condições de e sobretudo tempo para realizá-lo - e, ainda que o tivessem, certamente não teriam interesse em fazê-lo - no estado atual do mercado e da informação daqueles que encomendam pesquisas.

---

* Texto publicado em *Pouvoirs*, 33, 1985.

PIERRE BOURDIEU

É por isso que no mais das vezes elas se contentam em traduzir em questões conformes aos problemas que o cliente se coloca.

Mas, dirão alguns, uma prática que coloca questões como o cliente as coloca a si mesmo não é a forma acabada da ciência "neutra" exigida pelo "bom senso" positivista? (Um parêntese para introduzir uma nuança: acontece que as questões primeiras, quando se inspiram em conhecimentos e preocupações práticas, como aquelas que as pesquisas de mercado introduzem, trazem, se forem reinterpretadas em função de uma problemática teórica, informações de primeira qualidade, quase sempre superiores àquelas provocadas por interrogações mais pretensiosas dos semicientistas.) A "ciência sem cientista" do ideal positivista realiza, nas relações entre os dominantes e os dominados no interior do campo do poder, o equivalente do que é, em outra escala, o sonho de uma "burguesia sem proletariado". O sucesso de todas as metáforas que levam a conceber a pesquisa como um puro registro mecânico, "barômetro", "fotografia", "radiografia", e as encomendas que os políticos de todas as tendências, ignorando as instituições de pesquisas financiadas pelo Estado, continuam a encaminhar às empresas privadas de pesquisa, atestam essa expectativa profunda de uma ciência sob encomenda e sob medida, de uma ciência sem aquelas hipóteses que em geral são percebidas como pressupostos, e mesmo como preconceitos, e sem aquelas teorias cuja reputação sabemos que não é boa.

O que está em jogo, como vemos, é a existência de uma ciência do mundo social capaz de afirmar sua autonomia frente a todos os poderes: como mostra a história das artes visuais, os artistas tiveram de lutar durante séculos para se libertarem da encomenda e impor suas próprias intenções, aquelas que se definiam na concorrência dentro do mundo dos artistas, primeiro na maneira, na execução, na forma, em suma, tudo o que depende propriamente do artista; em seguida, da escolha do próprio objeto. E o mesmo se passa com os cientistas que se ocupam do mundo físico e biológico. A conquista da autonomia evidentemente é muito mais difícil, e, portanto, mais lenta, no caso das ciências do mundo social, que devem livrar cada um de seus problemas das pressões da encomenda e das seduções da demanda:

A SONDAGEM - UMA "CIÊNCIA" SEM CIENTISTA   223

estas nunca são tão insidiosas quanto ao operarem, como ocorre hoje em dia, nas empresas de sondagem, através dos mecanismos impessoais de um funcionamento social que não deixa tempo para se difundir, para recapitular as aquisições, confirmar as técnicas e os métodos, redefinir os problemas, suspendendo o primeiro movimento, que é o de aceitá-los porque eles encontram uma cumplicidade imediata nas interrogações vagas e confusas da prática cotidiana.

E, depois, porque aqueles que, para fazer funcionar sua empresa, devem vender produtos rapidamente embalados e habilmente ajustados ao gosto dos clientes seriam mais realistas do que o consumidor rei? E como poderiam? Eles têm amostras bem testadas, equipes de pesquisadores bem-treinadas, programas de análise já experimentados. Em cada caso, não lhes resta mais do que procurar saber o que o cliente quer saber, isto é, o que este quer que procurem, ou melhor, que encontrem. Supondo que possam encontrar o que pensam ser a verdade, eles teriam interesse em dizê-la ao político ansioso pela reeleição, ao empresário que está perdendo velocidade, ao diretor de jornal mais ávido por sensações do que por informações, se eles têm alguma preocupação em manter a clientela? E isso num momento em que têm de contar com a concorrência dos novos mercadores de ilusão que hoje fazem furor junto a diretores comerciais e a responsáveis pelas relações públicas: recuperando a arte ancestral das cartomantes, quiromantes e outras videntes extralúcidas, esses vendedores de produtos científicos sem marca, que retraduzem numa linguagem vagamente psicológica, e sempre muito próxima da intuição comum ("folgazão", "desbravador", "deslocados" ou "aventureiros"...), "estilos de vida" estabelecidos de um modo muito misterioso, tornaram-se mestres na arte de devolver aos clientes respostas complacentes enfeitadas com toda a magia de uma metodologia e de uma terminologia de aspecto altamente científico. Como e por que trabalhariam para pôr e impor problemas capazes de decepcionar ou chocar, quando lhes basta se deixarem levar pelas inclinações da sociologia espontânea - que certamente a comunidade científica nunca terá terminado de combater em si mesma - para satisfazerem seus clientes, produzindo respostas para proble-

224   PIERRE BOURDIEU

mas que só se colocam àqueles que pedem que eles os coloquem e que, com muita freqüência, não se colocavam aos entrevistados antes de lhes serem impostos? É claro que eles não têm interesse em dizer aos clientes que suas questões não têm interesse, ou, pior, não têm objeto. E seria preciso que fossem muito virtuosos ou que tivessem fé na ciência para se recusarem a fazer uma pesquisa sobre "a imagem dos países árabes", sabendo que um concorrente menos escrupuloso se apossará dela, e mesmo quando presumem que ela só captará, e aliás muito mal, as disposições em relação aos imigrantes. Nesse caso, a pesquisa medirá pelo menos alguma coisa, mas que não é aquilo que se acredita estar medindo. Em outros casos, ela não medirá nada além do efeito exercido pelo instrumento de medida: isso é o que acontece sempre que o pesquisador impõe aos entrevistados uma problemática que não é a deles - o que não os impedirá de responder a ela, apesar de tudo, por submissão, por indiferença ou por pretensão, fazendo assim desaparecer o único problema interessante, a questão dos determinantes econômicos e culturais da capacidade de colocar o problema como tal, capacidade que, na ordem da política, define uma das dimensões fundamentais da competência específica.

Seria preciso recensear, não com uma intenção ingenuamente polêmica, mas para dedicar-se a contrariar, a anular, os efeitos totalmente nocivos, do ponto de vista da ciência, que as coações do mercado exercem sobre a prática das empresas de pesquisa. Só vou evocar, para tentar exorcizá-la, a lembrança daquele ministro da Educação Nacional que, por volta dos anos 80, pediu a três empresas que analisassem as atitudes dos professores das três categorias de ensino (primário, secundário, superior), obtendo assim três pesquisas perfeitamente incomparáveis, tanto · nos procedimentos de amostragem quanto nas questões colocadas, e anulando assim tudo aquilo que somente a comparação teria podido estabelecer a propósito de cada uma das populações consideradas. E, para que se avalie bem todo o horror da coisa, acrescentarei que essa pesquisa distou quase dez vezes o orçamento anual de um laboratório universitário sustentado pelo Estado, que, se pelo menos tivesse sido consultado, teria podido evitar esses erros e investir na elaboração do questionário e do programa de análise

A SONDAGEM - UMA "CIÊNCIA" SEM CIENTISTA   225

um capital de aquisições teóricas e empíricas que escritórios de estudos privados evidentemente não podem mobilizar, considerando a diversidade das áreas a que se dedicam e as condições de urgência, capazes de impedir praticamente qualquer acumulação, em que trabalham.

Os efeitos da "mão invisível" do mercado que se exercem tanto na análise quanto na coleta de dados (sabe-se, por exemplo, que é mais fácil conseguir que os clientes financiem questões diretamente interessantes a seus olhos do que questões capazes de fornecer informações indispensáveis à explicação das respostas) se conjugam com a ausência de reserva de pessoal livre das urgências e da demanda imediata, e dotado de um capital comum de recursos teóricos e técnicos que poderia assegurar a acumulação das aquisições (ainda que apenas pelo arquivamento metódico das pesquisas anteriores) para favorecer um uso descritivo da pesquisa, o mesmo que inconscientemente os clientes pedem. O que não impede que os mais intrépidos daqueles que chamo, com Platão, de "doxósofos" proponham explicações que vão bem além dos limites inscritos no sistema dos fatores explicativos, sempre muito pouco numerosos e freqüentemente mal avaliados, de que dispõem. Qualquer um pode vê-los, nas noitadas eleitorais, improvisando explicações e interpretações às quais só a má-fé tão evidente dos políticos consegue dar um ar de profundidade e objetividade. Darei como exemplo apenas as explicações que foram propostas para explicar o declínio do Partido Comunista e que não abriram praticamente nenhum espaço para as transformações estruturais tão importantes quanto a generalização do acesso ao ensino secundário e para a desclassificação estrutural ligada à desvalorização correlativa dos títulos escolares, os quais, é claro, exerceram efeitos determinantes sobre as disposições em relação à política.

Eu me preparava para encerrar aqui, em consideração à hospitalidade com que fui recebido*, a minha análise dos limites científicos inerentes ao funcionamento das instituições de pesquisa comercial, quando li o texto de Alain Lancelot, que fecha, co-

---

* Esse texto devia inicialmente aparecer como prefácio da seleção de resultados de pesquisas publicadas em 1985 pela SOFRES.

roa e conclui a coletânea SOFRES de 1984: nessa "resposta" a uma espécie de amálgama pastoso das objeções dirigidas às pesquisas, acredito descobrir a intenção de me responder, mas não reconheço minhas objeções, que tocam daí com certeza o malentendido - em questões de ciência e não, como se acredita, de política (ainda que a falsa ciência tenha verdadeiros efeitos políticos). Vou, portanto, tomar um último exemplo, que eu tinha resolvido descartar, porque revela de maneira um tanto crua e cruel demais os limites sociais do entendimento dos doxósofos. Sabese que as não-respostas são a chaga, a cruz e a miséria dos institutos de pesquisa, que tentam por todos os meios reduzi-las, minimizá-las e mesmo camuflá-las. Condenadas, portanto, a permanecerem despercebidas do pesquisador que as recalca para os bastidores da pesquisa e das instruções aos entrevistadores, essas nãorespostas malditas ressurgem sob a pena do "politicólogo" através do problema da "abstenção", tara da democracia, ou da "apatia", abandono na indiferença e na indiferenciação (o "pântano"). Compreende-se que o pesquisador politicólogo, que vê em qualquer crítica à pesquisa, identificada com o sufrágio universal (a analogia nem mesmo é falsa), um atentado simbólico contra a democracia, não possa suspeitar qual é a questão, decisiva, que é colocada à ciência, à política e a uma ciência política digna desse nome, a existência de não-respostas que variam segundo o sexo (as mulheres "se abstêm" mais), segundo a posição no espaço social (quanto mais despossuídas econômica e culturalmente são as pessoas, maior é o número de abstenções) e também segundo a natureza das perguntas feitas (fatores que predispõem à "abstenção" são tanto mais operantes quanto mais abertamente "políticas" são as perguntas, isto é, mais próximas na letra e no espírito dos problemas que se colocam os doxósofos comuns, pesquisadores, politicólogos, jornalistas e políticos). Para dar a conhecer essas verdades simples, mas camufladas sob as evidências da rotina cotidiana do leitor de jornais ("A taxa de abstenção atingiu trinta por cento"), seria preciso atribuir um valor positivo a essa nódoa da pesquisa e da democracia, a essa falta, essa lacuna, esse nada (que se pense no cálculo de percentagens "não-respostas" excluídas) e, por uma daquelas mudanças de sinal, e de senti-

A SONDAGEM - UMA "CIÊNCIA" SEM CIENTISTA   227

do, que define a ruptura científica com o senso comum, descobrir que a informação mais importante reside, em qualquer pesquisa de opinião, na taxa de não-respostas, medida da probabilidade de produzir uma resposta que é característica de uma categoria: a tal ponto que a distribuição das respostas, dos sim e dos não, dos a favor e dos contra, que define uma categoria qualquer, homens ou mulheres, ricos ou pobres, jovens ou velhos, operários ou patrões, só tem sentido segundo, secundário, derivado, enquanto *probabilidade condicional,* que só vale por referência à probabilidade primária, primordial, de produzir uma resposta. Essa probabilidade vinculada a uma unidade estatística define a competência, no sentido quase jurídico do termo, socialmente atribuída aos agentes envolvidos. A ciência não tem que celebrar ou deplorar a distribuição desigual da competência política tal como ela é socialmente definida em um dado momento do tempo; ela deve analisar as condições econômicas e sociais que a determinam e os efeitos que ela produz, em uma vida política fundamentada na ignorância (ativa ou passiva) dessa desigualdade.

Não quero me fazer valer, mas me fazer entender: a descoberta, no · verdadeiro sentido, de uma evidência que, como se diz, "saltava aos olhos" não passava ela mesma de um ponto de partida. Não bastava descobrir que a propensão para abster-se ou tomar a palavra - "opinar", diz Platão, significa "falar" - ao invés de delegá-la tacitamente a mandatários, Igreja, partido ou sindicato, ou melhor, plenipotenciários, dotados da *plena potentia agendi,* dos plenos poderes de falar e agir no lugar dos supostos mandantes, não se distribui ao acaso; faltava ainda relacionar a propensão particular dos mais despossuídos econômica e culturalmente para se absterem de responder às questões mais propriamente políticas e a tendência para a concentração dos poderes nas mãos de responsáveis que caracterizam os partidos baseados nos votos dos mais despossuídos econômica e culturalmente, em particular os partidos comunistas. Em outros termos, a liberdade de que dispõem os dirigentes dessas organizações, as liberdades que eles podem tomar em relação aos mandantes (o que é testemunhado especialmente por suas extraordinárias reviravoltas) repousam fundamentalmente na entrega de si quase incondicional

228 PIERRE BOURDIEU

que está implicada no sentimento de incompetência, e mesmo de indignidade políticas, justamente o que desvendam as não-respostas. Percebe-se que, longe de resultar da idéia preconcebida de só reconhecer a democracia contanto que esta seja popular (como insinua Alain Lancelot), essa descoberta de uma relação que o politicólogo comum não pode perceber (entre outras razões, porque sua mão direita, que analisa as pesquisas, não sabe o que faz a mão esquerda, que "analisa" a vida política) conduz ao princípio da lei tendencial que condena as organizações de defesa dos interesses dos dominados à concentração monopolística do poder de contestação e de mobilização, e que encontrou plenas condições de realização nas "democracias populares". Eu deveria, para evitar qualquer mal-entendido, acrescentar que essa descoberta, de resto muito banal, permite retomar certas análises clássicas que os neomaquiavelistas, em particular Mosca e Michels, consagraram ao funcionamento dos aparelhos políticos ou sindicais, sem aceitar sua filosofia essencialista da história, que inscreve na *natureza* das "massas" a propensão para se deixarem despossuir em proveito dos dirigentes, e tendo em mente que a eficácia das leis históricas que eles naturalizam seria suspensa, ou pelo menos enfraquecida, se viessem a ser suspensas, ou enfraquecidas, as condições econômicas e culturais de sua operação.

Eu gostaria de ter convencido, com esse exemplo, que a "crítica das pesquisas", se é que ela existe, não se situa no terreno político, onde a situam aqueles que se acham na obrigação de defendê-las, pensando escapar desse modo, segundo uma estratégia testada, à crítica propriamente científica. E que, se a crítica científica deve neste caso, mais do que nunca, adquirir a forma de uma análise sociológica da instituição, é porque os limites da prática científica estão, como sempre, mas em diferentes graus, inscritos em essência nas coações que pesam sobre a instituição e, através dela, sobre o espírito daqueles que dela participam. Ela é, em todo caso, um método válido, um meio legítimo, já que, ao contrário das estratégias de "politização" que usam argumentos sorrateiramente *ad hominem,* ela isenta as pessoas de responsabilidades que lhes competem muito menos do que elas mesmas gostariam de acreditar.

Índice remissivo

A

Absolutismo 27, 38, 46-7, 164-5.
ADORNO, Th. 16.
Agente 21, 80.
Agrégés (Société des) 193.
Alienação (política) 190, 206.
Alma/corpo 120.4.
ALTUSSER, L. (althusserianismo) 16, 21, 30,32-3,65.
Amor fati 90.
Analogia 10, 142-3, 146.
Antiintelectualismo 184.
Antinomias (falsas) 41, 44, 45, 49-51, 57, 63, 80, 82, 91, 93, 95, 111-2, 150-2, 155-6, 178, 184, 186, 210, 212.
Antropologia 18, 20, 33, 126.
Aparelho 202-4; intelectual de - 204; lei de ferro do - 204; teodicéia do -206.
Aristocracia 88, 93.
ARISTÓTELES, 116, 146.
AUSTIN, J-L. 34, 42.
Auto-análise *(selbsreflexion)* 37, 38, 39, 47, 112, 118, 123; - e objetivação da objetividade 140; (v. também objetivações da sociologia)
Autonomia (autonomização) 19, 40-6, 58, 126, 128, 163, 175, 181, 210, 217; conquista da - 222; (v. também liberdade)
Autoridade 71, 116.

B

BACHELARD, G. 15, 55, 168.

BAKHTIN, M. 135.
BATESON, G. 91.
BÉARN, 20, 47, 77, 82, 87, 88, 90, 94.
BECKER, G. 64.
BENDIX, R. 152.
BENSA, A. 91.
BERGUER, B. 152.
Bilingüismo 131.
BOLTANSKI, L. 84, 192.
Bom senso (falsa clareza) 69, 222.
BURGER, P. 171-2.

C

Cabília 34-6, 37, 47, 77, 81-2, 87-9, 94, 97, 134, 179, 144, 162.
Cálculo (calculabilidade) 104, 105, 132-3, 140, 184; - econômico 93, 133; -racional 130; (v. também racional).
Cambridge (Escola de) 64.
Campo 45, 47, 54, 56, 58-59, 63, 65, 93, 108, 117, 119, 125-8, 130, 131, 149, 169, 171-4, 178, 217; - artístico 19, 65, 171, 173, 181, 185; - de produção cultural 115, 169, 174, 175, 182, 184; - do poder 153, 174, 212, 222; - econômico 93, 127-9, 133; - literário 169-72, 181; - político 169-72, 175, 181, 184, 186; - religioso 108-1P, 120-5, 181; - científico, 21, 46, 218; escolar 58; - social 29, 123; sociológico 52, 54; - universitário 29, 36, 116; teoria dos - 26, 34-5, 171, 177.
CANGUILHEM, G. 16.

230 PIERRE BOURDIEU

Capital 43, 95, 127, 170-2, 175, 204; - cultural 50, 123-4, 132, 133, 154, 174, 178, 225; - econômico 87, 89, 132, 133; - literário 135; social 131, 133; - simbólico 35, 132-3, 154, 163-5, 166, 170; poder sobre o - 173, 174.

Carisma 190.

Casamento 20, 77, 83, 86, 88-91, 93, 95, 98; - com a prima paralela 20, 33,91,97; - preferencial 86.

CASSIRER, E. 40, 55, 63, 122, 152.

Categorias *(kategoresthaí)* 41, 116, 137, 162.

Categorias (de percepção) 71, 150, 161, 179.

CÉLINE, F. 184.

Certificado, certificação 71-2, 165.

Chances (e esperanças) 23, 36.

Chicago (Escola de) 54.

CHOMSKY, N. 21, 25, 85.

CICOUREL, A. 164, 207.

Ciência, científico, cientificidade 18, 165, 168, 221-4; sociologia da - 20.

Científico 47, 66; cultura - a 143, 144; limite do conhecimento - 34; relação - a com o objeto 33 (cf. *scholé)*

Cinismo 27, 184, 200.

Classe (social) 31, 38, 66-7, 94-5, 149, 155-6, 167; - no papel 95, 155-6; luta de - s 167.

Classificação 151; luta das - 103, 167.

Classificatório (pensamento ou lógica) 36, 41, 65, 89.

Codificação 101.

Código 85, 100, 103, 104, 136, 158.

Cognitivas (estruturas) 26, 29, 36, 157-8, 179.

Competência 120, 122, 173, 182, 204, 227; - lingüística 134; - política 227.

Comunicação (forma social de) 46, 103, 104, 140.

Conceitos abertos 56.

Concentração (política) 227-8; - do poder 204.

Concorrência (lutas de) 46, 122, 127, 170, 181.

Condescendência (estratégias de) 154.

Condições sociais de possibilidade 19. 27, 38, 106-7, 134, 159.

Conflito/consenso 57.

Consagração 167, 171; - auto 194-5, 206; efeito de - 106.

Consciência 20; conscientização 116, 189, 217.

Consciente/inconsciente 31, 33, 47, 81, 134, 149, 151.

Constituição 165, 192, 193; poder de - 31, 165-6.

Construção 26, 49, 51, 63, 79, 122, 128, 153, 156-7; - do objeto 134, 211, 221; - prática 212; - científica 27, 33.

Construtivismo 56, 122, 149-51, 162, 179.

Corpo 82, 113, 138-9, 218-20; relação com o - 155, 209; técnicas do 79.

Corpo (constituído) 167, 193; espírito de - 220.

Corte 112, 113; - epistemológico e - social 182-3.

COURNOT, A. 101.

Crença (e campo) 20, 108, 109, 112-3, 128, 141, 145, 205; - acadêmica 141.

Crítica 16, 38, 47, 141-2, 228; histórica 30 (v. também historicismo)

Cultura 36, 38, 43; - científica 16; contra - 187.

Cura (das almas) 120, 122.

D

Dança 217, 220.

DARBEL, A. 19.

DARNTON, R. 62.

DAVY, G. 17

Definição preliminar (erro da) 119, 120.

Definições preliminares 56, 120.

Delegação 36, 53, 135, 168, 188, 193, 204, 227.

DENBY, E. 219.

Denegação *(Verneinung)* 28, 154, 199.

Depuração (e arte pura) 172, 173.

DESCARTES 63, 65, 215.

Desvio 191, 194.

Determinismo 22, 25, 26.

Diacrítica (leitura, produção) 177, 178.

Diferenciação (e história) 93.

Dirigente partidário 194, 198-200, 201-3, 205.

Disciplina 101, 220; - e somatização social 220.

Disciplina universitária 29.

Distinção (busca de) 160.

Dominação 35, 174-6, 186; - estrutural 175; efeito de - 32; forma de classificação como forma de - 37; instrumento de - 17.

ÍNDICE RESMISSIVO   231

Dons (troca de -) 36, 89, 91, 132; ideologia do - 70.

Dóxico, doxa 17, 24, 70, 157, 159, 164.

Doxósofos 225-6.

DURKHEIM, E. 18, 24, 37, 44, 50, 52, 53, 66, 102, 144, 150-2, 156, 188, 197.

E

Economia 19, 63, 86, 126, 130, 132-3; - e economias (da honra, da religião, etc.) 132-3.

Economismo 128.

EISTER, J. 22, 24.

Empirismo 17, 32, 46, 49-50, 52, 56, 212.

Empiristas e teóricos 49.

Envelhecimento 130.

Escrita 101-3.

Escritório (v. construção dos grupos) 190; efeito - 204.

Escritura (sociológica) 44, 68-72.

Espaço dos possíveis (ou dos compossíveis) 44, 45-6, 213, 216.

Espaço social 20, 26, 67, 95, 115, 155-8, 162-3, 177, 183, 209, 216, 226.

Especialização 53.

Espontaneísmo 182.

Esportes 58, 122, 123.

Esprit 17.

Esquema 38, 84, 99, 158-9 (v. também classificação); - prático 37, 67, 92, 99, 104, 158-9, 166.

Essência (como quintessência) 172-3.

Estado 164-5; - como instrumento de dominação 51; razão de -163.

Estéticos (conceitos) 173.

Estratégia (v. regras) 23, 33, 37, 61, 77, 79-81, 91, 129, 130; - educativas 60-1, 87-8, 91; - matrimoniais 78, 81, 86, 90; - de reprodução 86-7, 90.

Estrutura, estrutural 209; - e história 26, 47, 58, 63, 110-1, 120, 127, 210, 213; modo de pensamento - 18, 42, 153, 177, 210, 213-4.

Estrutura/mudança 210-1.

Estruturalismo (estruturalista) 16, 18, 20, 25-6, 30-1, 35; - e construtivismo 50.

Eternização (dos conceitos) 29-30.

Etnologia 78, 79, 83, 91, 92, 96-8, 110, 116-7, 142-4; - e sociologia 20, 38, 77, 84, 89, 94; etnologismo 141, 142-3.

Etnólogo 19, 34, 136, 139-40, 142.

Etnometodologia 49, 150-1, 154-5, 156-7.

Existencialismo 15, 17.

Experimentação epistemológica (sociológica) 77, 114.

Expert 165.

F

Faculdades (conflito das) 59.

FANON, F. 19

Fenomenologia 15, 18, 99; - e estruturalismo (v. estruturalismo)

FERRO, M. 204.

Fetichismo 43, 130, 188; - político 188-90.

FICHTE, J. G. 16.

Fides implícita (entrega de si) 192, 228.

Filologismo 135, 137-41.

Filosofia (filósofo) 18, 29-30, 32, 43, 54-5, 70, 101; (v. também eternização dos conceitos); - da livre escolha 27; - marxista 29-30; social 58.

Finalismo 22, 129-30.

Fisicalismo/psicologismo 150-1; (v. também objetivismo/subjetivismo).

Forma 98-9, 106-7; adotar formalidades 98-9, 106-7; formalizar 98-9.

Formal, formalismo, formalização 63, 65, 85, 100, 105-6.

Fórmula (jurídica, matemática) 63, 85, 105.

FOUCAULT, M. 16, 18.

Frankfurt (Escola de) 32, 176.

FRAZER, J. G. 92.

FREUD, S. 53.

FRIEDMANN, G. 17. Fundamento (questão do) 47.

G

Genealogia 33, 34, 91, 92, 94, 95, 136, 138, 142, 163.

Gerschenkron (efeito) 53, 55, 63.

Gíria 186.

GOLDMANN, L. 25, 115.

Gosto (v. *habitus*, sistema de preferência). 159; juízos de - 84.

GOUTHIER, H. 15.

GRAMSCI, A. 41.

Grupos (gênese dos) (v. classes) 26, 89, 90, 94, 110, 149, 153, 155, 163, 165-8, 188-93, 197-8.

GUÉROULT, M. 16.

H

HABERMANS, J. 45.

232 PIERRE BOURDIEU

Habitus 21-7, 35, 39, 45, 63, 79, 80, 82, 83, 85, 90, 93, 96-9, 101, 104, 113, 127, 129-31, 156, 158-9, 214; - econômico 19; - e campo 63, 130-1, 149.
HAVELOCK, E. A. 101, 138.
HEGEL; G.W. F. 24-5, 111, 199.
HEIDEGGER, M. 17, 22, 40, 215, 217.
Hipocrisia 195.
História (estrutural) 209.
História (de longa duração) 57; social 30.
Historicismo 27, 45, 127.
Historicização (como desfatalização, desnaturalização) 26, 27, 29-30, 38, 58.
HOFSTADTER, D. 113.
Homologação 103-4, 106.
Homologia 169, 170, 175-8, 200, 202; - entre os campos 169; - entre as posições e posicionamentos 201, 209.
Honra 35, 132; senso de - 36, 87.
HUMBOLDT, W. 122.
HUSSERL, E. 15-7, 22, 24-5, 47, 157.

I
Idealismo 25.
Igreja 51, 135.
Illusio 108, 126, 178; (v. também interesse)
Imperativo (passagem do indicativo ao) 197.
Impostura legítima (Austin) 200, 201 (v. também má-fé)
Improvisação (invenção, espontaneidade, liberdade, criação) 25, 81, 99, 105.
Incorporação 23, 26, 82, 100-30.
Individualismo (metodológico) 45, 64.
Individuo (e sociedade) 45, 80, 82.
Insulto 29, 116, 162, 171.
Intelectual 28, 58, 65, 175-6, 181, 303; (v. também liberdade (ilusão de)); - proletaróide 62; profissão de 43-4.
Intelectualismo 22, 35, 92, 115-6, 141.
Intencionalidade (sem intenção) 24.
Interacionismo 49, 153, 154, 157, 161.
Interesse 47, 65, 81, 96, 109-12, 115, 126-8, 137-8, 141, 170, 172, 198, 201, 203, 205, 223; (v. também *illusio*, investimento); - específico 112, 114, 173, 182, 201, 217-8; universal e - pelo universal 45, 47; - e campo 65, 127-8,

170; - prático 109; universalização dos -s 202.
Interno/externo (hermenêutica, sociologia, texto/contexto) 178.
Investimento 12, 65, 78, 110-1, 127, 132, 170; - educativo 60.
Irracionalismo 34, 80.

J
JAKOBSON, R. 18.
Jdanovismo 199.
Jogo 23, 36, 46, 47, 63, 77-9, 82-3, 85, 87, 99, 108, 110, 119-20, 145, 172, 178, 200-1; - cultural 142; - duplo 81, 111-3; espaço de - 126, 198-9; regras do - 83, 86, 99; sentido do - 21, 25, 79, 81-3, 85, 87, 88,96, 101, 178; teoria dos - s 64.
Jovens, juventude (novatos) 170, 173, 204, 215-6.
Juridismo *(legalism)* 66, 83, 85, 96, 97, 102-3, 104, 107, 126.

K
Kadijustz 105.
KANT, E. 14, 25, 38, 59, 93, 214, 215.
KOYRE, A. 16.
KUHN, Th 52.

L
LAZARSFELD, P. 32, 52, 54.
LEIBNIZ, W. G. 55.
Leitura 134-5, 139, 142-3, 146, 179, 194, 213; - formalista 42.
LÊNIN, V. I. 19.
LE ROY LADURIE, E. 86.
LÉVI-STRAUSS, C. 18-9, 21, 22, 33, 36, 41, 79-80, 201.
Liberdade 24, 80, 82; ilusão de - 28; - de invenção 81; - e necessidade 27; teoria da - 27.
Limite 66, 121, 173.
LOCKE, J. 64.
Lógica e cronologia 102; - prática 84.
LUKACS, G. 115.
Lutas 46; - a propósito da verdade 115, 116; - simbólicas 128, 193.

M
Macrossociologia/ microssociologia 213.
Má-fé (estrutural) 194, 195, 199.

ÍNDICE RESMISSIVO

Magia 103, 121, 128, 182, 192, 193, 222; - social 128, 193.
Maio de 68 (movimento estudantil) 59, 61, 62, 80, 124.
MANET, E. 171, 179.
MARX, K. (marxismo) 19.
MARX, L. 19.
MAUSS, M. 24-25, 80, 128.
Mecanismo 21.
Mercado 165, 175, 221, 224; - lingüístico 131; - matrimonial 90.
MERLEAU-PONTY, M. 15, 17, 22.
Merton 52, 54.
Metodologia (v. positivismo) 50, 55-7, 223.
Militante profissional (v. construção dos grupos) 190.
Mimesis (mimético) 101, 113, 139, 140, 219-220.
Ministério (mistério do) 167, 191-2, 194, 200.
Modelo da realidade (e realidade do modelo) (v. também código, lógica prática, prática, Scholastic fallacy) 64, 129, 134.
Modo de reprodução escolar 60-1.
Monismo/pluralismo 91.
Monopólio (da violência simbólica legítima) 164.
Moralismo (farisaísmo) 122, 123, 186.
Morfológicos (efeitos) 59.
Mudança 58-9, 209.

N

Não-respostas 227.
Neutralização 53, 140.
NIETZSCHE, F. 40, 195-6, 199.
Nominação (poder de) 71, 72, 163-4, 167, 179.

O

Objetivação 40, 46-7, 77-8, 99-100, 102, 111, 112, 114-5, 138-9, 141, 192; auto-análise e - da objetivação 139; - da objetivação 77, 114, 135; - participante 111-3.
Objetivismo 20-1, 31-2, 49, 71, 81, 117, 140, 150-2, 155-7, 213; - subjetivismo 49, 95, 150, 152; - estruturalista 79.
Obreirismo 184-5.
Oferta/procura (espaço dos produtos oferecidos/espaço das disposições) 64, 123, 124, 211, 212.

Oficial (oficialização) 85, 86, 98, 102-6.
Ontológico (deslizamento) 72, 100-1.
Oráculo (efeito de) 196-9.
Ortodoxia 22, 161-2, 173.

P

Padre 119, 120.
Palavras (vocabulário) 119, 121, 153, 162-3; - de ordem 166; (v. também política, nominação); lutas a propósito das -71,73.
PANOFSKY, E. 25.
Platão 27, 56, 101, 117, 139-40, 146, 225.
Poeta 81, 101, 136-7.
POINCARÉ, H. 55.
Polissemia (e polifonia) 137.
Política 38, 71, 118. 129, 136-7, 161, 175, 196-7, 206, 224-5.
Ponto de vista oficial 164.
Popular (arte, religião, etc,), como inversão do vulgar 182.
Popular (cultura, língua, religião) 113, 125.
Porta-voz 167, 184-5, 188-93, 198-9.
Posições (e disposições) 23, 153, 154, 155, 157-9, 216; universo das científicas e tomadas de - sociológicas 44.
Positivismo 32, 40, 50, 52, 55-6, 64, 120, 151; modelo - ista 54.
Possíveis, espaço dos 44.
Prática 21, 23, 35, 84-6, 92, 99-100, 109; conhecimento -, (v. esquema); lógica da - 36, 84, 98-100; fins teóricos e fins - os 78; senso - o 79-81, 99; teoria ou ciência da -33, 106-7.
Práxis (v. prática) 35.
Preferências (sistema de) 131.
Previsão 162.
Princípio de visão e de divisão 99, 162.
Protensão (e projeto) 24.
PROUST, M. 68, 88.
Psicologização 124.
Público (publicação) 84, 102-3, 106; opinião -a 72.

R

Racional 47, 107; agente - 22; ação - 23, 63-4; cálculo - 22-3, 80-1, 130; sujeito - 20.
Razão (e história) 38, 45-6.
Razões (e racionalização-) 33.
Reflexividade 24.
Regra 20, 21, 57, 77-9, 81, 85, 90-1, 96-7, 105-6; - de parentesco 20, 70; (v. tam-

bém usos sociais do parentesco); - e regularidade 83, 94, 97-8; - oficial 81; estar em dia · 97,99; obediência à – 82.
Rei (filósofo) 47.
Relações de força 126; - na unidade doméstica 88.
Relações/substâncias 153.
Relativismo 27.
Representar (representação) 70, 94, 189, 191.
Resistência/submissão 185.
Revolução simbólica 138, 174.
Ritual (ritualização) 19-20, 78, 84, 89, 92, 98, 99, 113, 125; - social 125.
Rivet, J. -P. 19.

S

Sartre, J. -P. 24,66, 175-6, 179, 192, 195.
Saussure, F. (de) 18, 25, 42, 85, 103, 104.
Secholastic fallacy 100, 115, 130, 136, 137 (v. também *schole*).
Scholè (scholastic view) 106.
Scholem, G. 11.
Schütz, A. 151.
Seibel, C. 19.
Seitas 124.
Semiologia 59, 135.
Senso comum (tópico) 34, 136-7, 163, 164; mundo de - 159, 160; (v. também dóxico)
Senso prático (v. *habitus*, sentido do jogo) 22, 23.
Simbólica 101, 161, 197; dominação - 37, 174, 187; trocas - 133; força - 106, 166; manipulação 121, 123; ordenação - 101; lucro - 97-8; estruturas - e estruturas sociais 30-1.
Sócio-análise 12.
Sociologia 17, 39, 61, 67-8, 69, 116-8; campo da - 50, 52, 53; - da arte 35, 115; - do conhecimento 29, 37; - da literatura 44; - e mundo social 70 (v. também teoria (efeito de)); - da filosofia 115; - religiosa 51.

Sociologia da sociologia 30, 50, 113.
Sociologismo 26.
Sondagem (pesquisa)
Stöetzel, J. 17.
Sujeito (v. agente) 27; filosofia do 30-1.

T

Taxionomias 28, 92; - práticas 92.
Tempo (e prática) 36.
Tênis 72.
Teoria/empiria 213.
Teoria, teórico, teoricismo 47, 49-50, 115, -6, 136, 155-6; efeito de - 31, 66, 143, 157, 166; espaço - 44.
Teses (não téticas) 145; (v. também intencionalidade sem intenção).
Títulos (de nobreza, escolares, etc.) 163.
Trabalho 28, 106, 117, 127-8; - de delegação 189; - político 155-6; (v. também campo); divisão do científico 117, 207, 218.
Transcendência (do social) 189.
Trunfos 82, 119 (v. também capital)
Tudo se passa como se 130-1.

U

Universal, universalidade, universalização 46, 53, 105-6, 108, 116, 120, 132, 164, 176, 184, 194, 196, 199.

V

Vago 103
Vanguarda 172.
Veblen, Th. 24.
Verdade 46; política da - 46; luta a propósito da - (v. lutas) Verdadeiro, verdadeiramente 173 (v. verdade)
Violência simbólica 106. Virtuose 24.
Vis formae, formal 105-6.
Vuillemin, J. 16.

W

Weber, M. 16, 24, 34.
Weil, E. 16.
Wittgensteins, L. 21.